集人文社科之思　刊专业学术之声

集 刊 名：太平天国及晚清社会研究

主办单位：中国太平天国史研究会

Study on Taiping Rebellion and Late Qing Dynasty

学术顾问（以拼音为序）

　　崔之清　方之光　姜涛　茅家琦

编辑委员会（以拼音为序）

　　陈立生　李　玉　廖大伟　林志杰
　　王继平　吴春梅　吴善中　夏春涛
　　张铁宝　朱从兵　朱庆葆

主　　编　朱庆葆

执行主编　张铁宝　魏　星

（第9辑）

集刊序列号：PIJ-2019-393

中国集刊网：www.jikan.com.cn/ 太平天国及晚清社会研究

集刊投约稿平台：www.iedol.cn

太平天国
及晚清社会研究

Study on Taiping Rebellion
and
Late Qing Dynasty

朱庆葆

主编

（第9辑）

社会科学文献出版社
SOCIAL SCIENCES ACADEMIC PRESS (CHINA)

目　录

综述及书评

太平天国及晚清史研究

太平天国始行"诏书总目"制度的时间问题

陆嘉 杨涛 张铁宝*

摘 要 太平天国何时实行"旨准颁行诏书总目"制度,文献没有记载,学界鲜见论及,有学者说在癸好三年夏秋间。综合考证显示,它是太平天国建都天京不久在思想文化领域推出的一项新举措,既是对内外的公开昭示,也是对书籍刻印颁行的统一管理。主要包括:把原先诏书的红封面一律改为黄封面;将在此之前天王洪秀全旨准颁行的诏书全部重印再版,颁行时在诏书封面后的卷首附上"诏书总目"清单,并按诏书类别及敬讳秩序一一纳入其中;同时在诏书上加盖天王"旨准"玺印颁行天下。首批推出的"诏书总目"有十三部诏书,其时间应在癸好三年四月前后。五月底之前"诏书总目"又增至十四部诏书。此后新颁行的诏书,除个别因内容类别遵敬讳秩序前置外,都严格按照洪秀全旨准颁行的先后时间顺序依次列入"诏书总目"。

关键词 洪秀全 "诏书总目"制度 太平天国

癸好三年二月(1853 年 3 月)太平天国占领南京后,改称天京,建为首都。很快又推出"旨准颁行诏书总目"制度,即将在此之前经天王洪秀全旨准颁行的《太平礼制》、《幼学诗》、《太平诏书》、《天命诏旨书》、《太平军目》、《太平条规》、《天条书》、《天父下凡诏书》(第一部)、《颁行诏

---

* 陆嘉,太平天国历史博物馆副研究馆员;杨涛,南京市博物总馆副研究馆员;张铁宝,太平天国历史博物馆研究馆员。

书》、《颁行历书》、《三字经》及《旧遗诏圣书》再版，另加上新颁行的
《天父上帝言题皇诏》共十三部诏书，由原来的红封面全部改为黄封面，并
在颁行的每一部诏书封面后的卷首附上"旨准颁行诏书总目"清单，书口
简称"诏书总目"，再将这些诏书按类别及敬讳秩序分别纳入其中。同时在
颁行的诏书上一律钤盖天王"旨准"玺印，谓之"诏书盖玺颁行"。在此之
后的癸好三年里，洪秀全又陆续旨准颁行了《新遗诏圣书》、《太平救世
歌》、《建天京于金陵论》、《贬妖穴为罪隶论》、《诏书盖玺颁行论》、《天朝
田亩制度》和《天父下凡诏书》（第二部）等七部诏书，除了《新遗诏圣
书》和《天父下凡诏书》（第二部）遵类别及敬讳秩序前置外，余者及其后
颁行的诏书都严格按照洪秀全旨准颁行的先后时间顺序依次列入"诏书总
目"。通过诏书封面和"诏书总目"清单，不仅可以知晓太平天国诏书旨准
颁行和刻印出版的年份及版本，亦能从中了解太平天国思想变化和政策调整
的一些路径和轨迹。

　　关于太平天国何时实行"诏书总目"制度，文献没有记载，学界亦鲜
见论及。王庆成先生最早对此进行了有益的探索，他推定是在"癸好三年
夏秋间"，[①] 即该年的六月、七月间。其实，这一时间是需要商榷的。

　　第一个原因。癸好三年三月二十三日至二十八日（1853 年 4 月 27 日—5
月 2 日），最早与太平天国进行官方接触的英国驻华公使文翰（S. G. Bonhan）
访问了刚被其占据月余的南京，获赠太平天国始行"诏书总目"所列十三部
诏书中除《天父上帝言题皇诏》外的十二种诏书。而《天父上帝言题皇诏》
与《三字经》、《旧遗诏圣书》同为癸好三年前期太平天国新颁行的三部诏
书，并被列入最早的"诏书总目"。英国人访问南京未能获赠，可见此时该
书尚未刻竣颁行。《三字经》最迟在癸好三年二月下旬太平军克扬州时已见
颁行。[②] 其最初有两种版本，封面均署"太平天国癸好三年镌刻"，初刻本

---

① 王庆成：《关于"旨准颁行诏书总目"和太平天国诏书诸问题》，《太平天国学刊》编委会
　　编《太平天国学刊》第 5 辑，中华书局，1987，第 190 页。
② 臧谷《劫余小记》载：咸丰三年（1853）二月下旬太平军克扬州后，"每食必唱赞美，又
　　著有《三字经》"。见太平天国历史博物馆编《太平天国史料汇编》第 15 册，凤凰出版
　　社，2018，第 6884 页。

红封面,卷首没有"诏书总目",稍后的重刻本黄封面,卷首已列首批"诏书总目"十三部。① 英国人获赠的十二种太平天国诏书并未提及卷首是否有"诏书总目",而负责这十二种诏书内容介绍的上海伦敦布道会传教士麦都思(Rev. W. H. Medhurst),随后在上海《北华捷报》(*North China Herald*)出版的英译本中也未提及,② 看来它们应该没有"诏书总目"。今存英国牛津大学包德利图书馆的《旧遗诏圣书》卷一《创世纪》二十八章本一册,黄封面,无"诏书总目",无"旨准"玺印,为此提供了实物例证。③ 值得注意的一个细节是,英国人获赠的《旧遗诏圣书》只有卷一《创世纪》的前二十八章,"此书所异于其他诸册者,则以其封面系黄色也"。④ 而现存太平天国癸好三年二月攻占南京之前颁刻的所有诏书封面均为红色。⑤《旧遗诏圣书》初刻本封面署"太平天国癸好三年新刻",卷首虽没有"诏书总目",但封面已是黄色。尽管癸好三年三月下旬还未见到太平天国始行"诏书总目"制度的实证,却并不意味着其没有启动这一程序。因为从旨准颁行到刻印颁行是有一个过程的,需要一定的时间才能完成。人们看到的往往都是过程的结果而非过程的起始。既然已将原诏书封面由红色改为黄色,说明这一过程已经开始了。该书作为太平天国癸好三年刻印的第二部也是洪秀全旨准颁行的第十二部诏书,有很大可能是其旧、新诏书颁行制度过渡之初推出的首部诏书,且最迟已于三月下旬印出了《旧遗诏圣书》卷一《创世纪》的前二十八章,赠给了来访的英国人。

第二个原因。太平天国诏书封面和布告四周多绘有寓意吉祥瑞物的边饰图案。诏书封面书名的两边和上下或绘简约线条纹、回纹,尤多龙凤朝阳纹与山水波涛纹(寓江山永固)组合的边饰图案,布告四周亦多绘龙凤朝阳纹与山水波涛纹组合的边饰图案。这些封面、边饰图案在造型艺术风格上有

---

① 王庆成:《太平天国的文献和历史——海外新文献刊布和文献史事研究》,社会科学文献出版社,1993,第111页。

② 转引自王庆成《太平天国的文献和历史——海外新文献刊布和文献史事研究》,第118页。

③ 转引自王庆成《太平天国的文献和历史——海外新文献刊布和文献史事研究》,第117—118页。

④ 中国史学会主编《中国近代史资料丛刊·太平天国》第6册,神州国光社,1953,第915页。

⑤ 王庆成:《太平天国的文献和历史——海外新文献刊布和文献史事研究》,第114—115页。

不少共通或相似之处。当然它们也会随着太平天国不同阶段的发展而出现造型艺术上的一些微妙变化。不可否认的是，这些变化了的艺术符号特征，可以为诏书和布告间的比较互鉴提供某种可能或帮助。

太平天国诏书封面龙凤纹饰图案大约可分为三种。（1）两边双龙尾上首下作昂首状，上端双凤朝阳的太阳图案是实心圆外环火焰之太阳，下端山水鱼（鱼者寓鲤鱼跃龙门之意）纹居中。造型粗糙。如《太平诏书》壬子初刻本、《癸好三年新历》重刻本等。① （2）两边双龙首上尾下作三节状，粗瑞云类如意纹，上端双凤朝阳的太阳纹与下端山水纹（已无鱼纹）基本同前。造型稍细而抽象。如《太平军目》《颁行诏书》癸好重刻本等。② （3）两边双龙首上尾下作蟠龙状，上端双凤朝阳的太阳纹已改似火珠，珠有纹饰，下端山水纹规整。造型细致美观。如《太平诏书》癸好重刻本和《天父上帝言题皇诏》《新遗诏圣书》癸好初刻本等。③

综合考察发现，这三种龙凤纹饰图案中第一种图案的使用最早，壬子二年末铸于汉阳的“旨准”金玺双龙纹即类此，其当止于癸好三年二月太平天国克南京前后，实行“诏书总目”制度后几乎再未出现。④ 之后的诏书封面龙凤纹饰中的双龙已一律改为首上尾下状，山水鱼纹也改为山水纹。第二种图案使用于太平天国克南京之初短暂的数月间，约止于“诏书总目”十四部的前期，并很快被第三种图案所取代。第三种图案约启用于“诏书总目”十四部的前、中期，后被定为诏书封面龙凤纹饰的标准图案一直沿用。

查东王杨秀清、西王萧朝贵于癸好三年五月初一日、初二日（1853 年 6 月 5 日、6 日）和五月二十八日（7 月 2 日）联衔颁布的《告天京四民各安

---

① 澳大利亚国家图书馆编《澳大利亚藏太平天国原刻官书丛刊》上册，国家图书馆出版社，2014，第 33 页；下册，第 205 页。

② 《澳大利亚藏太平天国原刻官书丛刊》上册，第 135、239 页。

③ 太平天国历史博物馆编《太平天国印书》（影印本）第 9 册，江苏人民出版社，1961。《澳大利亚藏太平天国原刻官书丛刊》下册，第 1 页；中册，第 359 页。

④ 《癸好三年新历》重刻本有“诏书总目”十四部，但它是个例外。因为该书重刻时沿用了初刻本的封面和内容，除在东王杨秀清衔“左辅正军师”前新增“禾乃师赎病主”并加了“诏书总目”外，几乎没有做任何更改。

常业诰谕》（两篇同名）和《奉天诛妖救世安民谕》等三件布告四周，都有龙凤朝阳纹与山水鱼纹及双狮戏球纹组合的边饰图案。① 其两边双龙均作三节状、粗瑞云类如意纹、龙下各有一山水鱼纹，上端双凤朝阳的太阳图案是实心圆外环火焰之太阳，下端双狮戏球瑞带纹。不过前两者龙为首上尾下状，后者龙为尾上首下昂首状。考虑到东、西王克南京后已将文告"谕"改称"诰谕"，稍后的五月二十八日文告却未改仍称作"谕"，这或许是沿用了以往《奉天诛妖救世安民谕》颁布的旧制，刻意保留了原文告龙凤纹边饰图案。之后的太平天国文告边饰图案是否与诏书封面龙凤图案一样改为蟠龙、山水纹状，现无实物资料证实，但可见的甲寅四年（1854）起太平天国文告边饰图案确已与诏书封面龙凤图案基本趋于一致了。②

将东、西王三布告边饰图案与诏书封面龙凤图案进行比较，其与《太平军目》《颁行诏书》癸好重刻本等第二种龙凤图案的艺术风格最为接近。两者都有三节龙、粗瑞云类如意纹、太阳实心圆外环火焰纹等几乎一样的造型艺术符号，只是东、西王三布告多了鱼纹。这种鱼纹又和《癸好三年新历》重刻本封面图案一致。作为过渡时期的纹饰图案，留有一些交叉的符号痕迹是一种合理的艺术现象。而历书具有鲜明的时效性，每年的新历一般都在上一年岁末颁刻。《癸好三年新历》重刻时间按常理不会拖得太迟，若迟至下半年，离十月颁刻甲寅四年新历的时间太近，也就没有任何实际意义了。

太平天国诏书的修订颁刻都没有准确的时间信息，可以借用其自身文献、诏书封面图案艺术符号、"诏书总目"以及时人记载等资料综合分析，大致推定。《太平军目》、《颁行诏书》和《癸好三年新历》等癸好重刻本封面图案与东、西王三布告边饰图案，同属太平天国克南京之初过渡时期的艺术作品，彼此间的共通相似可互鉴参考。《太平军目》癸好重刻本有"诏书总目"十三部，《颁行诏书》《癸好三年新历》癸好重刻本有"诏书总目"十四部，而东、西王三布告颁布的时间都是在癸好三年五

---

① 《澳大利亚藏太平天国原刻官书丛刊》下册，第410—415页。
② 太平天国历史博物馆编《天国春秋——太平天国历史图录》，文物出版社，2002，第40页。

月，那么与之相对应的太平天国诏书有"诏书总目"十四部的时间上限就有可能也是在该年的五月前后。在缺乏一手资料的情况下，利用二手间接证据进行合乎情理的推论，是学术研究中普遍使用的一种可接受的方法，不能一概视作简单、轻率。如果前述"诏书总目"十四部的时间推定尚能成立，那么由此前推，有"诏书总目"十三部的时间就必在五月之前。前已指出，太平天国在癸好三年三月下旬还未见推出"诏书总目"制度，但已将诏书红封面改为黄封面，可证其始行首批"诏书总目"十三部的时间大概率是在四月了。

第三个原因。《颁行诏书》收录的《奉天诛妖救世安民谕》、《奉天讨胡檄布四方谕》和《救一切天生天养中国人民谕》等三谕是太平天国最重要的三篇讨清檄文。它初刻于壬子二年，后经多次修订重印，今至少存有四种版本。王庆成先生曾在国外获见十册《颁行诏书》原刻本，其中有三册红封面署"太平天国壬子二年新刻"，无"诏书总目"；有六册黄封面署"太平天国壬子二年新刻"，有"诏书总目"十四部；有一册黄封面署"太平天国癸好三年新刻"，有"诏书总目"二十九部。通过比较这十册《颁行诏书》的内容文字，可知其经过三次修改，前期两次，后期一次。后期修改本因与本文讨论无关故不论。而无"诏书总目"的三册中，英国牛津大学包德利图书馆藏本为初刻本，其《奉天诛妖救世安民谕》有"况查尔们壮丁，多是三合会党，盍思洪门歃血，实为同心同力以灭清，未闻结义拜盟而反北面於雠敌者也"之句。英国图书馆和荷兰莱登大学图书馆藏本为第一次修改本，其《奉天诛妖救世安民谕》已改为"况尔四民人等，原是中国人民，须知天生真主，亟宜同心同力以灭妖，孰料良心尽泯而反北面於雠敌者也"。他推论，该本当刻印于癸好三年中期（五月前）实行"诏书总目"制度以前。另有"诏书总目"十四部的六册全为第二次修改本，其《奉天诛妖救世安民谕》均已做修改，内容同于第一次修改本而异于初刻本，印行时间当在癸好三年秋。[①]

那么，王先生的这个推论是否符合历史事实呢？

---

①   王庆成：《太平天国的文献和历史——海外新文献刊布和文献史事研究》，第 186—188 页。

2014 年 4 月，澳大利亚国家图书馆影印出版了所藏一批太平天国档案文献，有太平天国原版印书、原版抄书二十六册，原版布告、原抄文告九件。在其中的三件原版布告中就发现了一件东、西王联衔颁布的《奉天诛妖救世安民谕》，时间是癸好三年五月二十八日。该谕过去只知颁布于太平天国从广西永安建制以及进军湖南的途中，未承想直到太平军到江南地区都一直有颁布。它也是迄今首次以布告形式并标有明确时间颁布于太平天国建都天京之初的重要诏书。

将布告本与《颁行诏书》初刻本及所谓第一次、第二次修改本收录的《奉天诛妖救世安民谕》相互对比，可见它们的内容基本一样，但也存在一些不同，有的提法出现了明显变化。由于各本版式行数、字数不尽相同，遂以序号列表 1 如下。

表 1　《奉天诛妖救世安民谕》各本对比

序号	壬子初刻本	癸好第一次修改本	癸好第二次修改本	癸好五月布告本
1	红封面	红封面	黄封面 有"诏书总目"十四部	黄纸墨刷
2	左辅正军师东王杨	左辅正军师东王杨	禾乃师赎病主左辅正军师东王杨	禾乃师赎病主左辅正军师东王杨
3	皇上帝荣光	皇上帝荣光	皇上帝荣光	上帝荣光
4	中国世雠	中国世雠	中国世雠	中国世仇
5	嗟尔团勇	嗟尔团勇	嗟尔团勇	嗟尔有众
6	贪蝇头之微利	瞒高天之大德	瞒高天之大德	瞒高天之大德
7	反颜世雠,受蛇魔之迷缠	反颜世雠,受蛇魔之迷缠	反颜世雠,受蛇魔之迷缠	反颜世仇,受蛇魔之歪缠
8	於亡国之路	於亡国之路	於亡国之路	于亡国之路
9	况查尔们壮丁,多是三合会党,盍思洪门歃血,实为同心合力以灭清,未闻结义拜盟	况尔四民人等,原是中国人民,须知天生真主,亟宜同心同力以灭妖,孰料良心尽泯	况尔四民人等,原是中国人民,须知天生真主,亟宜同心同力以灭妖,孰料良心尽泯	况尔四民人等,原是中国人民,须知天生真主,亟宜同心同力以灭妖,孰料良心尽泯
10	反北面於雠敌者也	反北面於雠敌者也	反北面於雠敌者也	反北面于仇敌者也

续表

序号	壬子初刻本	癸好第一次修改本	癸好第二次修改本	癸好五月布告本
11	报不共戴天之雠	报不共戴天之雠	报不共戴天之雠	报不共戴天之仇
12	上帝好生之德	上帝好生之德	上帝好生之德	皇上帝好生之德
13	真主以御民	真主以御民	真主以御民	真主而御民
14	纵妖魔百万	纵妖魔百万	纵妖魔百万	总妖魔百万
15	亟早回头	亟早回头	亟早回头	亟早回头猛省
16（版式）	每半叶九行,行二十二字,"皇上帝"等出框抬高一字,计十二叶	每半叶九行,行二十三字,"皇上帝"等在框内顶格,计十二叶	每半叶十行,行二十四字,"皇上帝"等在框内顶格,计十叶	计五十一行(除去日期、谕外四十九行),行二十四字,"皇上帝"等在框内顶格

由表 1 可知，这四种版本间存有十六处异同，其中有十处只是一二字的增删或繁简字体之异，多属技术性的调整，有六处则是重要的修改。而布告本的十六处全部异于初刻本，另有十四处异于第一次修改本，有十一处异于第二次修改本，有两处同于第一次修改本，有五处同于第二次修改本；与之相反，第一次、第二次修改本与布告本相异的十四处（或十一处）恰恰同于初刻本，相同的两处（或五处）则异于初刻本。具体而言，其第一次修改是将初刻本的"贪蝇头之微利……况查尔们壮丁……未闻结义拜盟"改为"瞒高天之大德……况尔四民人等……孰料良心尽泯"，并将版式行二十二字改为行二十三字，"皇上帝"等由出框抬高一字改为框内顶格。第二次修改又将第一次修改本的红封面改为黄封面，并附"诏书总目"十四部清单，杨秀清署衔也由"左辅正军师东王"改为"禾乃师赎病主左辅正军师东王"，版式则由每半叶九行，行二十三字改为每半叶十行，行二十四字。布告本再将前两次修改本的"嗟尔团勇"改为"嗟尔有众"，以与下文所改的"尔四民人等"相对应，[①] 同时将"受蛇魔之

---

① 原刻本"嗟尔团勇"与"况查尔们壮丁，原是三合会党"，上下文彼此对应，文意相通。而第一次、第二次修改本未改上文"嗟尔团勇"，只将下文"况查尔们壮丁，原是三合会党"等句改为"况尔四民人等，原是中国人民"等，从而造成"尔团勇"与"尔四民人等"不相对应的错误。

迷缠"改为"受蛇魔之歪缠","亟早回头"改为"亟早回头猛省","纵妖魔百万"误改为"总妖魔百万",且将繁体字"於""讐"全改为简体字"于""仇",等等。① 上述比较显示,从初刻本到第一次、第二次修改本,再到布告本,彼此间存在着渐进式的修改轨迹,步步相接,关联度很高,呈现出先初刻本,次第一次修改本,再第二次修改本,最后布告本的前后顺序,十分清晰。既如是,接下来弄清楚这些修改的时间就显得尤为重要了。

《颁行诏书》初刻本刻于壬子二年,《奉天诛妖救世安民谕》布告本颁布于癸好三年五月二十八日,这两者的时间可定,关键是要敲定第一次修改本与第二次修改本的大致时间。英国人癸好三年三月下旬访问南京得到的《颁行诏书》是红封面,无"诏书总目",据英国传教士麦都思英文介绍说其未做修改,② 应是初刻本。美国传教士戴作士(C. Taylor)癸好三年四月三十日(1853年6月4日)去镇江,在那里停留了三天。麦都思报道称,戴氏"从镇江带回的太平王书籍的修订版,已将所有天地会字样删去"。③ 而太平天国诏书明确提及天地会即三合会的只有《颁行诏书》一部。王庆成先生曾在英国图书馆发现一册红封面、无"诏书总目"、无"旨准"玺印的《颁行诏书》,书中只修改了《奉天诛妖救世安民谕》有关三合会的文

① 笔者之前根据国内刊行的《颁行诏书》两种不同版本,一载"尔们壮丁,多是三合会党",一载"尔四民人等,原是中国人民",封面均署"太平天国壬子二年新刻",卷首都列有"诏书总目"十四部,其中已有癸好三年颁刻的《三字经》、《天父上帝言题皇诏》、《旧遗诏圣书》和《新遗诏圣书》等诏书,故认为它们是癸好三年太平天国占领南京后的重刻本,一为先刻本,一为后刻本。然而据前述王庆成先生在国外所见十册《颁行诏书》原刻本看,壬子二年初刻本红封面,无"诏书总目",其《奉天诛妖救世安民谕》为"尔们壮丁,多是三合会党"。癸好三年确有两种重刻本,先刻本红封面,无"诏书总目",其《奉天诛妖救世安民谕》已改为"尔四民人等,原是中国人民";凡有"诏书总目"十四部者均为后刻本,其《奉天诛妖救世安民谕》已做修改,内容同于癸好先刻本而异于初刻本。如此说来,国内刊行的所谓"尔们壮丁,多是三合会党",卷首列有"诏书总目"十四部极可能是后人编印时误把癸好后刻本的"诏书总目"移植过来的,从而造成了张冠李戴的错讹。笔者在此错讹基础上所做的立论,自然也就难成其说了。见杨涛等《癸好五月天京颁布〈奉天诛妖救世安民谕〉研究》一文,载朱庆葆主编《太平天国及晚清社会研究》第6辑,社会科学文献出版社,2021,第7—9页。

② 转引自王庆成《太平天国的文献和历史——海外新文献刊布和文献史事研究》,第149—150页。

③ 转引自王庆成《太平天国的文献和历史——海外新文献刊布和文献史事研究》,第149页。

字，未改《奉天讨胡檄布四方谕》中"慨自有明失政"句，遂认定其"就是戴勒（即戴作士）所得的版本"，① 即第一次修改本。其颁刻于癸好三年五月之前。也就是说，太平天国从三月下旬赠英国人初刻本，到五月之前完成第一次修改颁行并送戴作士，用时约一个月。因为第一次修改不单是个别字句的修订，也涉及版式的改动，即由初刻本每行二十二字改为每行二十三字，"皇上帝"等出框抬高一字改为框内顶格，既费时又费事。

　　值得注意的是，英国人在三月下旬访问南京时，杨秀清给其诰谕所署衔已由"左辅正军师东王"改为"禾乃师赎病主左辅正军师东王"。② 这也是目前所知杨秀清署此衔的首次出现。该衔同于第二次修改本而异于第一次修改本，说明第二次修改有可能最早始自三月下旬或稍前。第二次修改本所改内容虽然多处同于第一次修改本，但相对来说其修改之处更接近于布告本，应该是一个介于第一次修改本和布告本之间的版本。不仅其上杨秀清署衔与布告本同为"禾乃师赎病主左辅正军师东王"，其封面龙凤朝阳纹饰图案亦类似布告本边饰图案，甚至二者连版式也几乎完全一样。两者都是每行二十四字，若将第二次修改本叶纸展开，则与布告本同为四十九行；除布告本因两处或增一字或多排一字挤压造成五行首末字移行外，两者每行文字的排列格式亦一样。所以从一定程度上讲，布告本颇似按照第二次修改本略做修改放大后以布告形式颁布的。即便从修订颁行时间看，从初刻本到第一次修订颁行用时约一个月，从五月前第一次修改本完成并颁行到布告本颁布亦约有一个月时间，虽然改版式每半叶九行为十行，每行二十三字为二十四字，但在时间上应该是可以完成的。

　　或许有人会提出疑问，第二次修改本为什么不是颁刻于布告本之后呢？其实按照太平天国诏书修订惯例，内容上都是相沿前本，一般必要的修改增删，或以洪秀全等新颁诏旨思想为依归，或以形势变化适时进行政策性调整而出现一些新内容文字。如果第二次修改本确是颁行于布告本之后，那么其内容文字就会依照布告本进行修改后再颁行。事实上，第二次修改本的内容

---

① 王庆成：《太平天国的文献和历史——海外新文献刊布和文献史事研究》，第 149—150 页。
② 《中国近代史资料丛刊·太平天国》第 6 册，第 909 页。

文字多同于第一次修改本，只有五处同于布告本，其中还包含两处同第一次修改本，另三处是黄色封面（布告本是黄纸墨刷）、杨秀清署衔和版式，却没有比布告本多出一处新内容文字，而布告本则有十一处异于第二次修改本。谁前谁后一目了然。尤其是布告本将前两次修改本中"嗟尔团勇"与"尔四民人等"不相对应的错误，改为正确的"嗟尔有众"，以对应"尔四民人等"，足以证明布告本要迟于第二次修改本。故可以肯定地说，第二次修改本修订颁行时间一定是在布告本颁布的五月二十八日之前，而不是相反。

有鉴于《颁行诏书》第二次修改本修订颁行于布告本癸好三年五月二十八日之前，其卷首已附有"诏书总目"十四部，因此有"诏书总目"十四部前期本的诏书推出时间就应该是在癸好三年五月底之前。那么比"诏书总目"十四部更早的十三部本的诏书推出时间就很有可能是在四月前后了。如果说前述依诏书封面龙凤朝阳纹饰图案与布告龙凤朝阳纹边饰图案等间接证据进行了推论，那么布告本就直接予以证实了。所以说，太平天国始行"诏书总目"制度的时间最可能是在癸好三年四月前后，而不会迟至该年的"夏秋间"了。

第四个原因。癸好三年三月下旬英国公使文翰首访南京，随行的"何默士"（Hermes）号舰长费熙邦（E. G. Fishbourne）曾于三月二十六日（4月30日）下午陪同翻译官密迪乐（Thomas Taylor Meadows）进入南京城，与太平天国官员进行了密切接触。据其称，当时太平天国已经拥有了西方基督教圣经的《旧约》，而没有《新约》，于是特向太平天国官员赠送了《新约》。① 其时，太平天国已将《旧约》改称《旧遗诏圣书》，并已刻印出卷一《创世纪》前二十八章转赠给了来访的英国人，但并未见其已实行"诏书总目"制度。随后太平天国推出首批"诏书总目"十三部中只有《旧遗诏圣书》而无由《新约》改称的《新遗诏圣书》。很快太平天国就将《新遗诏圣书》列为"诏书总目"的第十四部书旨准颁行。尽管今天已无法证

---

① 郭廷以《太平天国史事日志》载：1853年4月29日赖检点到停泊在南京下关的英舰晤面议事，"费士班赠赖以中英文《圣经》"。见该书上册，上海书店，1986，第244页。

实费氏所言是否真实可信，但其说在时间上与《新遗诏圣书》被太平天国列为第十四部诏书旨准颁行如此接近、巧合，又不能不让人把两者联系起来。如果费熙邦所说非虚，说明太平天国对宗教理论的获取还是非常积极的，其反应速度也是相当快的。同时换一个角度看，它不也为太平天国实行"诏书总目"制度的时间提供了一个可资参考的旁证吗？

第五个原因。太平天国实行"诏书总目"制度其实与建都天京直接相关。癸好三年二月十四日（1853 年 3 月 19 日）太平天国克南京，二十六日（3 月 31 日）占镇江，二十七日（4 月 1 日）下扬州，随后停止了几乎所有的军事行动，显然是在等待领导层的下一步军事战略安排。事实上，这些安排都是围绕建都而实施的。然而太平天国建都时间一直没有定论。据考，最早提及"天京"一词的太平天国官方文献是《东王杨秀清西王萧朝贵命天官副丞相林凤祥等速急统兵前进诰谕》，谕中言北伐左军及右军走错路的兵士已于"（四月）十一日俱各回朝，现今铺排镇守天京"。① 另三月二十六日，英国人费熙邦进入南京城与太平天国官员接触时获悉，此前太平天国"已将南京更名为天京，即圣城"。② 由此可知，太平天国建都天京应在三月下旬之前，以及二月下旬占领镇江、扬州之后的三月上旬、中旬之间，具体日期因文献缺载，尚难以确定。正是在三月上旬或中旬某个时间里，太平天国做出了改南京为天京，正式在此建都的重大决定，并以首都天京为中心，在军事战略上进行了三大军事力量的调配部署，自四月初三日（5 月 8 日）起先后实施了北伐、西征和南京、镇江、扬州三地的军事联动防御。与此同时，在思想文化领域里推出了"旨准颁行诏书总目"制度，以一种崭新的姿态，既是对内外的公开昭示，也是对书籍刻印颁行的统一管理，让"邪说不能生，真道永宣矣"。③

综上所述，太平天国诏书始刻于辛开元年（1851），至癸好三年二月攻占南京之初已颁行了十二部。随着太平天国建都天京推出了重要举措之一的

---

① 太平天国历史博物馆编《太平天国文书汇编》，中华书局，1979，第 175 页。
② 罗尔纲、王庆成主编《中国近代史资料丛刊续编·太平天国》第 9 册，广西师范大学出版社，2004，第 68 页。
③ 太平天国历史博物馆编《太平天国印书》（排印本），江苏人民出版社，1979，第 464 页。

"旨准颁行诏书总目"制度，对诏书颁行公开昭示并进行统一管理。这一新制度主要包括将原先的诏书红封面一律改为黄封面；把在此之前天王洪秀全旨准颁行的十二部诏书全部重印再版，颁行时在诏书封面后的卷首附上"旨准颁行诏书总目"清单，并按照诏书类别及敬讳秩序一一纳入其中；同时在旨准颁行的诏书上钤盖天王"旨准"玺印颁行天下。虽然在三月下旬尚未见到太平天国诏书有"诏书总目"，但已有诏书的封面开始由红色改为黄色，说明旧、新诏书颁行制度已在交替过渡中。四月前后，太平天国推出的首批"诏书总目"已有十三部诏书列入其中。五月底之前，"诏书总目"又增至十四部诏书。此后新颁诏书除个别因内容类别遵敬讳秩序前置外，都严格按照洪秀全旨准颁行的先后时间顺序依次列入"诏书总目"。且自第十四部诏书起，又将其版式由原来较为混乱的每半叶九行改为每半叶十行，行二十二字或二十三字改为行二十四字，并定为太平天国印书的标准版式（少数因内容所限版式难以统一者例外）一直沿用。

石达开覆没大渡河的自然环境因素考察

陈 峥 任 婕*

摘 要 石达开兵覆大渡河，与当地复杂的自然环境密切相关。太平军于春夏之交进入大渡河紫打地区域，高山冰雪融化，河水奇寒，无法泅渡，再加上气温变化导致军中疾病流行，降低了部队的战斗力。大渡河河道复杂，水势凶险，突降暴雨，河水暴涨，导致太平军多次渡河失败。紫打地一带地势险要，道路崎岖，使得石达开陷入清军和地方武装重重包围。诸种复杂的自然环境因素，是石达开全军覆没大渡河的关键和根本原因。

关键词 石达开 大渡河 自然环境

1857 年 6 月，石达开从天京出走，在此后的六年中，历经大小战斗数百次，败多胜少，"既钝于浙、钝于闽，入湘后又钝于永、祁，钝于宝庆，裹胁之人，愿从者渐少"，[①] 最后在四川大渡河紫打地（今四川石棉县安顺场附近）身陷绝境，全军覆没。关于石达开兵败大渡河的原因，学界有不同的看法。有人认为主要由于"天时"，山洪暴发，河水骤涨，无法抢渡；有人认为主要由于"地利"，孤军陷入绝境，前无进路，后有追兵，插翅难飞；有人认为主要由于"人和"，未能争取到与土司王应元合作；还有人认为要从战略思想上去寻找根本原因。如赵雷认为，最根本的原因是石达开从

---

* 陈峥，桂林电子科技大学马克思主义学院教授；任婕，杭州市文理中学教师。
① 《曾国藩全集》（23），岳麓书社，2011，第 184 页。

天京出走以后顽固坚持分裂的道路。^① 秦维宪、周瑞芳认为，石达开犯了旧式农民起义的流寇主义错误，而突入四川后的个人决策失误、清军布防严密、天时地利尽失、与彝民关系恶化等偶然因素，加速了他的失败。^② 朱久昀指出，儒学传统对太平天国领袖及民众的影响与支配，是石达开被迫出走及出走后一直处于被动局面的根源，也是石达开最后覆没的原因所在。^③ 史式认为，主要是因为"大渡河提前涨水，几十年所不遇，洪峰猝至，船破筏毁，五千精锐皆葬身洪水，无一生还，全军夺气""缺粮与疾病"。^④ 陈计兵曾从自然地理因素考察了石达开失败的原因，认为主要是水位上涨、河道状况复杂及补给水源倒灌等，加速了石达开兵败的进程。^⑤

以上诸文各以不同的视角探讨了石达开兵败大渡河的原因，可以看出，有部分学者从自然地理因素考析了石达开兵覆大渡河的原因，但论证不深入。那么，大渡河区域的自然环境情况如何？曾经叱咤风云、让清军闻风丧胆的石达开为何在此地犯了一系列军事指挥错误，屡受挫折呢？太平军在此区域的一系列作战行动为何屡屡失败，最后全军覆没呢？本文试图从环境史的视角对上述问题进行考察，分析自然环境因素在山地作战中究竟起着怎样的作用，以期从新的视角去解析石达开覆没大渡河的原因。

一 石达开兵败大渡河过程

天京事变后，石达开于次年6月率军离开天京，转战于广西、湖南、云南等省，因孤军无援，军事上屡屡受挫，队伍人数不断减少。1861年10月

---

① 赵雷：《天京出走与大渡河的悲剧——试析石达开兵败身亡的原因》，《河北大学学报》1987年第3期。
② 秦维宪、周瑞芳：《石达开大渡河失败的根本原因》，《天府新论》1994年第6期。
③ 朱久昀：《石达开覆没于儒学传统的汪洋——出走及失败原因新探》，《石油大学学报》1998年第1期。
④ 史式：《太平天国石达开大渡河覆军真相考》，《百年潮》2000年第11期，第67页。
⑤ 陈计兵：《太平天国翼王石达开兵败大渡河之自然地理因素分析》，《中学地理教学参考》2012年第5期。

下旬，石达开部自桂北进入湖南，进攻绥宁（今湖南绥宁县西南），后沿湘黔边境北进，经湖南靖州（今靖州苗族侗族自治县）、会同、沅州（今芷江侗族自治县）、泸溪、永绥（今花垣县），于 1862 年 1 月底经龙山进入湖北来凤，2 月中旬又经湖北利川进入四川境内。1862 年 2 月 20 日石达开占领川东石砫厅（今重庆石柱县）。因北有大江阻隔，只好沿长江南岸向西推进。4 月上旬攻涪州（今重庆市涪陵区）不下，5 月上旬攻綦江又失利，乃西走合江，入贵州仁怀厅（今贵州仁怀市），复折入四川，于 5 月 26 日克叙永，6 月 16 日占领长宁（今四川珙县东）。由于沿途扩军，石部总数又有十余万之众。不久，各地清军赶到，太平军北进之路受阻，不得不折而东走，于 8 月中旬再经贵州仁怀厅境趋建义、黔西，10 月 20 日进围贵州大定府（今贵州大方县）。在此期间，一度随石镇吉行动的宰制曾广依部也来会攻，但终未攻克大定。石达开乃率部西走毕节，入云南境。为牵制清军，石达开派宰制李福猷会同曾广依率部南走水城、郎岱（今贵州六枝特区西南），然后西入云南，并分兵三路入川。为阻止石部前进，四川总督骆秉章急调各路清军密集横江两岸，连续向石部发起进攻，双方互有伤亡。1863 年 1 月，清军在横江镇大败太平军，石达开部伤亡惨重，不得不全部撤离四川，复入云南。1863 年 3 月，石达开决定兵分两路，再次进军四川。

1863 年 5 月，石达开渡过金沙江，北进到达宁远（今四川西昌市）境内，随后确定了抢渡大渡河，然后经雅安抵达成都的战略路线。5 月 12 日，石达开率部三万余人由冕宁挥军北上，14 日通过铁宰宰，到达大渡河南岸的紫打地。当日夜，天气突变，大雨滂沱而下，大渡河河水暴涨。5 月 17 日，天气晴朗，石达开派兵抢渡大渡河。但此时清军已经到达北岸，与土司武装一起据河扼守。四川总督骆秉章知石达开部为洪水所困，即令唐友耕严守大渡河；又收买番族土司王应元，饬其部扼守松林河，阻止石军西上；又饬彝族土司岭承恩部阻断南路；另派杨应刚部防守越嶲的通道，以困死石达开部。

由于大渡河水流过急，太平军渡河失败。5 月 21 日，石达开挑选五千精锐，集结所有船筏，大举抢渡。但因突降暴雨，大渡河提前涨水，几十年不遇的大洪峰猝然而至，河水汹涌而下，太平军渡河船只全部被打翻或被急流冲走，将士无一生还，战局急转直下。5月22日，石达开转移进攻方向，向西抢渡河水相对较浅的松林河。该河枯水季节可以涉浅过河，然而此时涨水，水石相激，波浪翻滚，既不能涉浅，又不能行船，更何况是敌前抢渡。这一天，太平军从早血战到晚，依然无法过河。5月23日，石达开不得不移兵至松林河口以上十里的磨坊沟抢渡，命令数百将士泅水前进，但再次失败。6月3日，石达开发动最后一次抢渡行动，太平军兵分三路，两路抢渡大渡河，一路抢渡松林河，全军出动，但三路都归于失败。石达开转而向西抢渡松林河，拟向上游的泸定进军，但为土司王应元武装所阻拦，全军被困河边。在这场围攻太平军的战役中，岭承恩的彝兵和王应元的藏兵起了重要作用，"岭承恩复由后路抄入，攻夺马鞍山贼营，绝其粮道"。[1] 石达开部陷入粮尽援绝险境，"粮尽食及草根，草尽食及战马"，[2] 甚至"饥甚，觅食无所得，有相杀噬人肉者，达开莫能禁"。[3] 石达开自知陷入绝境，为保全剩余将士的生命，乃于11日诈降于清军杨应刚部，伺机夺路出险。13日，清军唐友耕违约袭击，劫走石达开等五人，对太平军余部进行屠杀。石达开等人被解往成都杀害，其部遂以在大渡河全军覆没而告终。

二　大渡河的自然地理环境及重要地位

唯物史观认为，地理环境是社会物质生活的必要条件。所谓自然，无非就是大自然，亦即地理环境。马克思、恩格斯在《德意志意识形态》中指出："全部人类历史的第一个前提，无疑是有生命的个人的存在。因此，第一个需要确认的事实就是这些个人的肉体组织以及由此产生的个人对其他自然的关系。"而"有生命的个人的存在"又必须有一定的"自然基础"，这个自然基础主要是指"人们所处的各种自然条件——地质条件、山岳水文

---

① 罗惇曧：《太平天国战纪（外十一种）》，北京古籍出版社，1999，第115页。
② 石棉县地方志编纂委员会编《石棉县志》，四川辞书出版社，1999，第794页。
③ 转引自都履和《翼王石达开峨江被困死难纪实》，《松辽文化》1947年第2期，第16页。

地理条件、气候条件以及其他条件"。因此，"任何历史记载都应当从这些自然基础以及它们在历史进程中由于人们的活动而发生的变更出发"。① 马克思、恩格斯又在《神圣家族，或对批判的批判所做的批判》中补充说："历史不过是追求着自己目的的人的活动而已。"② 根据马克思、恩格斯的观点，我们可以认为，人的历史是自觉与自然的历史统一，人不能改变自然，人只能在自然的框架中创造和改变历史。

大渡河，古称沫水，位于四川中西部，发源于青海玉树境内巴颜喀拉山南麓的大小金川，自北向南纵贯于四川省境内的阿坝、甘孜、凉山、雅安，最后在乐山与岷江汇合。主流大金川西源麻尔柯河出自青海、四川两省边境果洛山，东源梭磨河出自红原县，两源汇合后称大金川。在四川丹巴县纳小金川后始称大渡河，在石棉县折向东流，到乐山市草鞋渡纳青衣江后入岷江。北魏郦道元在《水经注·沫水》中记载："沫水出广柔徼外……东南过旄牛县北，又东到越巂灵道县，出蒙山南……东北与青衣水合……东入于江。"③ 清姚莹《康辅纪行》写道："泸定桥下水，四川通志以为泼水，盖自打箭炉徼外流入大渡河者。按：今舆图，水北自章谷土司境内，西南径上鱼通、下鱼通，受打箭炉徼外之水，南过泸定桥、泰宁宫、冷边土司，西受松林河水，东南流受老鸦漩河，东流过清溪县，南受流沙河水，又西受越巂河水，东至峨边，皆名大渡河。又东则为阳江，入岷江矣。以《水经注》考之，盖古者若水之干流，所受诸小水，即古之鲜水、大渡水、绳水、淹水、巂水、温水、孙水、蜻蛉水、贪水、母血水、涂水、卑水、庐江水也。"④

大渡河是岷江最大的支流，是我国落差比较大的河流之一，也是典型的高山峡谷型河流，"长 909 公里，流域面积 8.27 万平方公里"。⑤ 大渡河流域呈长条形，具有北部高、中部隆起、南部低的特点，海拔高程 357—4530米。大渡河流经地域地势险要，河水在高山峡谷之间左突右杀，水流汹涌而

---

① 《马克思恩格斯选集》第 1 卷，人民出版社，2012，第 146—147 页。
② 《马克思恩格斯文集》第 1 卷，人民出版社，2009，第 295 页。
③ 郦道元：《水经注》（下），远方出版社，2005，第 242 页。
④ 刘建丽校笺《康辅纪行校笺》（上），上海古籍出版社，2017，第 21 页。
⑤ 《辞海·地理分册·中国地理》，上海辞书出版社，1981，第 346 页。

下，冲击着沿途的峡谷险滩，素有天险之称。

大渡河以泸定和铜街子为界划分为上游、中游、下游三段。上游段可尔因以北，蜿蜒于海拔 3600 米的丘状高原上，河谷宽浅，支流众多，谷坡陡峻，险滩密布，水流湍急。可尔因以南穿行大雪山和邛崃山之间，河谷深切，河坡陡峻，水流湍急；中游段穿行大雪山、小相岭、夹金山、二郎山、大相岭之间，山高谷深，岭谷高差有 1000—2000 米，支流较多，全在高山峡谷区，山高谷深，水流汹涌；下游段过大凉山、峨眉山入四川盆地，河面开阔，水流滞缓，分汊较多，多阶地、河漫滩、沙洲。①

大渡河区域自古以来是兵家必争之地，是川藏交通的咽喉要道，也是西南地区有名的天堑，在连接内地与西藏方面具有举足轻重的地位，其因独特的地理位置，对中央政府控制西藏及西南地区具有重大战略意义。但因地形险要，崇山峻岭，山深林茂，道路崎岖，交通极为不便，在此种地域用兵，难度极大。大小金川即大渡河上游的两条支流。清代初期，大小金川土司起兵抗拒清廷，乾隆两次调集重兵征讨。第一次金川之役，历时三年，清政府劳师糜饷，损兵折将，最后仍不得不草草收场，"自瞻对大金川用兵以来，川省谷食腾贵，公私糜弊，西南为之重困"。② 第二次金川之役，自乾隆三十六年（1771）七月至乾隆四十一年二月，清廷以倾国之力，历经无数次血战，死伤无数，耗银数千万两，加之"以番制番"策略的配合，才彻底征服金川。乾隆平定大小金川后，通过改土归流、改土为屯等措施，使大小金川牢固地归属于清廷，加强了中央对西南少数民族地区的治理。历经近百年的经营，清政府在大渡河区域的统治已经稳固，这就使得清政府在石达开大军进入大渡河紫打地区域后，可以从容调集当地各派力量配合清军围攻太平军。

紫打地位于川西越嶲厅西北 80 千米之大渡河南岸，北临大渡河，西靠松林河，渡过松林河再往上游即为泸定，东进便是老鸦漩。清代，大渡河紫打地区域人烟稀少，居民既有汉族，也有少数民族，处于土司统

---

① 倪福全、邓玉主编《水利工程实践教学指导》，西南交通大学出版社，2015，第 174 页。
② 程穆衡：《金川纪略》，陈力主编《中国野史集粹》第 3 册，巴蜀书社，2000，第 34 页。

治之下。在松林地王千户辖下称七场四十八堡。七场多是汉人，"嘉庆十九年（公元 1814 年）松林地土千户王朝相所辖夷地招佃开垦，首报升科佃耕汉民共五千五百二十八户，男一万二千一百四十六丁，女八千八百三十七口"。① 四十八堡则为少数民族，人数远低于汉人，据嘉庆《四川通志》记载："松林地土千户王朝相，其先王德治于康熙四十九年投诚，授职颁给印信号纸，住牧松林地。其地东至十里，交宁越营界；南至十五里，交葛丹番夷界；西至二十里，交里约番夷界；北至三十里，交大渡河界，四至共七十五里，所管番民户口共一千一十二户，每年认纳杂粮一百六十石四斗。"②

太平军数万大军聚集于紫打地，每日食用消耗极大，但该地域经济也极其落后，百姓生活困苦，难以为太平军提供充足的粮食补给。该地当时由土千户岭承恩管辖，其孙岭光电后在自述中写道："当时凉山境内除安宁河流域居民多、出产多之外，其余都未开垦，人烟稀少。尤以冕宁以北托乌、筲箕湾各处，均系不毛之地，气候寒冷，不宜垦殖，只有少数牲畜牧者而已……在凉山境内，一般人民平时常感粮缺。"③

三　环境因素对石达开作战的影响

在交通条件不发达、军事技术落后的时代，环境因素对大军行军作战的影响相当显著。在有限的区域爆发的大规模战争，其由于地理位置重要，往往成为交战双方对峙的热点，即所谓"兵家必争之地"，其得失常常对战局有决定性作用。而与地理位置相对应的自然环境，如气温、地势、降水、交通条件等因素也往往决定了交战双方的战局成败。石达开大军在大渡河区域的一系列行军作战，受当地自然环境因素影响极大。

---

① 张弗尘：《清代四川松林地土司》，中国人民政治协商会议石棉县委员会文史资料研究委员会编《石棉文史资料选辑》第 2 辑，1988，第 35 页。
② 《四川通志》卷九十七《武备·土司》，嘉庆二十一年刊行。
③ 岭光电：《忆往昔——一个彝族土司的自述》，云南人民出版社，1988，第 230 页。

（一）气温

气温即大气温度的简称，是气候的一个要素。人们通常用大气温度数值的大小，反映大气的冷热程度。[①] 气温是对人体影响最大的天气要素之一，对人体体温的调节起着主要作用。外界气温过高或过低，就可能使人患多种疾病，甚至导致人死亡。当气温接近或高于人体温度时，如果人体不能及时散出热量，就会中暑；而气温过低，往往造成冻伤，并引起死亡。

除了大气降水之外，附近海拔 7000 多米的贡嘎山积雪融化后的冰川融水也是大渡河的补给水源之一。贡嘎山坐落在青藏高原东部边缘，在横断山脉的大雪山中段，位于大渡河与雅砻江之间，东侧为大渡河，被誉为"蜀山之王"，每年春夏之交，冰冷的雪水奔腾而下，为大渡河提供补给水源，冰凉的河水又由大渡河倒灌入松林河，导致其河水冰寒彻骨。史式曾在《太平天国史实考》自序中说，他到过松林河，在现场脱了鞋袜下水，发现那里西距海拔 7590 米的贡嘎山不过百里，高山化雪之水倾泻而下，奇寒无比，人一下水就会抽筋，因而难以泅渡。[②] 一般来说，枯水时期的松林河水主要来自雪山融水，水温自然寒冷，但史式去松林河是在 8 月，当时也是洪水期，河水居然也非常寒冷，更何况他测试水温的方式仅仅是在河边脱袜下水，而不是全身泡在水中和在水温更低的河流中央水深处。后人的科学测量也证明大渡河水的确长年奇寒无比，是十分不适合泅渡的。据脱友才等实地测量，大渡河石棉段平均水温 1 月最低，为 6.2℃；5、6 月份均为 15.8℃。[③] 根据有关研究，没有专用保护服的人在不同水温中的生存能力参考值，见表 1。[④]

[①] 陈君慧编著《世界地理知识百科》第 4 册，吉林出版集团有限责任公司，2013，第 690 页。

[②] 史式：《太平天国史实考》自序，重庆出版社，1991，第 3 页。

[③] 脱友才等：《水电开发对大渡河瀑布沟以下河段的水温影响》，《水科学进展》2016 年第 2 期。

[④] 朱玉柱：《海上搜寻与救助》，大连海事大学出版社，2017，第 109 页。

表 1　人在不同水温中的生存时间

温度	预计生存时间	温度	预计生存时间
低于 2℃	少于 3/4 小时	10℃至 15℃	少于 6 小时
2℃至 4℃	少于 1.5 小时	15℃至 20℃	少于 12 小时
4℃至 10℃	少于 3 小时	高于 20℃	不确定（主要考虑疲乏程度）

资料来源：朱玉柱《海上搜寻与救助》，第 109 页。

根据以上数据和表 1 可知，5 月份的大渡河紫打地一带水温应在 15℃左右，人在这样温度的水中，生存时间当为 6 小时左右。太平军因连续战斗，饥寒交迫，疲惫不堪，体力和免疫力大大下降，在水中的生存时间应该低于这个标准。

研究表明，人在寒冷处待的时间太长，体温散发，深部体温会降到 35℃以下而出现症状，称为偶发性低体温症。[①] 其症状按逐渐加重的顺序依次为：控制不住地颤抖—手脚不听使唤—神志不清，言语含糊—剧烈颤抖—停止颤抖（此时患者自身不再产生热量，进入非常危险的状态）—皮肤发白变青—瞳孔放大—心跳和呼吸剧减—肌肉发硬。[②] 军事医学认为，当人体体温为 35℃时，人体寒战最强烈，思维迟钝，心率、呼吸减慢，工作笨拙呆滞，肌肉温度降低；34℃时，反应迟钝，意识开始模糊。[③] 5 月 23 日，太平军在磨坊沟抢渡，磨坊沟远离河口，水流流速仍然很快，但河床比较稳定，乱石险滩较少，流态也相对稳定。石达开挑选了数百名水性较好的将士泅水过河，游了一段时间后，受低水温影响，河水冰寒彻骨，寒冷会引发血液循环不畅，导致血管骤然收缩，血液由体表转入内脏，大部分太平军很快手脚冻麻，被急流冲走，有极少数耗尽体力而勉强爬上对岸，也因手脚僵硬，筋疲力尽，行动不便，对清军的攻击无招架之力，立即遭到屠杀，抢渡失败。坐船渡河的太平军落水后，往往也因水温过低、体力不支而无法游水

①　日本小学馆：《妈咪医生》（修订增补版），冯春雷、孙文堃主译，华夏出版社，2013，第 541 页。

②　草野 Kaoru 文字、插图《大家的防灾应急手册》，贺黎等译，四川科学技术出版社，2016，第 150 页。

③　王正国、裴国献主编《亚热带战创伤基础与临床》，人民军医出版社，2012，第 192 页。

过河。

受气温变化影响而产生的瘴气也是导致太平军失败的一个重要因素。在历史文献中，中国边远省份多有瘴气，关于四川山区瘴气的记载屡见不鲜。诸葛亮在平定南中（今云南、贵州、四川南部）时，曾"五月渡泸，深入不毛"。诗人胡曾的诗"五月驱兵入不毛，月明泸水瘴烟高"①即反映了诸葛亮"五月渡泸"而遇到瘴气的情况。一般认为，渡泸是指渡过金沙江。关于什么是瘴气，有学者认为是现代所称的恶性疟疾；也有人认为是原始森林中春夏之季过于湿热，地面堆积过厚的枯枝落叶腐烂后产生的有毒气体。瘴气是受特殊的地理、气候和生态环境等影响而生成的。大渡河区域的地理环境带有原始封闭性的特征，每年春夏季节气候炎热潮湿，生物具有物种多样、生长繁殖迅速等特征，在这种环境中生成的有毒气体被人们称为瘴气，进入该地区的人畜因蚊虫叮咬和水土不服而感染疾病，中了瘴毒，甚至丧失生命。《钦定古今图书集成》中《大渡河山川考》载："避瘴山，在治南九十里，近大渡河，岚瘴气夏秋最多，土人移居此处避之。"②《大清一统志》写道："雅州府，避瘴山，在清溪县南九十里，近大渡河，山侧有二洞，一空阔高燥，一有水出，名曰干湿洞。其中有床坐灶突之类，岩石自成，不假人为，每夏秋岚瘴动时飞鸢集其中，至立冬前后，瘴已乃出，土人每以鸢为候，相随移居此山避之。"③石达开率军进入四川时，正值春夏之交，天气炎热，降水增多，白天的上午和下午、白昼和夜晚温差很大，而且森林空气湿润，极利于蚊虫生长繁殖，从而产生所谓的瘴气。对祖祖辈辈生活在大渡河地区的土司武装来说，他们对瘴气有一定的免疫力，也有防疫经验，而清军因后勤补给充分，医药较为充足，又得到土司的协助，瘴气对他们的伤害不大。但劳师远征的太平军不熟悉当地情况，水土不服，物资缺乏，极易受到瘴气的伤害，军中疾病流行。石达开大军在紫打地一带，除面临粮食短

---

① 陈元生、高金波主编《历代长江诗选》，长江文艺出版社，1993，第88页。
② 《钦定古今图书集成·方舆汇编·职方典》卷六百四十四《大渡河部汇考·大渡河山川考》。
③ 《大清一统志》卷三百零六。

缺的问题外，疾病流行也使得将士苦不堪言，"兼之疟痢流行，死亡枕藉"，① 降低了太平军的战斗力。

（二）河道

通常情况下，河流上游和下游的水流速度不同。这是因为上游处在河流发源地附近，地势较高且河床呈 V 形，河流落差大，河谷狭窄，在重力的作用下水流速度较快；而下游处在河流的入海内口，地势平坦且河床呈 U 形，河流落差小，河道宽阔，使河流水量分散，动力减弱，水流较为缓慢。大渡河峡谷属典型的河流侵蚀峡谷地貌，大渡河是长江上游的一条重要支流，落差大，水流湍急。夏天天气炎热，冰雪融化，流入大渡河的水源明显增多，此时河道水速大大加快。除河流水速较快外，大渡河独特的河道还导致水流出现多种复杂的情况。

大渡河河道十分狭窄，河床情况非常复杂，河弯、石梁、石盘、凸嘴等遍及整条河流。当河水流量增大时，河口上下就会产生回流、泡水、漩水、横流等流态，导致水流紊乱。特别是在洪水期，这种情况更加明显。由于河水流量大，水流速度快，在未涨水时渡河就十分不易，更不用说涨水时。事实上，大渡河紫打地河段的地理状况更是极其特殊，原本西北—东南走向的河流在此突然转了个 90° 的弯，然后往东北方向奔流而去，紫打地正好位于弯顶的凹岸。

因大渡河属于弯曲型河流，也称为蜿蜒型河流，它不仅具有弯曲的外形，而且具有蜿蜒蠕动的动态特征，弯曲河流在平面上由一系列正反相间的弯道 S 和过渡段 V 组成。水动力学认为，弯道主流线弯曲，进口处靠近凸岸，在弯道中部逐渐向凹岸过渡，逼近凹岸处称为顶冲点，接着的一段贴岸流动后折回河心，进入下一个弯道。弯道动力轴线随流量而变化。枯水时流量的动量较少，主流线的位置受水下地形控制，顶冲点偏向凹岸上首；洪水时流量大，流速快，受到水流惯性影响，主流线趋直走中，顶冲点下挫以至

---

① 《石棉县志》，第 794 页。

远离凹岸。① 弯道段河床横剖面呈不对称的三角形，凹岸水深坡陡，凸岸水浅坡缓；过渡段横断面呈不对称的抛物线形或梯形。② 这种河流的弯道有"凹岸崩退，凸岸淤长"的现象。这是由于水流的表层含沙量小，而河底则含沙量大，河道具有迂回曲折的外形，含沙量较少的表层河水流向凹岸，从凹岸河地获取泥沙，以弥补其含沙量的不足；而底层水流含沙量较大，当底层水流由凹岸流向凸岸时，逐渐释放出多余的泥沙。

紫打地由于紧贴大渡河凸岸，泥沙淤积，面积不断增加，河水较浅。紫打地对岸则不断被水流冲刷，越来越凹进，河水较深，河道愈来愈弯。由此可见，要想从紫打地强渡大渡河，必须面对复杂的弯道环流，这种河流即使在没有涨水的时候渡河也是非常困难的。太平军又恰逢涨水期间渡河，在此时成功强渡大渡河的机会更加渺茫。

除了弯道环流外，大渡河还会产生各种复杂水流，这更增加了渡河的难度。由于大渡河、松林河是石质河床，有较多的河弯、石梁、石盘、凸嘴等，河床存在极大的横比降。当流量增大时，特别是在河口上下，水流更加紊乱，产生回流、螺旋流、泡水、横流、激浪等流态，特别是在洪水期更为明显。紫打地北临大渡河，西靠松林河，而松林河本身就是大渡河的支流，大渡河涨水也会影响松林河的水流，而且由于壅水，松林河水位会比河口水位更高。在这种河口地带，河流水量不断交换，即使没有涨水，漩涡、回流等复杂水流本就非常多，导致渡河的难度异常大。紫打地一带河宽300多米，水深30多米，流速如箭，由于河底乱石丛生，水面产生了很多大小不一的漩涡，当地人把河中的漩涡称为"竹筒水"，可使鹅毛沉底，船和人一旦落入漩涡，将被它迅速卷入水底，船夫视其为畏途，水性再好的人也无法泅渡。流行于四川雅安的《纤夫歌》唱道："哪天碰上竹筒水，全家老小喂鱼虾。谁人懂得纤夫苦，死葬河中石楸桥。"③ 正道出了这种河水的凶险和当地人们对其的恐惧。

---

① 清华大学、杨美卿编《河流与海岸动力学引论》，水利电力出版社，1993，第61页。
② 罗全胜、梅孝威主编《治河防洪》，黄河水利出版社，2004，第30页。
③ 中国民间文学集成全国编辑委员会、《中国歌谣集成·四川卷》编辑委员会编《中国歌谣集成·四川卷》（上），中国ISBN中心，2004，第379页。

石达开几次渡河，都遇到这些复杂问题。5 月 17 日，天气放晴，石达开发现对岸已经出现清军的旗帜，便调集上千兵力强行渡河，但由于水流过急，船筏到了河中心就控制不住，难以前进，只得推迟抢渡。5 月 21 日，雨过天晴，大渡河的水位也开始下落，石达开组织了大规模的抢渡。当时太平军五千精锐已经冲过河心，靠近对岸了，但河水突然再次暴涨，大部分船只被打翻，剩下没被打翻的船只也被激流和旋涡冲走，不知去向，五千精锐无一生还。这是导致整个战局急转直下的关键。5 月 22 日，石达开组织人员在松林河和大渡河交汇的河口上下几里路内多处抢渡。但由于河中到处是旋涡，河心有深沟，太平军多数冲不过深沟，少数冲到对岸的也因体力耗尽而被杀害。5 月 23 日，石达开下令搭设浮桥，太平军在河中放入几艘大船，首尾用铁环相扣，但因为河道崎岖，又受急流冲击，铁环被冲断，抢渡再次失败。6 月 3 日，太平军组织最后一次抢渡，分兵三路，两路抢渡大渡河，一路抢渡松林河。当天夜里，河水水位未退，河面依旧波涛汹涌，太平军竭力与激流搏斗，最后三路抢渡大军都归于失败。6 月 9 日，石达开率残军 6000 余人突围东去，当晚到达小水宿营，次日到达利济堡，晚间抵达大渡河另一支流老鸦漩河边，但此处水势更为凶险，太平军仍为洪水所阻拦，无法渡河。史式在《"紫打地"与"老鸦漩"考释》中指出，"老鸦漩"地名的来源，一说是大渡河在这里突然转弯，洪波冲击两岸石壁，形成许多巨大的旋涡，不仅船筏不通，善泅者难以横越，连鱼鸬也只能在这里盘旋，不敢下水猎取食物。[1]

（三）降水

从石达开部渡河的整个过程来看，太平军失去先机及关键性抢渡失败的根本原因，并不是他们无法冲破对岸火力的封锁，而是水位暴涨及其所引起的一系列河流变化。

大渡河发源于果洛山，其径流补给，上游以冰川融水、地下水为主，中、下游以降雨为主。大渡河干流的起点是四川的大金川河，之后汇合小金

---

[1] 史式：《太平天国史实考》，第 59 页。

川，然后为大渡河。大渡河河道左侧为金山、二郎山、大相岭，右侧为蜀山之王大雪山（贡嘎山）、小相岭。大渡河属于川江中的岷江流域，是典型的山区河流，径流量大，上下游落差大，水量极其丰富，河床忽高忽低，河道狭窄，洪水期径流来源主要是降水，枯水期径流主要来源是冰川融水和地下水。流量大、落差大导致大渡河流速非常快，加上河床狭窄，暴雨很快汇入干流，使河水猛涨，流量猛增，水位也随之猛升；同时水流湍急，能很快地宣泄洪水，所以有非常明显的暴涨暴落现象。

5月14日至16日夜，紫打地附近发生了地区性暴雨，造成河水突然上涨，引发全流域性洪水泛滥。由于河水流速较快，上游从发生暴雨到洪峰的形成需要的时间比中下游地区要短得多，具有突发性的特征。17日开始，雨过天晴，因失去雨水补充，水位开始回落。在此期间，尽管紫打地地域没有下雨，但由于降雨该地地下水得到补充，地下水位被不断抬高，即使整个流域已经不再降水了，河流也受到地下水的补给，所以高、中水位仍会持续一段时间，使得17日至21日紫打地河段的水位仍比平常的水位要高。而紫打地位于大渡河的中游，由于大渡河河道狭窄、落差极大，上游的洪水很快就会影响到中游地区，因而从21日开始，大渡河紫打地段水位仍居高不下。

骆秉章在《奏报河神助顺疏》中写道："乃石逆于三月二十七日甫抵河干，是夜大雨滂沱，次日河水陡涨十余丈，波涛汹涌，并松林小河亦成巨浸，询之土人，向来三、四月间从未见此盛涨。"[1] 骆秉章所言"河水陡涨十余丈"，可能是为了邀功而有所夸大，但无论如何，指出了当时连降大雨引发河水突然暴涨的事实，这给太平军渡河造成的困难可想而知。

（四）道路

从大渡河地域的道路看，从宁远到紫打地一带都是崇山峻岭，一路是崎岖羊肠小道，人烟稀少，粮食奇缺。在这种山间小路上行军，有时路在山腰，仰视高山不见山巅，俯视深谷不见谷底，一失足就会粉身碎骨，连尸骸

---

① 陈弢辑《同治中兴京外奏议约编》，上海书店，1985，第509页。

也无处寻觅；有时路在谷底，两旁石壁千仞，古木参天，遮天蔽日，虽在暮春时节，也使人彻骨生寒。尤其是在铁宰宰附近，高山峭壁之间，只能容纳一人通行，数万人马进入此地，全无回旋余地。石达开大军在这种环境下行军作战，无法发挥兵力多的优势，而熟悉地形的土司却能利用小股武装偷袭骚扰，进行围困，使太平军苦不堪言。对此，岭光电回忆道："彝众白天只躲森林中隐匿，望着漫延数十里的炊烟，人马嘶鸣，夜间始出行袭击。经围困数十日，不见来攻，炊烟渐少，时见太平军到处挖土勒叶。不久，连人马声也少了。太平军被困于饥饿，常出金银绸缎等与彝众交换食物，于此可以想见当时太平军被围的惨况。"① 加上当时连降三天暴雨，道路更加泥泞不堪，难以前进，太平军的粮食补给与运输也都无以为继。

更重要的是，这种道路极易遭到人为破坏，对方只要砍伐大树横亘路上或从山上滚下巨木石块，即可堵塞道路，杀伤人员。石达开部抵达大渡河畔时，对岸尚无清军，石达开还派遣军队渡河侦察敌情，晚上又将其撤回来。紫打地西面的松林河和东面的老鸦河原有桥梁，若石部数万大军全力猛攻，以土司王应元的少数兵力，是无法阻止太平军过河的。但土司武装很快将松林河、老鸦河上的桥梁撤去。"水陡涨，贼甫至，未之渡也。王应元率土兵团练，暗将松林河桥拆毁，令乡村各寨坚壁清野。俄而阴云四合，日夜滂沱大雨，河水陡涨；而贼方筑坛讽毕，欲窜进，为河水阻隔，不得渡，退无所得食，出队山村各处寻粮，山皆壁立，居民杂处，处岩巅者，聚众团及土兵邀击。"② 太平军困于狭窄之地，进退两难，弹尽粮绝。

清军在石达开可能前进与后退的路线已严密布防，大渡河北岸有署雅州府（今四川雅安市）知府蔡步钟所募勇丁与总兵唐友耕等部扼守。南岸西部松林地（今四川石棉县西北）土司千户王应元已率土兵扼守松林河，都司谢国太部守猛虎岗，控制通打箭炉（今四川康定市）之路，并有胡中和部驻扎于化林坪（今四川泸定县南）一带，以为声援。若石军向南岸东部前进，则有邛部（今四川越西县东北）土司岭承恩率彝兵控制越嶲大路各

---

① 岭光电：《忆往昔——一个彝族土司的自述》，第 230 页。
② 廖文煜：《关于石达开在凉山州的史料集辑》，《广西师范学院学报》1982 年第 3 期，第 87 页。

隘，以逼迫石部"入夷地小径"，然后"从后路包抄"，并有参将杨应刚所部支援。后路是铁宰宰，形势险要，地处高山峭壁之间，空间狭小，石达开大军通过铁宰宰后，"南面的山径险路又被岭承恩砍倒的千年古树堵塞，又还有游击王松林等防守"，① 截断了太平军的退路，使石达开无法退回越巂、冕宁。在如此复杂的地形下，清军层层设防，布下天罗地网，使孤军深入又不熟悉地形的石达开三面被围，一面临水，无异于陷入绝境，难逃全军覆没的败局。

综上所述，石达开负气出走后，转战于西南地区数年之久。进入大渡河一带后，该区域地形复杂，自然条件恶劣，复杂的自然环境对太平军的行军作战、后勤补给等造成很大的困难，加上没有处理好与当地土司、民众的关系，尤其是在遭受突降暴雨渡河失败与行军作战目标无法实现的情况下，没有及时把握战机，指挥出现一系列重大失误，被清军与土司武装重重围困，不可避免地走向了全军覆没的结局。从这些方面来说，自然环境因素是石达开覆败的关键和根本原因。

---

① 《凉山彝族自治州概况》编写组、《凉山彝族自治州概况》修订本编写组编《四川凉山彝族自治州概况》，民族出版社，2009，第 126 页。

雉河集会战与张乐行前期捻军的覆没

池子华[*]

摘　要　1863 年 3 月，僧格林沁指挥各路清军与张乐行捻军展开最后的决战，捻军力战不敌，最终失败，大批捻军将士罹难。19 日，张乐行率残部突围而出，23 日至蒙城西阳集李家圩，被李四一出卖遭擒。4 月 5 日，捻军盟主张乐行殉难于亳州义门集周家营，前期捻军至此失败。前期捻军的覆没，原因固然很多，但农民小生产者的思想落后性不容小视。

关键词　雉河集会战　张乐行　捻军　农民小生产者

1862 年 3 月，苗沛霖突然倒戈，对张乐行捻军、陈玉成太平军来说，不啻釜底抽薪。"乐行顿失后援"，[①] 陷入被动挨打的境地。苗沛霖卷起"抗清"旗帜，打出"灭贼"旗号，弱化了抗清力量，相反，清军实力因此大增，张乐行的劣势地位更形凸显。西北太平军远去，张乐行本已孤立，而与之遥相呼应的英王陈玉成旋被苗沛霖诱擒，太平天国安徽根据地丧失殆尽，张乐行完全陷于孤立无援的困境之中。尽管如此，他继续坚持抗清斗争，与清军决战于雉河集（今安徽涡阳县），直至殉难。

一　陈玉成罹难后张乐行面临的困境

1862 年 4 月 1 日因苗沛霖倒戈，颍州（今安徽阜阳市）战役失败，张

---

　　*　池子华，苏州大学教授。

　　①　《涡阳县志》卷一五《兵事》，1925 年刊本。

乐行"东遁颖上，溷入围城之中，顾其家小"。① "剿捻"统帅胜保立即责令苗沛霖"认真围困，设法擒获凶渠"。② 苗沛霖随即"将县城三面围困"。③ 不过，4月10日张乐行携家眷在捻军马队的配合下还是突围而出。这使朝廷大怒，对胜保严词切责，上谕指出，"该大臣于解颖围后，本宜遵旨即赴颖上督剿，乃径回陈州，致令首恶逃逸，坐失事机……着仍遵前旨，驰赴颖上督饬苗练迅图克复。苗沛霖既未能擒获张逆，则其心仍未可恃"，应责令其戴罪立功。④

张乐行北归雉河集后，迅速组织"蒙、亳老捻"驰援没有突破重围的部分捻众，但为时已晚。《颖上县志》记载："大帅胜公保谕苗沛霖暨寿春总镇博崇武率附近练勇兵力围攻，城四面掘长沟，沟外连营遏其外窜，营外复为沟防其内援……贼屡扑不得出；张逆来援者再力扑不得入，贼大窘。食且尽，至人相食，饿死及自经死者枕藉街巷，乃乞降。遂诱之出，尽戮于西门外。"⑤ 5月4日，清军、苗沛霖苗家军"收复"颖上，张乐行败归雉河集。

张乐行一败再败，不仅损兵折将，而且士气大受影响。加上西北太平军远征，本已作战艰苦，可是不久庐州陷落，太平天国安徽江北根据地全部丧失，英王陈玉成北上寿州被苗沛霖生俘，张乐行面临的局势更为险恶。

原来，自陈玉成派出马融和攻颖之师和陈得才西北远征军之后，庐州兵力空虚，"旧日悍党无几"，⑥ 多隆阿所部清军乘虚而进，2月底包围庐州，"断其粮路"，⑦ 打乱了英王北上的计划，孤城难立。2月23日，陈玉成致函张乐行请援，"祈贤弟点派一二队官兵并马兵数百骑下游前来庐郡北乡青龙厂一带屯扎，嘱行文与兄，以便兄出司前来与贤弟面议一切军机，以图大征大剿进取之机。书到依行，幸勿负兄殷殷之望可也。至

① 《剿平捻匪方略》卷一百四十，胜保、贾臻奏折，同治十一年刊本。
② 《剿平捻匪方略》卷一百四十，胜保、贾臻奏折。
③ 《剿平捻匪方略》卷一百四十二，袁甲三奏折。
④ 《剿平捻匪方略》卷一百四十二，上谕。
⑤ 《颖上县志》卷五《兵事》，光绪三年刊本。
⑥ 江世荣编注《曾国藩未刊信稿》，中华书局，1959，第11页。
⑦ 《剿平捻匪方略》卷二百九十四，上谕。

嘱切切"。① 同时，致函扶王陈得才、启王梁成富、遵王赖文光、祜王蓝成春等，命祜王带兵接应，与陈玉成或导王陈仕荣面议紧要机宜；谕马融和、倪隆怀、邱远才带兵前来正阳与导王会合，再图进攻。② 但这几封信均被清军截获，未能送达。

庐州之围日紧，陈玉成北向寿州欲与苗沛霖"同拒官军"的愿望也就更加强烈，③ 而苗沛霖也加紧了对陈玉成的诱骗，以期实现"北擒张（乐行）、宫（龚德树），南平粤贼（陈玉成）"，扩张割据地盘的既定方略。④ 据刀口余生《被掳纪略》记载，苗沛霖派遣心腹扮成乞丐前往庐州与陈玉成接洽，"乞丐执竹杖，节皆打通，下留二节，用黄缎一方上皆蝇头小楷，其谄谀英王之话至极，无以复加。内求英王到寿州，他帮四旗人，一旗三十万人，攻打汴京。且云孤城独守，兵家大忌，以英王盖世英雄，何必为这股残妖所困"云云。⑤ 陈玉成一向认为，"如得汴京，黄河以南大江以北，实可独当一面"。而苗沛霖此信，"恰合心思"，认为"苗雨三（苗沛霖）真有韬略，非到寿州不可"。⑥

1862 年 5 月 13 日，清军多隆阿、张得胜、雷正绾、石清吉等部攻克庐州，陈玉成率大部人马从庐州北门突围，投"奔苗沛霖于下蔡（即凤台，与寿州同城而治）"，⑦ 不想正落入苗沛霖预设的网罗，15 日束手就擒。导王陈仕荣，从王陈德滠，天义陈聚城（成）、陈安城（成）、梁显新等一同就俘。

5 月 21 日，苗沛霖将陈玉成槛送颍州胜保军营。张乐行闻讯后，24 日率捻军至寿州、颍州之间的江口新集"附近贼圩屯扎，意欲半途劫夺逆

---

①　《陈玉成致张洛（乐）行书》，中国史学会编《太平天国》第 2 册，神州国光社，1952，第746 页。

②　《陈玉成致赖文光等书》《陈玉成谕马融和》，《太平天国》第 2 册，第 744—746 页。

③　薛福成：《庸庵文续编》卷下《书陈玉成苗沛霖二贼伏诛事》，光绪十五年刊本。

④　详见池子华《对苗沛霖集团与太平天国、捻军关系的考察》，《近代史研究》1989 年第 1 期。

⑤　刀口余生：《被掳纪略》，中国科学院历史研究所第三所近代史资料编辑组编《太平天国资料》，科学出版社，1959，第 210 页。

⑥　刀口余生：《被掳纪略》，《太平天国资料》，第 210 页。

⑦　薛福成：《庸庵文续编》卷下《书陈玉成苗沛霖二贼伏诛事》。

首"，解救陈玉成，但胜保早有准备，立即派副都统常海、总兵博崇武带领马步 3000 名驰赴江口新集 "迎提逆犯"，① 双方展开一场激战，结果张乐行败北，劫 "囚" 没有成功。6 月 4 日，年仅 26 岁的太平天国将领英王陈玉成于河南延津慷慨捐生。

庐州失守，陈玉成罹难，这对张乐行是一个沉重的打击。苗沛霖 "投诚" 及其倒戈反噬，本已使捻军力量遭到削弱，幸而有陈玉成太平军与之遥为声援。而陈部太平军的不复存在，使张乐行立即陷入孤立无援的境地。而且，清军由此可以厚集兵力，全力对付捻军。是时张乐行将面对三个强劲的对手。

张乐行的第一个对手是僧格林沁及其内蒙古马队，这是清廷的一张王牌。这年 6 月，僧格林沁到达河南商丘，拟扫清进攻皖北的障碍。8 月 20 日，清廷命钦差大臣僧格林沁统辖山东、河南军务，并调度直隶、山西防兵，直隶、山东、河南、山西各省督抚提镇以下各官及正白旗汉军副都统遮克敦布、右侍郎毛昶熙、署漕运总督吴棠均归其节制，蒙城、亳州、徐州、宿州防兵一并归其调遣。实际上僧格林沁全权负责镇压张乐行捻军。

张乐行的第二个对手是苗沛霖及其苗家军。苗沛霖献出陈玉成后，清廷准予 "自新"，但不准开复 "前罪"，要他 "先行负罪"，带所部苗家军进攻捻军，"俟擒斩张落刑（乐行）随同官军扫除蒙、亳一带捻逆巢穴后，自必立予恩施"，② 否则仍要治罪。尔时，湘军遍布皖北，但却并没有因苗沛霖擒献陈玉成、清廷 "准其自新" 而停止攻苗。5 月 25 日，湘军蒋凝学部大败黄毛兽、倘贯金部苗家军于霍邱，克霍邱县城，进逼三河尖、寿州。这使与苗 "互为倚重"、与湘军形同水火的胜保感到不安，上奏诋毁湘军。但庐州克复之日，也是胜保完成使命之时。6 月 10 日，朝廷据曾国藩所请，毫不犹豫地将其调离安徽，"专办河南军务"，③ 8 月 20 日又将其调赴陕西。8 月 3 日，湘军将领李续宜以安徽巡抚接钦差大臣关防，督办安徽全省军务。苗沛霖在湘军的咄咄逼迫之下，加上胜保西行，无所依赖，9 月 8 日，

---

① 《剿平捻匪方略》卷一百四十五，胜保奏折。
② 《剿平捻匪方略》卷一百四十五，上谕。
③ 《剿平捻匪方略》卷一百四十四，曾国藩奏折、上谕。

不得不撤出正阳关隘，14 日撤出寿州，均交湘军驻守。不过，苗沛霖很快找到新的靠山，即僧格林沁。僧亲王"奏调苗沛霖，倚为平捻"，[①] 使湘军欲剿而有所不能。而苗沛霖参与攻捻，同样是为其政治目的服务的。李续宜就一针见血地指出："苗沛霖以就抚为名，阴逞其蚕食之计，现如寿州、凤台、怀远、蒙城、颍上、阜阳、霍邱、光州、固始、息县、商城十一州县，苗圩约在三千内外，每圩或千余人或二三千人不等……张落刑（乐行）党与亦众，如亳州、蒙城、宿州、颍上、阜阳、永城、夏邑、虞城、萧县、砀山十州县中筑圩，不下二千，每圩人数亦与苗圩约略相同，其所以不获逞志于苗者，以连年与发逆在皖鄂地方叠受重创于楚师也。此时苗之蓄奸，极思乘机歼除捻首，而暗收其众，植党日积而愈繁，人心久附而弥固，再缓数年，苗患恐在粤匪以上，是苗逆之必须急剿已无疑义。"[②] 李续宜虽从"主剿"立论，不免夸大其词，但苗"极思乘机歼除捻首"张乐行，既与清廷"谕令"相吻，湘军当然不能对其肆行攻剿，而苗沛霖也可遂行"北擒张宫"、将捻军根据地据为己有的目标。苗沛霖及其苗家军因此成为张乐行捻军的强劲对手。

张乐行的对手还有湘军。其分布大略如下：（1）安肃道蒋凝学部，驻防颍州、寿州、正阳关三处；（2）记名提督萧庆衍部，驻霍邱，与正阳关、三河尖为犄角；（3）记名提督成大吉部、道员毛有铭部，驻三河尖附近之望岗集及固始县城；（4）总兵王载泗部，驻六安州为各军后路，接应粮械；（5）钦差大臣、安徽巡抚李续宜部驻扎临淮，西可联蒋凝学寿、颍之师，东可联吴棠清江之师，南可联石清吉庐州之师、李世忠滁州之师，北可助僧格林沁军之声援。

张乐行捻军实际上已陷入清军的大包围圈中。战争全局已发生不利于捻军的变化，而雉河集会战的成败得失，直接关系到捻军的生死存亡。

二 雉河喋血与张乐行殉难

1862 年 3 月 18 日，科尔沁亲王僧格林沁率部到达河南归德府，督兵进

---

① 王闿运：《湘军志》卷九《临淮篇》，光绪十一年刊本。
② 《剿平捻匪方略》卷一百四十七，李续宜奏折。

攻商丘金楼寨白莲教，这是雉河集会战的先声。

金楼寨地处商丘马牧集南 10 里，寨首郜永清，"其先习白莲教已三世矣，为离卦大宗"。1861 年他在张乐行、刘玉渊等的支持下，在金楼筑城浚池，倡言"大劫将至，欲免者入吾寨！""愚夫愚妇"纷纷响应，"信其为乐土"，"归之者如市"。① 原计划 9 月 5 日起事，由马牧集突袭归德，事泄，遂提前起义。河南团练大臣毛昶熙闻讯，令南阳镇总兵图塔纳等率军镇压，因师久无功，10 月 19 日又调前御史尹耕云督战。张乐行派刘玉渊率捻军马步 2 万余人来援，11 月 15 日与教军联合将清军击败，战斗中，郜永清殉难，部众在其弟妻郜姚氏的领导下，继续坚持战斗。

商丘是进攻张乐行皖北"巢穴"的门户，为攻捻所必争。如河南巡抚严树森所谓"频年以来，或蒙、亳之匪西犯，或曹、单之匪南趋，往往驶近省垣，恣其窥探……就今日贼势与中州地势较，归德（治即商丘——引者）近接捻巢，窜越靡定，商丘、永城、夏邑边境匪众蚁聚"。② 因此，僧格林沁要南下进攻皖北张乐行捻军，就必须清除金楼寨。僧格林沁原以为金楼小寨，不难一鼓而下，结果事与愿违，清廷王牌师遇到了教军的英勇顽抗，从 3 月 18 日开始围攻，直到 6 月 26 日才破寨，双方相持近百日。"郜姚氏为军士所杀，献其首，尤本立自缢死。郜氏少子年十三，牵至，见诸帅无惧色，引颈就刃。计所杀千四百余口，金楼平。"③

金楼不守，僧格林沁打通了进攻皖北的通道。僧部众逾 3 万人，这是攻捻的主力，加上湘军、鲁军、豫军、皖军、田在田的徐州军以及苗沛霖数十万苗家军，清军可谓声势浩大，一举攻灭张乐行捻军似乎不在话下。但僧格林沁并不敢直捣"贼巢"，理由正如他给朝廷所上奏折中说："各捻老巢多在宿州西南、蒙城左右及亳州东南，袤延数百里，豫境商、虞、永、夏，江境铜、沛、丰、砀，东境曹、单、鱼、滕、邹、峄，三省边防几将千里，为捻匪窜突熟路，……即果全军捣亳，距蒙、宿之贼尚遥，东路诸捻必将走丰、砀，趋滕，抄我后路，我军势须回顾北路，凡亳州东南之贼势将尾我而行，

① 《豫军纪略》卷二《会匪五》，同治十一年刻本。
② 《豫军纪略》卷九《皖匪九》。
③ 《豫军纪略》卷二《会匪五》。

转觉进退失据。"因此,他向朝廷提出,如果要求"奴才径进亳州,势须由西次第扫荡而入"。① 清廷也告诫他:进攻张乐行,切不可急躁冒进,"务宜逐渐进取,步步为营,不可孤军深入"。② 所以,尽管金楼寨已平,但僧格林沁未敢贸然深入,而是"旋军鹿邑,休养士卒,为进捣蒙、亳之举"。③

1862 年 10 月,僧格林沁麾师攻入皖北亳州。在此之前,亳州岁贡生李英才等"赴(僧)营乞师,呈亳州良暴圩图以资进剿"。④ 19 日,清军向亳北卢庙进攻,雉河集会战的外围战由此拉开序幕。卢庙、邢大庄等处为捻军花旗旗主李廷彦的领旗范围,李廷彦率军抵抗,苦战 10 日,卢庙、邢大庄、张大庄、丁圩等相继不守,李廷彦死难。僧格林沁遂指挥所部国瑞、舒通额、恒龄、全顺、承先、苏克金、常山保等乘胜推进,连克孟楼、丁花园等圩,其王新庄、王路口、五马沟、岳楼、八里沟、李枣园、香铺、吴庙口、吴庄"各贼圩均投诚",⑤ 僧格林沁令亳州知州刘兰馨"安抚"。"亳北肃清"后,11 月 4 日僧格林沁督军进攻亳东刘集苏天福"老巢",6 日克之,"于是亳州东南及涡河两岸宿州一带圩寨次第投诚"。⑥ 22 日,僧格林沁在蒋集再战获胜,27 日,舒通额、苏克金与张乐行大战于涡河北岸的张桥,由此拉开雉河集大会战的帷幕。

僧格林沁处心积虑,要夺取雉河集根据地,消灭张乐行及其捻军。当然,张乐行也不会坐以待毙。从 1862 年 5 月直到 1863 年 3 月,张乐行先后遣军 10 余次进攻山东、河南、湖北等地,⑦ 这说明,张乐行试图借远征军事行动,达到战略上牵制清军及分敌兵势的效果。如《豫军纪略》所云,"各股捻首群思出窜牵制我师;又闻粤逆伪扶王陈得才等由关中折窜宛郡,议由间道西与之合"。⑧ 这些举措,从军事战略上说,无疑是正确的,但是,

---

① 《山东军兴纪略》卷三《皖匪四》,光绪间刻。
② 《剿平捻匪方略》卷一六〇,上谕。
③ 《豫军纪略》卷九《皖匪十二》。
④ 光绪《亳州志》卷八《兵事》,光绪二十年刊本。
⑤ 光绪《亳州志》卷八《兵事》。
⑥ 光绪《重修安徽通志》卷一百零七《武备志》,光绪四年刻本。
⑦ 《同治元年四月至同治二年二月出掠一览表》,柯上达:《捻乱及清代之治捻》,文史哲出版社,1988,第 112—115 页。
⑧ 《豫军纪略》卷九《皖匪十二》。

正如柯上达先生所说，"由于新痛未久，力量太弱，所以多为各省地方军力所扼制，未能产生捻党（即捻军——引者）预期的目标"。① 这是令人惋惜的。

会战仍在进行中。僧格林沁节节推进，步步为营，张乐行连战皆败，步步退却，到1863年2月，韩圩、马村桥等重要据点纷纷易手。随着失败的增多，捻军中的动摇分子纷纷"投诚"，其中包括著名捻首宋喜元、赵浩然等，军心摇动，使本已处于劣势的捻军实力遭到严重削弱。亳北、亳东相继沦陷后，复因"王怀义等既降，南路已通"，② 清军完成了从四面八方对雉河集的包围。而苗沛霖也趁机大打出手，"败捻匪于展沟，破牛洪、李锦璋诸圩，擒捻首张南薰"，③ 从南面配合僧格林沁夹击雉河集。

雉河集之围越收越紧。1863年3月9日，张乐行率军试图从宿州突围，前往苏鲁与李成、任化邦捻军会合，开辟新的根据地，但没有成功。

既然无法突出重围，张乐行也只好背水一战。从3月中旬开始，雉河集会战进入最后的阶段，据《两淮戡乱记》记载，张乐行"乃悉其五旗首，集众二十万，陈雉河，钲鼓喧阗，旌旗蔽云日"，④ 可以想见战况之惨烈。僧格林沁令总兵陈国瑞、将军国瑞、都统富民阿"以骁骑万匹横冲之，炮弩齐发，贼骑溃列"，雉河集会战，捻军终告失败，被"逐北数十里，斩首二万级"。⑤ 著名捻首韩四万、刘玉渊、刘四麻、张延生、刘登瀛、苏天才等被俘遇难。

3月19日雉河集失守后，张乐行率残部突围，准备撤往宿州，23日至蒙城西阳集李家圩，被李四一（李勤邦）出卖遭擒。4月5日，僧格林沁"遵旨将逆首张落刑（乐行）及其子等三犯在军前极刑处死"。⑥

---

① 柯上达：《捻乱及清代之治捻》，第111页。
② 《剿平捻匪方略》卷一百七十八，僧格林沁奏折。
③ 光绪《重修安徽通志》卷一百零七《武备志》。
④ 张瑞墀：《两淮戡乱记·张洛行叛迹本末》，宣统元年刊本。
⑤ 张瑞墀：《两淮戡乱记·张洛行叛迹本末》。
⑥ 《剿平捻匪方略》卷一百八十，僧格林沁奏折。

三　张乐行捻军败因探源

雉河集是捻军的根据地，照官书上的话说即捻军的"老巢"，它的失守和捻军最高领袖、大汉盟主张乐行的殉难，标志着前期捻军（1853—1863）的失败。

张乐行从 1853 年 2 月发动十八铺起义到 1863 年 4 月慷慨就义，其间几度兴衰，但最终走向失败。

张乐行捻军失败的原因当然有很多，除清军实力强大，太平天国自顾不暇不能给予有力支持等外部原因之外，自身还存在着许多弱点，诸如内部不团结、意志不统一、组织涣散、生死关头捻军首领的投降变节等，而所有这些，追根求源，无不与"农民意识"有着内在的联系。

农民小生产者中存在平均主义、封建专制主义、帝王意识、官本位、功利主义、急功近利等意识。① 捻军起义是一次大规模的农民运动，自然也无法摆脱此类"农民意识"的羁绊。

就"共患难易，同富贵难"来说，它扎根于小生产的土壤里，是农民小生产者狭隘的利己主义思想的突出表现。作为一种心理，它曾困扰、束缚着农民，使他们在贫穷落后的道路上鹅行鸭步，阻碍了社会的发展和进步。农民小生产者狭隘的利己主义思想往往成为同室操戈、火并、猜疑、闹分裂、蜕变、战争失败的主观因素。在中国农民战争史上，这种富贵难同的现象和事例比比皆是。太平天国和捻军也不例外。这就决定了太平天国在处理与捻军的关系时，往往摆出"天朝"自大自高的架子，而不肯平等对待捻军。他们"招抚"了捻军，但不肯给捻军以公正的待遇，而捻军亦不肯轻易"就范"。所谓"以响马拜响马，谁甘屈膝"，正是农民战争中普遍存在的社会心理。在这种"谁甘屈膝"意识的支配下，张乐行捻军始终没有与太平军合二为一，结果被清军各个击破。

在张乐行捻军内部，始终存在不团结现象，特别严重的是重蹈太平天国"杨韦事变"的历史覆辙，1857 年在六安发生了"刘饿狼事变"的内讧惨剧，

----

① 参见方之光、池子华《中国农民学：历史和现实的呼唤》，《江海学刊》1993 年第 1 期。

导致捻军阵营的大分裂，促使张乐行前期捻军解体。对此事变，仅据推测断定张乐行诛杀捻军蓝旗旗主刘永敬（绰号刘饿狼）为的是清除与太平天国联合中的障碍，并没有触及问题的症结。据黄佩兰说："（刘饿狼）拥数十万乌合之众，战必胜，攻必取，望敌尘而知其强弱之所在，虽目不识书，而指天画地，算无遗策，张乐行、龚得（龚德树——引者）等深用嫉忌，诱杀之于正阳关，捻党之分崩离析实始于此……贼宁自陷于灭而不悔，此则吾民族最劣之天性，李秀成之所由泣血而曾文正公之所以长言永叹者也。"① 这种现象，洪秀全、杨秀清、韦昌辉、石达开无法挣脱，张乐行、龚德树、刘饿狼同样难以超越，这是历史的局限。

在张乐行捻军中，投敌现象十分严重，这与捻军成分复杂分不开。在捻军中，游民无产者是一股不可忽视的力量，他们大量投军，增强了捻军的实力，但其堕落的影响随时表现出来，建设不足而破坏有余，他们缺乏远见，犹如汪洋中的小船，更具有动摇性。反复无常，忽此忽彼，是其通病。张隆、孙葵心等为代表的"投敌逆流"，曾使张乐行捻军一度中衰。而在雉河集这场攸关捻军生死存亡的大会战中，他们的破坏性更是令人触目惊心。光绪《重修安徽通志》记载："宿州升任知州英翰督同贡生牛斐然等解散捻匪，收抚刘天福等二十余人，杨瑞瑛由豫回宿投诚。"② 僧格林沁在给朝廷的奏折中也记载说："（同治二年二月初一日）宿州知州英翰等，带领捻首杨二即杨瑞英、王怀义、龚耀来营投诚。臣等思王怀义等既降，南路已通……初五日晚间，据英翰差弁禀称：英翰正在石弓山一带查办投诚各寨，旋有宿州、蒙城交界之西洋（阳）集捻首李勤邦、刘天祥、头号雷即张慎德、王凤潮、罗克有即罗麻子、侯泳固等恳请投诚，经该州许其归正，带至大营，再听核办……初六日，复有捻首孙臭即孙葵汶、江台凌（即姜台陵）俱各率众来营乞降。"③ 其中，出卖张乐行的李四一（勤邦），竟是张的表

① 《涡阳风土记》卷一三，1924 年刊本。

② 光绪《重修安徽通志》卷一百零八《武备志》。牛斐然，字捷三，涡阳曹市集人。张乐行起义后，他与子师韩、族弟书琴"练乡团"，因"师皆弟子，旅尽兄弟"，人称"牛家军"（《涡阳县志》卷十二《人物》；《清史稿》卷二百四十四《牛师韩传》，中华书局，1977），为捻军的死敌。

③ 《剿平捻匪方略》卷一百七十八，僧格林沁奏折。

兄。可以说，正是这批小农意识浓厚的游民无产者，将张乐行的事业导向深渊。

捻军组织的弱点，是众所周知的，涣散无力，各自为战，指挥调度不灵，不能形成合力，如河南团练大臣毛昶熙在奏折中所说："盖皖捻虽以张落刑（乐行）为盟主，以刘狗、苏添才、姜台凌、王怀义、宋滆元为大股，其实则各统其众，各居其巢，陈、宋、颍、寿、淮、徐之间，地方数百里，实无处非贼巢。各路肘腋之间，贼窟尚多……查捻匪有每股捻首所养马步常贼不过二三千人，余则各处各圩，无事之时，不惟此股与彼股未尝聚处，即一股之中，其捻首与小头目亦各散居，故其势常分。"① 这种状态，给捻军进行战争力量正规化建设以顽强抗阻，使张乐行捻军始终未能成为一支完完全全的正规化军队。这种"其势常分"的状况，说到底，是小农意识支配下的战争行为，各自为战，各显其能，拉山头，闹宗派，却不能"协力同心"，没有远大的理想和目标。难怪赵烈文说："捻匪……无自成之心，是足以乱我而不足以病我也。"② 张乐行也意识到"固守土圩，徒知抢掳，利己之私，久则足以自毙"③ 却无法改变，中国小生产方式的历史积淀太深厚了。捻军组织涣散，形成不了合力，最终被对手各个击破。这也是张乐行捻军失败的一个重要原因。

张乐行捻军失败，给北方民众运动，特别是给太平天国革命战争带来不利影响。捻军是太平军的友军，与其关系密切，实际上是太平天国的"北门锁钥"。门户洞开，屏障既失，不能不使太平天国感到唇亡齿寒。清政府一向视"发、捻交乘"为"心腹之大患"，张乐行捻军的失败，标志着"交乘"局面的结束，太平天国孤掌难鸣，军事上已经很难再有大的起色，支撑到 1864 年 7 月，被西方列强和清政府联合绞杀。

---

① 《东华续录》咸丰十一年十二月，毛昶熙奏折。
② 赵烈文：《能静居日记》咸丰十一年八月初九日记，太平天国历史博物馆编《太平天国史料丛编简辑》第 3 册，中华书局，1962，第 191 页。
③ 《张乐行檄文》，《光明日报》1962 年 10 月 10 日。

官商博弈：清末粤路公司商办权争夺中的合作与冲突*

夏巨富**

摘 要 清末以粤商为主导的广州商人团体之间通力合作，积极筹募商款，促使粤路公司得以成功筹办。随着粤路公司逐渐步入正轨，官商围绕公司承办权展开争夺。政府因为主导粤路公司从美国赎回，要求实施国有控制；粤商以筹集创办资金有功，则要求实施商办。官商就此展开博弈，呈现出各不让步的态势，双方进入了"拉锯战"，粤商最后以集体行动取得粤路公司的商办权，但是在随后的经营中出现激烈冲突。粤商虽然可以发挥集体行动的力量争回商办权，但是无法回避内部派系纠葛，这反映了早期商人经营现代化公司模式时，缺乏制度性规范，抑或公司保障法缺失，给予了官商博弈相当大的空间。

关键词 粤商 粤汉铁路 粤路公司 商办权

学界对粤路研究不多，黄家友对商办粤路公司的创办背景做出分析，认为该公司经历了废除美约、三省自办、三省"各筹各款，各修各路"、粤汉铁路风波、集股、确立商办原则，直至商办广东粤汉铁路有限公司正式成立等阶段。在这一过程中以七十二行、九大善堂、广州商会为基础，广州绅商起到了组织领导作用，成为主力军。① 邱捷从黄景棠参与清末铁路角度，对

---

* 本文为 2023 年度广东省哲学社会科学规划共建项目"广东总商会的商贸联动研究（1905—1931）"（GD23XLN19）阶段性成果。

** 夏巨富，广州大学人文学院暨荔湾研究院讲师。

① 参见黄家友《晚清商办广东粤汉铁路有限公司的创办及背景分析》，《中国国家博物馆馆刊》2013 年第 10 期。了解该公司早期历史，另可参见《粤汉铁路史概略》，《铁路月刊广韶线》第 1 卷第 1 期，1931 年。

商办铁路公司做出考察。① 该文侧重从商人团体之间合作角度，对商办粤路公司成立过程进行考察，除了展现官商之间关系，还说明商人团体的合作力量不容小觑。本文则从官商博弈的角度，考察官商双方争夺粤路公司承办权，进而探讨早期公司经营相关问题。

一 粤路公司的筹款之争

粤汉铁路赎回商办之后，面临着筹款问题。官商之间就筹集资金方式存在很大分歧，岑春煊力争通过抽捐加饷，达到筹募粤路公司资金的目的；商人则坚持完全商办，行商自行募集股票，认为海内外华商认捐比较积极，款项比较充分。邱捷认为官商之间冲突原因在于 1905 年粤汉铁路从美国赎回自办后，张之洞出了大力，主张广东筑路"官款"要超过"民款"，岑春煊为了保证官府对铁路的控制权，主张铁路修筑资金用台炮经费、加抽等手段筹集，作为"公款"投资铁路方案。② 1905 年，岑春煊致电广东绅商提出"合力筹款"办法，筹公款方法就是派捐筹款，具体办法为征收亩捐、台炮捐、船捐、盐捐等，此办法立刻遭到广东绅商的强烈反对。③ 可见岑春煊并未接受商界的商办铁路建议。1905 年 12 月，张之洞致电岑春煊，官与民事共同商办，不由民间独操其权，须持有官款，且官款多于民款，或官款与民款相等，数年筹款若干，"以存官权而重路政"。④ 可见张之洞作为岑春煊的后盾，坚持官商合办办法，让岑春煊丝毫未向粤绅商让步，故官商之间就筹款方式存在很大分歧。12 月，两广总督致电商会，"会合官绅，群策群力，以期妥定善法，迅集巨款，刻日兴办"，分别照会商会、五大善堂各绅董积极筹备。⑤ 粤绅商界自行募集股份，组织铁路银行，筹款甚丰，抵制岑督官款筹建方式，使粤官商两界进一步决裂。12 月 22 日，张之洞意识到岑督的

---

① 邱捷：《黄景棠与清末广东铁路》，《学术研究》2013 年第 3 期。
② 邱捷：《黄景棠与清末广东铁路》，《学术研究》2013 年第 3 期。
③ 章开沅等主编《中国近代史上的官绅商学》，湖北人民出版社，2000，第 107 页。
④ 宓汝成编《中国近代铁路史资料（1863—1911）》第 3 册，中华书局，1963，第 1046 页。
⑤ 宓汝成编《中国近代铁路史资料（1863—1911）》第 3 册，第 1047 页。

铁路筹款方式导致粤绅不满，官绅集议时，甚至有委员拍案讥骂，导致铁路风潮，黎国廉暴拿。① 至此官绅彻底决裂。行商对官款筹措方式颇不以为然，并坚持商人自办，行商黎国廉就粤路筹款严厉批评政府，引起岑春煊盛怒，岑以黎国廉妄自侮辱官场和阻扰粤路公司罪将其逮捕，并建议革除黎绅道台的职衔，引起七十二行商强烈不满，民间舆论一片哗然，遂引起官商之间激烈冲突。

1906 年 2 月 5 日，粤省绅商界千余人因黎绅被捕一事，在广州学宫明伦堂集会，商讨筹路款项事情，联名盖章请中外知，寻求政府释放黎绅之道。② 7 日，岑春煊对粤汉铁路筹款冲突公开发文，粤路筹款分官款、公款和集股三项办法，官款和公款是台炮经费、船捐和盐斤加价，然黎绅鼓动七十二行商抗议，诽谤官场，要求铁路商人自办，奏请将黎绅革职。③ 12 日，七十二行商和商会向商部呈文，指出粤路公司商筹商办，派粤绅代表赴鄂开会，岑督忽借路加抽粮捐、船捐、盐捐、派捐、台炮加捐诸名目，激怒商民，又因黎国廉集股有功，将其逮捕，现请商部体察民情，奏免征各捐，粤路公司仍是商办。④ 粤商与官府之间冲突的焦点是对粤路公司控制权问题，若该公司完全商办，则官府失去对其控制权；若坚持该公司官商合办，其实"官款"仍从商人抽饷抽得。从商人那里"盘剥"作为筹办经费，还想进一步控制公司管理权，想必商人十分不乐意。故官商之间矛盾似不可调和，商人团体在涉及切身利益时，保持步调一致，于是向商部请求解决公司控制权问题。同日，商务局总办左宗蕃请保黎国廉，邀请商家在十八甫广益会倡议赴督院，请保商办粤路代表黎国廉。⑤ 七十二行、总商会、善堂等的商董均呼吁官府尽快释放黎国廉。2 月 14 日，粤绅商界出现反对联保黎国廉声音，认为此事由江督派员查办，自应听候江督秉公办理。同时七十二行商向旧金山、檀香山、小吕宋、横滨、神户、上海、汉口、天津、西贡、暹罗、汕

---

① 宓汝成编《中国近代铁路史资料（1863—1911）》第 3 册，第 1048 页。
② 《抗捐大会》，《䎙报》（新）1906 年 2 月 5 日。
③ 《岑督对于粤汉铁路筹款冲突后第一次示文》《岑督对于粤汉铁路筹款冲突后第二次示文》，《䎙报》（新）1906 年 2 月 7、8 日。
④ 《七十二行商电禀商部全文》，《香港华字日报》1906 年 2 月 12 日。
⑤ 《岑督拟释放黎国廉》《左宗蕃也欲请保黎国廉》，《香港华字日报》1906 年 2 月 12 日。

头、福州、利马、墨尔本、大吕宋等外省外埠同胞发出集股广告，拟筹 300 万余元，以抵制岑督加抽捐纳饷方式，积极营救黎国廉，希望粤商民自行募集粤路公司资金以达商办目的。他们指出路权乃粤之命脉，请同胞人人自行认股，多多益善，人人同沾利益，望为黎绅雪大耻。① 可见商人团体集体行动虽然取得良好效果，但是采取方式仍存在分歧。

张之洞致电岑春煊，"宜先释放黎绅，方可措手"。旅港粤商来电云："黎绅一日不释，即国民多一日之怨望。"同时，张之洞建议不要沿用盐捐、船捐、亩捐等名目，转使绅商借捐之名词，指为加征，疑为苛抽，似不如改为盐股、行股、船股、田股等名目，以著其实而免误会。② 在粤绅商界舆论施压和商办筹款顺利进行的背景下，政府出现让步的举动。此次黎国廉被逮捕，多数绅商筹议对付办法，通电政府各京官及张总督（之洞），并请将军、都统及学院三司等声言岑春煊之非法，并运动释放黎国廉。张之洞不得已为之处置，以特殊宽典释放黎国廉，铁路仍归商办，以安商情。③ 19 日，黎国廉奉朝官释放出南正局，省港各报均派传单请学界、商界、善界欣然欢迎。广肇公所致电商会，此次官绅决裂，粤商民出"死力"争先集股，内外通力合作，稳操胜券而挽主权。④ 20 日，黎被授权继续承办铁路，但他受前被拘影响，决意不干涉路事。七十二行商和善堂善董均认为黎绅之于铁路事义不容辞，"断无卸肩之理"，乃提议举黎绅为铁路总办。岑督释放黎绅时曾转告绅商，如集股份之事有成效，当即将所拟各项捐抽一律奏请停罢。同时商部电复七十二行商，肯定其粤路筹款成绩，并酌令与岑督共商如何办理公司。⑤ 22 日，仍有黎绅被释放新闻，绅界、善界、报界等欢迎黎绅释放，并制大灯笼彩标，书写"奉旨恩释"字样。商会集议各善堂各行举 20 名左右人员，派往八大善堂当收银写票之职，并嘱咐当下写"广东商办铁

---

① 《绅商又反对联保黎国廉》《函致外埠同胞集股》，《香港华字日报》1906 年 2 月 16 日。
② 宓汝成编《中国近代铁路史资料（1863—1911）》第 3 册，第 1049—1050 页。
③ 宓汝成编《中国近代铁路史资料（1863—1911）》第 3 册，第 1051 页。
④ 《黎绅遵旨恩释》《广肇公所致总商会电》，《香港华字日报》1906 年 2 月 19 日。该版面《羊城新闻》基本只报道了黎国廉被释的新闻，足见粤商民之兴奋。
⑤ 《论黎绅季裴不承允办铁路》《岑督将停止抽捐》《黎绅赴茶会演说》《商部已有电覆七十二行商》，《香港华字日报》1906 年 2 月 20 日。

路认招股份缘簿"。① 但是粤路公司商办还是官办并未决定，随即而来的筹款问题仍未得到妥善解决。

二　官商争夺粤路商办权

官商仍各自坚持己见。1906 年 1 月 9 日，"粤汉铁路赎回自办，需款甚巨"，岑春煊拟办亩捐、船捐及加抽台炮经费、盐斤四宗为铁路经费，传集各商会议，无论如何为难，务须认真筹划，各商认为粤盐迭次加价，"商力疲困已极"，盐田失收，盐价飞涨，故会议数日尚无头绪。② 15 日，就路款加抽七成炮台经费事，官绅在广济医院会议，左宗蕃等绅商认为商则以强取不如乐输于民，官则以取之于民，用之于民，民之不信不如商自办，各行签字不同意官方的提议。③ 16 日，根据岑春煊的手谕，筹款筑路不外三端：（1）拨官款，（2）筹公款，（3）集商款。但是官款来源于地方亩税或加抽饷，官府从商人身上巧取款项以垫作官款。④ 如此势必造成商人非常不乐意，对筹款之法颇为消极。2 月 2 日，广州商务总会集议粤路办法，"吾粤自争回路权以来，万众一心，咸以筑成此路为目的"，不料筹款遇到波折遂导致延误筹办，于是七十二行商董及八善堂绅董到商会集议办法，招股归商家自办。⑤ 此次商人团体之间讨论了集资的宗旨是确立商办原则，实行股份制度，广泛募集股份。同时规定"不招外股，专集中国人股份，其非中国人一概不准入股，并不准将股份售与非中国人"。⑥ 5 日，粤商定期商议筹款事宜，各商在广济医院研究后举定四项规则：（1）须举定各行商董，于是日由众公认当场印图记；（2）举定后各行商董即有担任招股之责；（3）此项股票或 5 元或 1 元，临期再开议；（4）以所集股本先设立银行。粤商议

---

① 《奉旨恩释确有原因》《二十六日商会集股纪事》，《香港华字日报》1906 年 2 月 22 日。
② 《盐务筹措铁路经费为难》，《香港华字日报》1906 年 1 月 9 日。
③ 《会议筹铁路筹款之纷扰》，《香港华字日报》1906 年 1 月 15 日。
④ 平原：《忠告岑督与粤绅》，《香港华字日报》1906 年 1 月 16 日。
⑤ 《总商会集议粤路办法》，《香港华字日报》1906 年 2 月 2 日。
⑥ 《粤督岑照会省城总商会筹筑粤汉铁路简明章程》，《南洋官报》第 34 期，1906 年。

定按以上四款自由商办招股。但地方官府认为以地方款项为主，不知能否"上下合一"。① 自粤路公司确立商办之后，面临集资困境，此番合议，大致分摊各行商具体募集任务，规定股票发行面额，同时设立银行来进行资金管理，此四项类似现代股份制企业制度的雏形，实行类似董事会议制度和以募集股票方式筹措资金，于是公司开始募集股份。

2 月 8 日，各行商认股 100 余万元，前三次共得 500 余万元，商会代收有几千元。同时七十二行在商会会议提议八事，择其与铁路相关五事列出：（1）商会与办路有密切关系，现在左总理（宗蕃）有病，郑协理（观应）丁艰均已告辞，照商部章程，推举黎绅（国廉）为粤路总办；（2）决定暂借总商会为铁路办事公所；（3）议举筹办铁路议员及驻局办事人员决定由八大善堂七十二行限于二十日自行举出，不受薪水，等铁路建成时何职务之责任应享何职务之权利；（4）小股何日起收决定，自二月初一起认股，限十五日招股，限四个月，某日交银即从某日起息；（5）分处开收股银决定广仁、广济、爱育、崇正、述善五堂院并较准公法，以昭一律，随议路股有成数应即电商部。② 据此七十二行、善堂和商会均与粤路公司产生了密切的联系，如商会郑观应曾任粤路公司总办，接替者仍是商会人士，铁路办事人员均由七十二行自由选派，善堂负责各处招股，各商人团体分工合作。

2 月 9 日，粤路公司订立章程合同后，商行认股比较踊跃，虽认股多系绅商中人。至于七十二行以各埠乡村尚未有认股之事，故商会特发传单，"以期遐迩闻知，同声赞助"。各行商自行招股，实以抵制抽捐，无不异常踊跃，相互鼓励同业承担认购股份。③ 此举针对岑春煊以加捐抽款的筹款手段，很明显行商在反对岑督的募集款项方式。时人就认为"全粤人之意，岑督一日不去，路款一日难成，今之踊跃认股者，破岑督加抽之议也"。可见商人不认可岑春煊加抽筹款方式，并仍公举商会黎绅为商会总理兼粤路总

---

① 《粤商办铁路提议四款》，《香港华字日报》1906 年 2 月 5 日。
② 《请看第四次认股更踊跃》《十三日总商会议案》，《香港华字日报》1906 年 2 月 8 日。丁艰，郑观应母亲病逝于澳门，回家守孝，以丁忧为由辞去粤路公司职务。
③ 《商行认捐之踊跃》，《香港华字日报》1906 年 2 月 9 日。

办，反对岑督仇视之见。① 10 日，时评指出三省合办铁路，"首在筹款，次在得人，其能协办咸宜，贵乎和衷共济，倘各执偏见，必至事败垂成，匪特无裨公益"。官绅合办铁路方能得手，为官者"当存公忠体国之心"，为绅者"当明毁家纾难之义"，为商者"当具团体爱国、急公忘私之诚"，最终"上下一心，富强之权在足矣"。绅商聚议不数日，捐至数万元。岑春煊仍执意抽捐，无视商人众议。七十二行商筹款异常迅速，便组织铁路银行，以便收发各款。② 至此，铁路筹款迈入正式轨道，接下来的问题是如何操办与收受资金。

三　粤商积极筹措粤路商款

2 月 10 日，商会集议铁路事会议，由苏慎之代表提出八项事项：（1）决定以双龙毫为本位，无论何样式银，均照时价双龙毫水伸算；（2）分发各处内地外地招股部分，应由总公司分别号数妥盖图章稽核有凭，免除流弊；（3）现在收小股，顺舆情权宜之计，由商会账房代收，开列清单分别交给坐办稽核，100 两则发给股实银号生息，以免嫌疑；（4）租冯宅为公司办事处；（5）派股份部到各行值理，劝认集股，商会调查员担任派送到部之后，请该行盖图章；（6）派员去学堂劝办教员认捐；（7）招股必须叙明原委，并刊发简明章程；（8）请苏慎之先生制定简明章程，并登报告白。③ 这八项铁路事项经过行商众议后，均告认可，并进一步推行。12 日，设立粤省铁路公司银行，数日认股 500 余万元，外邻、外省、美洲、南洋四处募集 2000 万元，由此观之，官办则粤人"畏之避之，望望然去"，商办则"踊跃如此"，明显商人不愿抽捐。粤路公所设在商会内，由于地面窄小不敷办公，现将择定文澜书院办公，择日迁移。铁路认股又得百万元。商会代收十七日以前所收小股

---

① 无惧：《论调和岑督与粤绅冲突及其结果》，《香港华字日报》1906 年 2 月 9 日。黎绅，应指黎国廉。

② 匏老：《论官绅合办铁路方能得手》《岑督仍执抽捐主意》《商民组织铁路银行》，《香港华字日报》1906 年 2 月 10 日。

③ 《十五日商会铁路议案》，《香港华字日报》1906 年 2 月 10 日。

票，各埠股商或会馆或善堂在该地方汇集股份寄总公所,① 足见商办铁路公司资金筹集似乎远甚于官办。15 日，旅沪粤商支持粤自办铁路，广肇公所通电支持，既然官绅决裂，商人应下死力筹募资金，创办公司以"争气"。②

2 月 23 日，七十二行公认收路股银两，商会标贴长红声明，七十二行公认商会，广济医院、爱育、崇正、广仁、惠行、述善和明善等善堂，以上八处代粤汉铁路收股份银两，并填发执照，各位欲交股银分交各处照交，领回执照即可。③ 3 月 3 日，七大善堂初六日招收股银，广济医院收银 5382 元，崇正收银 2145 元，述善收银 134 元，初七日述善收银 196 元，崇正收银 1623 元，广仁收银 6883 元，合共收银 16363 元。善堂作为公益机构，代收股银甚为合适，故各商均愿认股。南洋华侨纷纷招股，预计招募一二百万元。旅鄂同乡会馆致电商会，若公司商办，就愿意招股 10 万股；若公司官办就此作废。旅鄂同乡会馆的做法具有相当普遍性，可见商人对官办存疑虑，几无兴趣。随后岑春煊就认定粤路商办方式照会商会。④ 由此可见粤路公司力行商办是主流趋势，官府不得不遂了商人心愿。10 日，梧州商会致电广州商务总会认路股 3 万股照交官办作废。赴港招股员来函述港商意见，凡以后省港招股均收银纸，不宜分两途，因省收毫子于港有碍，该银纸目下每千元得水银 40 元算，即将毫子沽出缺水之害。⑤ 行商派员去向各处招股，收获亦颇丰。12 日，港商议一律收毫子，爱育善堂赞成银纸补水。七善堂招股第十次清单，惠行收银 30188 元，明善收银 7017 元，述善收银 4491 元，三柱共收银 41696 元。广仁善堂代收庇能华商认股 6 万份，如确商办则银汇，倘官办银行追回。⑥ 由此可知海内外华商认定商办路股，表示对粤路

① 《粤省组织铁路银行》《铁路公所之得地》《铁路认股又得百万元》《十六日铁路议案》，《香港华字日报》1906 年 2 月 12 日。注，原文员与元混用，均未区分。
② 《旅沪粤人赞成自办铁路电文》，《香港华字日报》1906 年 2 月 15 日。
③ 《七十二行公认收路股银两》，《香港华字日报》1906 年 2 月 23 日。
④ 《七善堂开收小股清单》《人人不愿归官办》《岑督认定商办铁路照会》，《香港华字日报》1906 年 3 月 3 日。
⑤ 《官办铁路可绝望》《赴港招股员函电之关系》，《香港华字日报》1906 年 3 月 10 日。
⑥ 《十五日商办铁路议案》《赞成银纸补水复电》《七善堂开收小股清单第十次》《庇能华商已认路股六万份》，《香港华字日报》1906 年 3 月 12 日。

商办公司的力挺；若该公司变成官办，大多数商人则会追回路股。如此，间接地抵制了粤路公司官商合办。中外华商踊跃认路股，"众人志愿则以商办为方针"，外省粤商与外埠华侨发来路事各电，皆踊跃认股，同时提其要曰"官办作废"，香港之华商提出"如非商办将股份交还"。① 由此可见商人在向政府施压，如若官办粤路公司，估计各股东纷纷退股，后续筹款将异常艰难。

3月17日，基于粤路公司招股小有成绩，九大善堂、商会商董凌朝康和粤路公所致电商部，奏请立案准归商办，随即就商办铁路召开会议讨论：（1）公举暂行权理人及代表议事人，请各股东代表员从长公议容日再决；（2）宣布港商议定权理人之资格及选举权理人单式；（3）各股东议定赞成盛侍郎（此处应指盛宣怀）为督办，并有外埠各股东举定总理协理，"见识开通，老成历练，有热心，实力为各股东信任者为合格"。② 19日，各善堂粤路小股银计有160万余元，同时向商部电文商办铁路定股本2000万元，每股5元，省垣已及1000万元，二月初一日至二十日止收1648788元，现分存协成、乾源、丰义、善源各银号当押行及广州、佛山各善堂等外府外埠，再度致电商部，奏请商办免加捐。③ 同时根据商律，由七十二行和九大善堂担任权理路事，岑春煊派员将路交商接收，如各商举总理一时尚难定议，由各善堂、七十二行迅举品行端正、身家殷实、明白事理之权理员数人刻日禀报。④ 24日，时论对商办公司提出异议，认为官办、商办公司各有利弊，"西商办之而有成效，华商办之而无成效，其弊非在总理之不得人乎？"足见当时并非所有人一致支持商办，还是有不同声音。商部第二次电复商办铁路，将赎路款及未赎之金员小票利息，一概由股实商人担任具结，按期指定银行担任偿还，与官府无涉，此路"奏归商办，决无成见"。⑤ 商部逐渐认

---

① 独立：《粤汉铁路三大问题》，《香港华字日报》1906年3月19日。

② 《粤路公所致商部电文》《二十一日商办铁路议案》，《香港华字日报》1906年3月17日。

③ 《定期议安置所收小股银》《更正达商部电文》，《香港华字日报》1906年3月19日。

④ 《二十七日总商会会议铁路事》《岑督肯任权理人接收铁路之照会》，《香港华字日报》1906年3月23日。

⑤ 《警告九大善堂七十二行代表人》《商部第二次电复商办铁路》，《香港华字日报》1906年3月24日。

可粤路公司商办。27 日，粤人之踊跃，不到一月时间而筹集股银至 160 余两，"此正所谓一鼓作气也，乃在事诸人，各怀私见，各逞义气，不早定其宗旨，以举督办为要，着徒为是"。若不将铁路直接交由商部办理，将来必受官场种种阻碍。岑春煊照会商会，无论官办商办，希望无成见，现时粤商集股既有着，自可准商办，迅速举定总理路事之人，黄景棠遂提出商办铁路计划。①

　　4 月 3 日，商会议案认为若铁路奏准商办，"明文则来者，源源必可达二千万元之目的"，商股既有把握即可概免加捐，路债能按期筹缴，现公司未成立，集股碍难，各行商各善堂请各股友举定总理或权理，筹办公司。为了进一步筹募资金和抵制谣言，商会、九大善堂、七十二行出公示：广东商办铁路粤汉铁路始终坚持商办宗旨，岑春煊声明商办集股，并概免加捐，凡我同胞踊跃认股，勿轻信谣言。② 公司仍存在资金缺口。7 日，粤路权理分别公举，商会拟举三人，担任收银之七善堂拟每堂举二人，七十二行除十一行外，每行举一人，以下每行公推二人：银行、土丝行、当行、押行、米埠行、盐务行、绸缎行、药材行、布行、洋什货行和出口洋庄行。③ 4 月 17日，商办广东粤汉铁路公司，事体重大，"关系紧要"，有各善堂善长及七十二行商诸位代表办事，唯股友仍须联结团体，遇事合力维持，方足以收群策群力之效。凡有交小股之股东，"共结一无形之团体，万众一心，以维护公益，保卫血本为目的"。④ 24 日，各善堂、商会、七十二行等集会，投筒公举郑观应为该公司的总办，但郑坚决辞职，由于工作需要答应"暂为权理"。⑤ 5 月 1 日，商部批准了粤路举定的权理人，郑观应当选总办，黄景棠为副总办，许应鸿、周麟、左宗蕃为坐办担任路事。⑥ 可参照 1906 年商会同人录，由此可见粤路商办公司领导权基本上由广州商务总会把持。29 日，

① 燃屋后人：《再警告九大善堂七十二行代表人》《总商会又奉到岑督照会》《黄景棠对于商办粤路之计画》，《香港华字日报》1906 年 3 月 27 日。
② 《督批商会禀复照会》《商界善界维持大局公启》，《香港华字日报》1906 年 4 月 3 日。
③ 《十二日公举铁路权理议案》，《香港华字日报》1906 年 4 月 7 日。
④ 《照录二十一日铁路股东议案》，《香港华字日报》1906 年 4 月 17 日。
⑤ 夏东元编著《郑观应年谱长编》（下），上海交通大学出版社，2009，第 627—628 页。
⑥ 《批准权理人接收铁路之详述》，《香港华字日报》1906 年 5 月 1 日。

郑观应和黄景棠合议讨论，起草商办粤路公司章程事宜。① 郑观应对粤汉铁路创办是有贡献的，除招股外，诸凡招聘工程师、购买器材、购地鸠工、重勘线路等，都做得井井有条。②

6月1日，岑督定盛宣怀为该公司督办，禀达商部批准，"督办一日不举定，路股一日不乐交"，以富善街三巷银行营业大屋为副总办议事所。③ 但行商并未认可官府督办粤路公司。14日，广东绅商为铁路事致京中同乡会电，认为岑春煊恶语舞弄股东，始终怀有仇恨。④ 18日，铁路赎回自办后，周馥致电广东劝捐一折，认为粤汉铁路作为国家要政，"商任筹款建筑，官为维持保护"，此办法甚为妥善，粤省官吏绅商同心协力，联络一气，才能不致妨碍公益。⑤ 政府层面要求采用官督商办来经营粤汉铁路，商人层面则要求完全商办粤汉铁路。20日，商办粤路公司由粤商集股自办，举定总坐办、副坐办后，声明粤路商办，与湖北、湖南官绅办不同，自举商董担任，不必官为督办，请商部批准立案官为保护，一切用人理财无庸官为干涉，并认为官督商办或官商合办不合理。⑥ 南洋小吕宋粤侨因粤汉铁路为数善棍把持，胆大妄为，私举总坐办和副坐办，代理收股入五家，置若罔闻，向各股东纷纷诘问，致电北京商部声明此事。⑦ 公司章程第十三条规定，商办各事，靠地方官保护，岑督力求保护，并指出一切用人理财，概不干涉，现在归商办，无论大小衙署，都不得私荐一人，以符合商办宗旨。⑧ 7月4日，粤路公司主持财政机关支应局之人才选用，仍要商会、九大善堂、七十二行公派轮值，以便协同稽查办理，并草议章程。公司财政，"任大责重"，事务纷繁，襄办理财之人必不可少，九大善堂所交之银两数目，

① 《郑官应请代表与副坐办酌定章程函》，《香港华字日报》1906年5月29日。标题原文如此。
② 夏东元：《郑观应传》，华东师范大学出版社，1981，第194页。
③ 《公举唐少川为粤汉铁路督办》《初八日铁路议案》，《香港华字日报》1906年6月1日。
④ 《广东新会绅商为铁路事致京中同乡电文》，《香港华字日报》1906年6月14日。
⑤ 《黎梁李三绅开复》，《珠江镜》（香港）1906年6月18日。
⑥ 《铁路奉旨商办长红》，《香港华字日报》1906年6月20日。
⑦ 《小吕宋粤侨又不认私举总办》，《珠江镜》（香港）1906年6月20日。
⑧ 夏东元编著《郑观应年谱长编》（下），第632页。

必要核明清交，但由总商会、九大善堂、七十二行议分甲乙丙丁班，每班举两堂，每堂公举两人，每班或与五大行，每行公推一人，赴公司及支应局与坐办等共同理财政，稽核数目实否，然后画押，交与支应局主持出入，每年造册分发股东查阅。① 可见商人团体除了筹集资金外，并直接派人参与粤路公司财务事宜，如此便可掌握公司运营实况。

粤路公司规定商办后，各大善堂、商会和七十二行联合拟定《商办粤汉铁路有限公司简明章程》22 条，规定该公司系商办，定名为商办粤汉铁路有限公司，共集股银 2000 万元，每股 5 元，先取挂号小股银 1 元，1906 年秋季再收 1 元半，1907 年再收 2 元半，股本收齐，遵照商律公司章程办理。② 第八条规定，如各绅商一人经手能集 5000 两以上者，以 50 两作酬劳，集 1 万两以上者以 100 两作为酬劳，劝集愈多者，依次递加，倘愿领股票不愿领现金者，仍听其便，其有劝集巨款者，仍照商部奏定奖励章程给奖叙。③ 此类奖励政策更适合大绅商，中小商人可能无力获此奖励。该公司自赎回后，粤中绅商海外华侨以粤路赎回自办争相投资，"上至殷商富户，下逮佣妇小贩"，皆踊跃附股。④ 至 1907 年 8 月 14 日，粤路股份详细调查，由公司房抄出实数计四大股东，共占 1336400 股，除重抄者 79600 股，四大股东实占 1256800 股，小股 7560762 股。⑤ 1908 年，粤路公司集议开收第二期股款：甲，各善堂、七十二行、商会照旧承担收股责任；乙，按照各善堂第一期收股之多寡酌定此次收银。⑥ 各界筹募商款见表 1，可知商人对商办公司积极性颇高，此现象值得深思。1908 年，有人认为张之洞对督办粤汉铁路做出了评述，"民间之智识与能力，胜于官乎，抑逊于官乎"。如今商人力争文明与主权，热潮高涨，从这个角度而言民办胜于官办；而热潮趋冷时，"不转瞬而散"，转而甘心倚赖官力，甚或

---

① 《所谓代表员对待总副坐办之章》，《唯一有所谓趣报》（香港）1906 年 7 月 4 日。
② 夏东元编著《郑观应年谱长编》（下），第 630—631 页，在该年谱中郑观应拟 16 条章程。《南洋官报》第 34 期，1906 年，记载公司简明章程有 22 条。
③ 《粤督岑照会省城总商会筹筑粤汉铁路简明章程》，《南洋官报》第 34 期，1906 年。
④ 《粤汉铁路史概略》，《铁路月刊广韶线》第 1 卷第 1 期，1931 年。
⑤ 《粤路大小股东之实数》，《香港华字日报》1907 年 8 月 14 日。
⑥ 《粤路公司集议开收第二期股款详情》，《申报》1908 年 5 月 4 日。

有官力干涉之，从这个角度而言，官办甚于民办。同时也指出官办容易形成腐败，不顾公益。[①]

表 1　粤省粤汉铁路有限公司集股成绩

项目	款额
丙午年（1906）	
第一期小股银	6348644.64 两
各善堂交来（大元）银	83740.00 两
各善堂交来小股港币	900753.46 元
香港 21 家代收小股港币	520511.51 元
丁未年（1907）	
崇仁、广正两堂交来丙午年小股港币	205000.00 元
戊申年（1908）	
沪分局交来（大元）股银	266756.00 两
己酉年（1909）	
省佛港澳各善堂代收二期股银	2311793.938 两
沪分局代收二期股银	16712.35 两
沪分局交来股银	179702.00 两
香港分局代收二期股港币	606394.97 元
沪分局代收二期投港币	20000.00 元
总计	银：8856852.928 两
	银（大元）：350496.00 两
	港币：2252659.94 元

注：该份统计招股时间从 1906 年 7 月起至 1909 年 3 月 20 日止。其中总计栏第一项，银：8856852928 两，想必统计时漏 "." 号，应为银：8856852.928 两。

资料来源：《稽查粤路公司收支所历年进出银数编造简明四柱清册并签询答复呈报清单》，第 1—7 页，宓汝成编《中国近代铁路史资料（1863—1911）》第 3 册，第 1055 页。

四　粤商内管理权之争

尽管粤路实行商办，商人团体集股组成有限公司，由于各自利益和管理

---

① 《论张之洞督办粤汉铁路》，《现世史》第 4 期，1908 年。

权问题，实则内部各股东仍存在矛盾，内藏"暗潮"，实则"波涛汹涌"。1906 年 5 月 19 日，自岑督奏请商办铁路公司后，香港劣绅来粤力阻，并声称股东团结不许商等干预路事，密谋夺粤地，收小股银。劣绅搅扰，恐有破坏之时，势力薄弱，不足与诸劣绅抗，但善堂、行商有创办之责，为保全股东血本，恳请商部准商等原议"商办不成，股银派回，以卸责任"。① 6 月 23 日，公司总理郑观应因母病不肯出外办事，公司中一切事情，由黄景棠一人奔走，但是省港股东团体会及外埠先后电商部不认代表员所举定之副总办。② 7 月 14 日，粤省绅商就路事向外务部致电，控诉商办粤路公司，"竟敢怀私妄举，又复饰词欺罔，以股东为鱼肉，视朝廷为儿戏"。商办血本无归，有碍粤民及商律，请公举总协理。③ 12 月 1 日，粤商民招股不下数百万，粤省发生铁路风潮，股东合力维持，请将九大善堂及七十二行经手招股报明实数，三日内造册缴交商会，粤汉铁路乃全省命脉，所增收财政一门，尤为"铁路命脉"，所遭遇"风潮既大，则财政更须保守"。④ 绅商之间内部矛盾重重，竟绕过粤省官府，直接向外务部状告，并且言辞颇为严厉，非同小可，实则内部绅商股东积怨已深。

  其实郑观应选任公司总理后，港商提出反对意见。香港商股团体认为公司公举权理人与商律不符，发表决不公认的告白。公司内部矛盾重重，郑氏认为公司虽行商办之名，确为官办之实。副总办经常指责郑观应"独断独行"，故郑屡受反对和攻击。⑤ 可见商人团体在取得铁路公司商办权前，尚能同舟共济，一致行动，而一旦从官府手中夺回商办权后，矛盾逐渐凸显出来。此时公司招股也已经充足了，甚至有人检举郑观应任总办时的 20 条罪状：（1）把商办企业搞成官督商办；（2）串同作弊，耗折巨金；（3）浪费股东血本；等等。夏东元认为 20 条罪状有些属于捏造，有些属于误解，大多与事实不符。⑥ 尽管与事实不符，但是足以动摇郑在股东乃至商人心目中的地

---

① 《续铁路代表员致北京商部电稿》，《香港华字日报》1906 年 5 月 19 日。
② 《铁路公司仅副办事》《路事尚有暗潮》，《香港华字日报》1906 年 6 月 23 日。
③ 《粤省绅商致外务部电文》，《香港华字日报》1906 年 7 月 14 日。
④ 《十四日总商会议粤路事案》，《香港华字日报》1906 年 12 月 1 日。
⑤ 夏东元：《郑观应传》，第 195 页。
⑥ 参见夏东元《郑观应传》，第 196—197 页。

位，故郑观应面临极大舆论压力。是年 11 月 24 日，岑春煊指责郑观应等为私滥举，郑面对官商双方指责和攻击后，以回澳门葬母守制为由，辞去粤路公司总办职务，虽有股东极力挽留，但是郑坚决离去。① 郑观应虽然是广东人，有极高社会名望，但长年客居他乡，可能与本地官商界关系并非十分紧密，故在公司创办之初，尚需利用其名声广泛招股，他还能与本地商人相安无事，公司进入正轨后，郑氏就遭到本土商界排挤和攻击，其实郑就任广州商务总会协理仍是如此厄运。在某种程度上，郑观应只不过是广州商人团体利用的"棋子"。

粤路公司并未因郑观应辞去总理之职，所面临的问题和纠纷得到相应的解决，公司内部矛盾重重。1907 年 1 月 10 日，股东之间发生冲突，办事人与铁路局委之间亦有矛盾，官府查核铁路公司账本，但公司认为官府无权干涉商办公司，文澜书院集议所各股东作为原告，粤东铁路公司办事人作为被告，周督（馥）特设铁路公局裁判两造之公廨。原告控诉该公司股份空票伪票所在多有，滥放滥存；另一控词认为公司承办砂石合同，不符车价工，舍廉取贵，铺底轮船浮支滥开。因此官府派员前往铁路公司查账，遭到阻扰，公司委员异常慌张，"查出弊混，断难再盘据"，之前秘密会议对待之法，均来不及，除了阻扰外别无奇策。② 1 月 23 日，铁路局清查各善堂经手存款，派员协同股东及公司理财人，将收支所存放单据逐家查对，均属相符。铁路局定期查验公司被控浮滥各数目，尤其是工程和购买器材等项，详列清册。收款换单责成罗光廷，经手存款放股银目应清理明晰，"以重商本而安众心"。③ 31 日，经官府查账后无亏，岑督向七十二行和商会铁路公司致电，商办根基更固，希望"破除成见，大众一心，顾全大局"。④

4 月 12 日，粤路公司又闹小风潮，起因为公司不允许行商干预路事，行商认为干预路事系有众股东信托，若不准七十二行商干预路事，必须请督

---

① 《郑陶斋此次真辞职矣》，《香港华字日报》1906 年 11 月 24 日。

② 《论铁路公司偕同股东查数与铁路公司哄闹局委查数之皆非》《铁路公司扰乱查账之原因》，《香港华字日报》1907 年 1 月 10 日。

③ 《铁路局清查各善堂经手存款》《铁路局定期查验被控浮滥各数目》《收款换单仍责成罗光廷》，《香港华字日报》1907 年 1 月 23 日。

④ 《岑前督关于路事电文》，《香港华字日报》1907 年 1 月 31 日。

宪出示晓谕方能卸掉责任。① 4 月 27 日，粤路公司会议再次议决认为行商不宜干涉路事，遭到行商反对：行商作为公司招股人，维持路事重要人物，岂有不干预之理？② 足见粤路公司内部矛盾重重。粤省官商之间关系似复杂多面向，粤省绅商实力不容小觑，居然连周督一同控告，同时亦反映了官商之间合作中存有斗争。6 月 6 日，更有甚者，粤路创办人九大善堂和七十二行等控告周督、沈桐及各绅商，向邮船部状告，认为于式枚"劣募主谋，冤抑股商"，又谓周督"昏耄糊涂，蔑视奏案"，请政府代为昭雪。③ 7 月 7 日，周督亲自去粤路公司调查账据，对该公司总流水账逐条核算，如购地买屋，则以契据为凭证，置器杂项，则以行单为据，一一查对，尚属相符。④ 8 月 17 日，岑春煊致电粤路公司，认为新任总协理由于股东之间冲突并未任事，铁路风潮不断，董事会股东会议及用人权一切按商律及部札办理，不得别生异议。⑤ 粤路公司虽然争得商办权，但是在商人经营管理下，矛盾重重，商人之间、官商之间均有冲突发生，郑观应是商人纠纷中的"牺牲品"。

香港绅商或股东商人就粤路公司的相关控诉如下。7 月 30 日，港商控诉粤路公司违背商律，联名禀告邮船部和农工商部，认为粤汉公司新订章程第六十二和第七十二两条不认商等股份，实属违背商律。⑥ 8 月 1 日，港商纷纷攻讦粤路公司，向邮船部和外务部控诉，认为粤路公司皆"私人盘踞"，违背商律，公举皆系"往日私票众情"，请特奏明查办，以维路权。⑦ 8 月 31 日，粤路股商赴督辕具禀告者数起，今又有黄秉正等控商律不守，区斗垣等控称董事违律，陈琅轩等控称蛇蝎一窝，各商纷纷来广州府控告公司存在问题。⑧

1909 年 3 月 25 日，有冒名公司商董发电，电称劣董横暴舞弊，工程贪

① 《粤路公司又有小风潮》，《申报》1907 年 5 月 3 日。

② 《行商隐持干涉主义》，《香港华字日报》1907 年 4 月 27 日。

③ 《行商控告周督沈桐及各绅》，《香港华字日报》1907 年 6 月 6 日。

④ 《粤督示谕粤路公司清账》，《申报》1907 年 7 月 7 日。

⑤ 《粤路公司近日之状况》，《申报》1907 年 8 月 17 日。

⑥ 《港商又控粤路公司违背商律》，《申报》1907 年 7 月 30 日。

⑦ 《港商纷纷攻讦粤路公司》，《申报》1907 年 8 月 1 日。

⑧ 《禀控粤路公司者何多耶》，《香港华字日报》1907 年 8 月 31 日。

污，中外股东愤怒等词，后经过股东会议查实特电，商办粤路发起由善堂行商，腐败不在于善堂行商，而在于假托善堂行商把持路事之人，以官威挟制股东，商会报主笔颠倒是非，混淆听闻，破坏商办大事，造成千夫所指的查账问题。① 3 月 31 日，邮船部痛陈粤汉铁路公司，粤路留举董事私串欺蒙、朋比舞弊的名号，有董事结党营私，侵吞冒滥，多为股东指摘，无法稽核，导致融资困难，股东血本亏损，账本账册交股东查核等问题。九大善堂和七十二行集议于商会内，讨论铁路公司查账问题，查账为股东之权利，为商律所承认，对商部多有指摘，议决各善堂、商会和七十二行各举一人，公开调查账本问题。② 可见粤路公司举办过程中确实存在问题，否则不至于给人以控诉之机。

结　语

综上所述，从商办粤路公司的筹备历程可以看出，以粤商为主的商人团体在其中起到关键性作用，尽管在从美国赎回的过程中官府起到决定性的作用，赎回后如何筹募款项和运营，粤商作为创办人，粤汉铁路始由"九善堂、总商会、七十二行发起创办，自七十二行股公推九善堂担任收小股，以便取信各股东，如有商办不成，原银交还"。③ 粤路公司资金的筹备，商人团体的作用厥功至伟。在这个过程中，就筹款方式问题而言，官绅之间一度发生激烈的冲突，乃至黎国廉被官府以扰乱铁路和侮辱官场为由逮捕，经过商人团体积极奔波，最终无罪释放，从这个角度而言，绅商力量确实不容小觑。随后粤路公司面临筹款问题，实行股份合作制、解决资金问题无一不是商人团体积极劝导、筹集和认缴粤路股份，向海内外商人招股，充分发挥地缘优势，积极吸纳港澳绅商资金、海外粤籍华侨的入股解决的，这反映出粤商界海外联动性极强。粤路公司进入正轨后，亦暴露出很多问题，诸如经营权争夺、商人派系斗争、官商之间相互控诉等等，反映出商人团体在对

---

① 《粤路最新之风潮》，《东方杂志》第 6 卷第 4 期，1909 年。
② 《邮部痛责粤路公司电》《善堂行商集议选举查账》，《香港华字日报》1909 年 3 月 31 日。
③ 《所谓代表员对待总副坐办之章》，《唯一有所谓趣报》1906 年 7 月 4 日。

"官"时，尚能表现出高度一致性；涉及商人自身利益纠葛时，商人则表现出锱铢必较的面向。这也间接地反映了早期商人经营现代化的公司模式时，缺乏制度性规范，抑或公司制度顶层设计存在问题，给予了商人争执相当大的空间。

　　总体而言，以粤商为主导的九大善堂、广州商务总会、七十二行等商人团体，在粤路公司筹办过程中扮演着重要角色，是粤路公司能够成功运营的核心因素。随着该公司步入正轨，粤商开始就各自利益发生内讧，形成商人派系斗争，给予官府和其他商人指摘的机会。但是不可否认的是，粤商促进了近代广东企业的发展。

清末民初日本旅人的江南意象
与中国认识[*]

王赫锋[**]

摘 要 清末民初之际，大批日人来到中国江南地区旅行，并留下了大量游记。对清末民初的日本旅人来说，其江南意象与中国认识是关联紧密且互相影响的。其对江南的认知主要经历了从"江南想象"转变为"江南意象"的过程，而这背后所联结的中国认识，则涉及两种形式，主流认识关乎从江户汉学发展而来的近代"支那学"，其中的一段插曲则涉及大正年间的"中国趣味"。

关键词 日本旅人 江南意象 "支那学" 中国趣味

1862年"千岁丸"来沪，日本旅人第一次踏上了近代中国的土地。[①]其后——尤其是1871年《中日修好条规》签订后——更有数以千计的日本旅人来到中国。这些日本旅人所留下的大量旅行文献，记录着清末民初中国社会的政治、经济、文化、自然风光、风土人情等各个方面。[②] 这些材料不

---

* 本文为中国太平天国史研究会主办"十九世纪中叶的中国社会学术研讨会"入选论文。

** 王赫锋，南京大学历史学院博士研究生。

① 1859年，英国的P&O轮船公司（Peninsular & Oriental Steam Navigation Co.）就已经开设长崎至上海的航线，不排除有日人通过此航线来到中国。但具有官方背景的日本旅人来华，则要推迟到1862年的"千岁丸"来沪。学界一般将1862年作为近代日本人来华的肇始。参见王晓秋《近代中日文化交流史》，中华书局，2000，第112—113页。

② 据不完全统计，清末民初日人来华旅行文献有400余种。参见東洋文庫近代中国研究委员会『明治以降日本人の中国旅行記・解題』東洋文庫、1980；小島晋治監修『幕末明治中国見聞録集成』第1-20卷、ゆまに書房、1997；小島晋治監修『大正中国見聞録集成』第1-20卷、ゆまに書房、2000。

仅展示了当时日本人对于中国的丰富想象，呈现了他们较为真实的中国体验，同时也反映出其书写背后的种种动机。

然而拥有源远流长历史和辽阔疆界的中国，对于日本而言始终是一个过于庞大而难以被全面把握的存在，日本人只能抚摸到这个"巨大的他者"① 的细微局部。而最具典型中国气质的江南②地区，正是日本人做出的选择。受到主观意愿和客观地理条件的影响，几乎所有清末民初的日本旅人都把江南地区作为其中国之旅的起点或者终点，关于江南之景、之人、之气质的文字自然也就成为其旅行记录中篇幅甚巨的一部分。

学界关于近代日本人对中国的整体认识的研究已经颇为丰富，而关于日本人来华个体的具体情况的著作更是汗牛充栋。③ 具体到江南地区，也已有相关论文对近代日人所塑造的多重江南形象进行了分析。④ 本文无意重复前人劳动，而拟从旅行本身对于日本旅人观念的影响出发，对清末民初日本旅人从"江南想象"到"江南意象"的思想过程，以及此种江南意象背后所蕴含的中国认识进行梳理和探讨，以求教于方家。

一　从"江南想象"到"江南意象"

著名作家村松梢风曾在《中国的庭园》一文中提到清末民初有众多日

---

① 子安宣邦：《巨大的他者——近代日本的中国像》，《东亚论——日本现代思想批判》，赵京华编译，吉林人民出版社，2004，第 78 页。

② "江南"作为地理概念，至今仍没有一个标准的定义，相关梳理见范金民《江南社会经济史研究入门》，复旦大学出版社，2012，第 2—8 页。清末民初的日本旅人对于"江南"这一概念的认识较为模糊，并不像现代研究者一样将其范围确定得如此准确，更多的是通过想象和体验来对江南进行主观的感知，因此本文倾向于使用一个较为宽泛的定义，即江南主要是指以"八府一州"为中心、具有典型水网地理生态特征及传统中国南方气质的地区。

③ 胡天舒的博士论文从"印象与观念""旅行者的身份及旅行目的""文化交流与体验""历史地理与旅游文化"等四个方面对此类研究进行了比较详尽的整理，可供参考。参见胡天舒《19 世纪末 20 世纪初日本知识人的中国体验——以部分游记为中心》，博士学位论文，东北师范大学，2013，第 8—17 页。

④ 相关研究主要包括李雁南《谷崎润一郎笔下的中国江南》，《解放军外国语学院学报》2009 年第 2 期；胡晓明《"偶像破坏时期"的江南意象——哈佛燕京所见近代日本江南纪游诗四种述略》，《文献》2014 年第 5 期；冯裕智、孙立春《大正时期日本作家访华游记中的江南形象》，《外国问题研究》2015 年第 2 期；何荷《日本近代知识分子的江南想象和书写》，《东北亚外语研究》2020 年第 2 期。

本画家来到中国江南地区写生，这些画家的经历对于理解"江南想象"和"江南意象"有重要帮助，因而照录如下：

> 日本的画家中携载笔砚旅迹江南的人近年来似乎有了显著的增加。交通便利自然是其原因之一，同时它也表明了画家的研究志气十分高涨，人们已不满足于摹临①原有的那些粉本，我觉得这是一件大好事。尤其是画中国画的人应该到中国去，充分地研究中国的自然山水。山川的形态、田野的景象这些自不必说了，即使是一棵松树，一丛竹林，在日本所想象的与在中国所见到的感觉也不一样。一木一石皆中国。乃是因为地质相异，空气的干湿程度也相差很大。你到了画人物的阶段就更不用说了。你若要画人物而不去中国做实地的人物考察，那么画出来的人毫无依据。在画家中时兴到中国去旅游这现象无论从何种意义上来说，都是有益的风潮。②

如果将其中的画家理解为清末民初的日本旅人，将临摹粉本理解为根据文献形成想象，将亲自到中国去写生理解为依据现实形成意象，则日人关于江南认识的演进过程，即由"江南想象"到"江南意象"的历史变化，便十分清晰了。

清末民初的日本旅人在来华前已经依靠中国的古典文献以及古代日本有关中国的记录形成了某种对于江南的美好想象，这种文化和文学上的江南，不仅建构了他们对于江南的前理解，也成了他们亲自来到江南的原始推动力。等到这些日本人真的踏上江南的土地，亲自用眼睛观察、用手脚碰触这个他们神往已久的、最能代表中华文明的地区，他们一方面确实体验到了江南的独特气质与魅力，但同时也感受到了文本与现实之间的巨大落差。

既然体验和感受到了想象与现实之间的差距，那么如何解释这一现象就成了重中之重。其中主要有两种解释模式：一是完全以西方的眼光对现实江

---

① 原文如此，疑为"摹临"。
② 村松梢风：《中国的庭园》，《中国色彩》，徐静波译，浙江文艺出版社，2018，第11—12页。

南进行无情的嘲讽与批判；二是有意忽略现实江南的颓败，继续强调江南的美好。当然这二者并非完全不同，其都保留有某种共同的心态，即渐渐由同文的文化共同体内部感受转变为脱离共同体的外部感受。在清末民初这一时期，几乎所有的日本旅人都开始疏离与中华文明休戚与共的生命气息，转而在内心升起一种混合着考察者、旁观者、背叛者和革命人等多重面相的复杂心绪。①

对于采取前一种解释模式的日人来说，从对想象江南的向往，到对现实江南的失望、对中国民众的诋毁，日本旅人对江南的认识一步步从想象的乌托邦极端走向意识形态极端。落差所带来的强烈幻灭感影响了其旅行体验和心理，导致其对江南丑陋一面的过度描写。这些日本旅人在文字中使用诸如肮脏、荒凉、颓废、猥亵、麻木、堕落、贪婪、吵闹等重点词语，以及粪便、辫子、鸦片等典型事物，用这样的碎片拼贴成一个扭曲而丑陋的江南乃至中国。有学者即指出："'中国'成了肮脏、衰败、堕落的代名词。这样的中国让近代的日本人有充分的理由带着优越感投之以轻蔑的一瞥。"②

而对于采取后一种模式的日本人来说，他们本应像前者一样，见到现实江南的凋敝衰颓并经历想象被现实解构的心路历程，然而他们在书写江南时，却几乎纷纷抛弃了作为理性主体的存在，化身感性主体对江南的传统性和浪漫情调进行了强化叙述，且不同程度地弱化了其近代性特征，并不断挖掘江南的"诗性精神"，从而将江南重构成一个感性、诗意、浪漫、传统的精神家园，以印证自己想象中的江南。③ 这类日本人中最为典型的代表是谷崎润一郎。在《秦淮之夜》中，谷崎用大量笔墨记录了江南的美景、美味与美人，而这些美妙的经历与体验与其来华之前就已形成的江南想象是前后呼应的。谷崎对江南的"美"反复强调，而对现实中与自己的期待有差异的某些现象却有意视而不见。说到底，谷崎要描述的只不过是自己心目中的

---

① 胡晓明：《"偶像破坏时期"的江南意象——哈佛燕京所见近代日本江南纪游诗四种述略》，《文献》2014 年第 5 期。

② 苏明：《"诗意"的幻灭：中国游记与近代日本人中国观之建立》，《学术月刊》2008 年第 8 期，第 111 页。

③ 何荷：《日本近代知识分子的江南想象和书写》，《东北亚外语研究》2020 年第 2 期，第 28 页。

理想国，是用以逃避现实的精神上的皈依。①

即便是在文字中对江南充满极端嫌恶的芥川龙之介，其内心对江南依然保留有一种特殊的情感。芥川在上海城隍庙见到熙熙攘攘的人群，突然发出了这样的感慨："《金瓶梅》中的陈敬济，《品花宝鉴》里的奚十一——如此众多的人群中，没准就有这般豪杰。然而诸如杜甫，诸如岳飞，抑或王阳明、诸葛亮似的人物，则踪影也无。换言之，当代的中国，并非诗文中所描绘的中国，而是猥亵、残酷、贪婪的，小说中所刻画的中国。"② 由此可见，芥川是将"古典江南"与"现实江南"割裂开来的。虽然以芥川为代表的旅人们为现实中江南景色的"可哀"和江南民众的"可恨"所烦恼，但是其从未放弃追寻那个美好的、梦幻的古典江南。这个美好的江南是其在古典文化的长期浸染中构筑起来的，是形而上的、本质性的；而现实所见的江南则是形而下的、表象的，虽然会给前者带来一定的冲击，但却很难将其完全摧毁。

这种割裂古典与现实的解释模式存在相当大的问题。吉川幸次郎曾在一次演讲中对此进行了批判。吉川认为把近代中国与古代中国切割开来，将其视作完全不同的两者，这种做法是错误而且危险的。而这种想法的产生，则是因为"日本人模糊地感到中国是与日本大体相同的，但到中国实际一看，却与日本大不相同，即与到目前为止在头脑中描绘的中国大不相同。这就无奈地得出了上述的结论，此前头脑中描绘的中国，即与日本相似的中国应该是有的，它在哪里呢？就把它与古代中国联系起来了"。吉川认为古代中国与近代中国并没有那么大的不同，对近代中国不适用的中国观，对古代中国也同样是不适用的。另外，吉川还认为把近代中国与古代中国区别看待会导致这样的看法，即古代中国是值得尊敬的，近代中国则是另一回事，只应遭到蔑视。产生这种想法之后，进而便会采取许多危险而偏激的做法。③ 在今天看来，吉川的认识应当是比较正确的。

---

① 李雁南：《谷崎润一郎笔下的中国江南》，《解放军外国语学院学报》2009 年第 2 期。
② 芥川龙之介：《城内》（下），《中国游记》，施小炜译，浙江文艺出版社，2018，第 22 页。
③ 吉川幸次郎：《中国人的日本观和日本人的中国观》，《我的留学记》，钱婉约译，光明日报出版社，1999，第 160—162 页。

回到本节开始时引用的村松关于日本画家来到江南写生的文字，其实在上述引文的后面，村松还写下了这样一段话：

> 看一下这些画家到了上海的行踪，十人中有十人去了苏州。他们下了船以后，似乎在上海宿一两天都觉得是在浪费时间，提着行李立即匆匆忙忙赶往苏州去了。苏州在日本人中竟这样地出名，尤其在画家中间已成了取材入画之地了。确实苏州是值得一去之地，从某方面讲，画家都趋之若鹜也并非没有道理。但是，江南天广地阔，即使不去苏州，其他地方也有取之不尽的绝佳素材。就像堆弃的石头一样取之不竭。尽管如此，却还是像乡下人买东西必称三越一样，当我看到画家诸君不管是张三、李四都一律涌向苏州时，忍不住要失笑。日本人对于苏州竟然已是如此地憧憬向往，他们头脑中的苏州差不多已成了一种模式，在这样的情形下，我很怀疑他们在苏州能画出怎样的画来。为什么不去一些完全为人所未知的地方，在恐怕连中国人的画笔都未染及的全新的素材上创作出一些力作来呢？只有这样才具有旅迹中国的意义。①

此时的村松已经意识到，前人画家所塑造的苏州意象是会影响后来者的，也有可能使苏州意象成为一个固定的、不变的死物。这也就引出了接下来的问题，即旅行文本中的江南书写在塑造作者本身以及其他日本人的江南认识中所发挥的作用。旅行文献作者在跨文化传播中本就扮演着双重角色，他们既是社会集体想象物的构建者和鼓吹者，又在一定程度上受到了集体想象的制约，因而他们笔下的异国形象也就成了集体想象的投射物。② 这些旅人关于江南的游记和感想，大多在日本国内的报刊上连载或以单行本发行，他们在文字中所构建的肮脏、落后、愚昧的江南意象，在很大范围内快速传递，改变着普通日本民众的江南认识和中国认识。有学者认为这是为了激发

---

① 村松梢风：《中国的庭园》，《中国色彩》，第12页。
② 孟华：《比较文学形象学论文翻译、研究札记》（代序），孟华主编《比较文学形象学》，北京大学出版社，2001，第16页。

日本人的国家、民族认同感。①

在熟知日本人而又为日本人所熟知的鲁迅看来，日本人是一个喜欢"结论"的民族，因此其对于中国的研究，往往见风是雨，得出的结论则荒谬绝伦。鲁迅曾讽刺说："（日本）一个旅行者走进了下野的有钱的大官的书斋，看见有许多很贵的砚石，便说中国是'文雅的国度'；一个观察者到上海来一下，买几种猥亵的书和图画，再去寻寻奇怪的观览物事，便说中国是'色情的国度'。连江苏和浙江方面，大吃竹笋的事，也算作色情心理的表现的一个证据。"② 这其实就涉及旅行文本中局部与整体的关系，也涉及所谓的真实性问题。事实上，包括日本人游记在内的所有旅行文本都不可能完全客观展示其游历之地的全貌，片面和失真是在所难免的。旅行文献的亲历性常常会遮蔽它所具有的想象性和虚构性的文学特征。阅读旅行文献时，读者和作者之间仿佛达成了一种默契，读者相信作者所描述的都来自他的亲身体验，是所见所闻的真实再现，故而游记中的想象与虚构因素常被读者所忽略。③ 从这一点来说，所有旅行文本所塑造的"江南意象"或者"中国意象"都是经过作者筛选和重组的，其背后都是旅行主体的主观认知，而这正是下面所要讨论的中国认识。

二 主流："支那学"④视角下的中国认识

学界通常把国外尤其是西方关于中国的研究统称为"汉学"或"中国

---

① 邵宝：《芥川龙之介中国游记中的苏州形象》，《淮阴师范学院学报》2018 年第 4 期。

② 《内山完造作〈活中国的姿态〉序》，《鲁迅全集》第 6 卷，人民文学出版社，1981，第275 页。"竹笋"一事指安冈秀夫所著《从小说看来的支那民族性》一书对中国人的诬蔑。该书《耽享乐而淫风炽盛》一篇写道："彼国人的嗜笋……也许是因为那挺然翘然的姿态，引起想像来的罢。"

③ 苏明：《"诗意"的幻灭：中国游记与近代日本人中国观之建立》，《学术月刊》2008 年第8 期。

④ "支那"音译自拉丁语 Sinae，最早由幕府末期的兰学家新井白石使用，后逐渐成为近代日本军国主义者对中国的蔑称。本文为区别"支那学"和"中国学"，保留学术意义上的"支那学"原称。

学"，但对于日本的中国研究发展史来说，这种称呼是不够准确的。^① 日本对于中国的学术研究，存在着两种观念形态与方法论大不相同的学术体系：一是从远古发端而在 19 世纪中后期逐渐式微的汉学体系；二是接续汉学而从日本对于世界文化研究和对世界史研究的总体学术中独立出来的"中国学"体系，其中"中国学"在二战结束前被称为"支那学"。^②

对于日本传统汉学来说，其依靠的材料几乎都是中国传入的古典文献，基本没有汉学学者到中国进行实地考察。汉学学者运用中国文献尤其是儒家文献所给出的理论框架，再将以"神道"为核心的日本传统文化融入其中，凭借个人智慧与努力进行思想创造。明治维新后，这种"纸上之学"开始受到严重挑战。1872 年，明治政府颁布新学制，全面引进西方教育体系，传统的地方汉学教育也受到重大打击。之后 1877 年成立的东京大学，更是完全照搬欧美体制并大量引进西方教师，将汉学排除在外。至 1885 年，伊藤博文上台，森有礼出任文部大臣，日本进入全面学习西方的"鹿鸣馆时代"，汉学几乎到了绝境。正是在西学和西方体制的夹击之下，近代"支那学"开始萌芽。

1887 年东京帝国大学邀请利奥波德·冯·兰克（Leopold von Ranke）的弟子路德维希·里斯（Ludwig Riess）担任史学科教授，开设西洋史和西洋史学理论等课程。作为兰克学派的继承人，里斯与其老师一样，一贯强调实证主义的研究方法，即所谓"如实直书"，这深深影响了其后日本"支那学"的发展。1894 年，那珂通世正式提出东洋史的概念。虽称东洋史，但其主要研究对象是中国历史。1895 年，东京帝大增设"支那史学"专业，由那珂通世、林泰辅、市村瓒次郎、重野安绎等人执教，近代史学方法与理论逐渐渗透进中国历史研究之中。至此，近代"支那学"已经具备了制度基础与学术基础。

---

① 狩野直喜曾指出："我国从古至今所称汉学，是指汉土的学术，其虽与支那学是同一事物，但并非学术用语。而且其意义也很模糊，很难给出定义。不仅如此，该词在我国和中国的用法也不同。中国人所谓的汉学本身就具有一定的意义，其指的是经学的一派——两汉的训诂学——对应的是宋明理学。清朝的考证学也属于汉学的流派。因此为了避免误解，在学术上称支那学更为妥当。当今西洋也将关于中国事物的学术研究称为シノロギー（Sinology，Sinologie）者，研究者则称为シノログ（Sinologue，Sinolog），这才是支那学、支那学者的真正含义。"参见狩野直喜『中国哲学史』岩波书店、1953、11 頁。

② 严绍璗：《日本中国学史稿》，学苑出版社，2009，第 3 页。

20 世纪初，众多以确立近代"支那学"为目的的学术主张开始出现，其中最值得注意的当数京都帝国大学的"支那学派"。1897 年，京都帝国大学宣布成立，但迟至 1906 年，其文科大学哲学科才正式开学，之后史学科和文学科相继成立。文科大学成立初期，教员包括狩野直喜、高濑武次郎、小岛祐马、武内义雄、内藤湖南、桑原骘藏、矢野仁一、羽田亨、冈崎文夫、铃木虎雄、青木正儿等人。不难发现，几乎所有的京都帝国大学教授中国学的教员都曾到访过中国以及江南地区，这绝不是巧合。以上各位教员大多毕业于东京帝大，后转赴京都任教。他们以清朝考证学的"实事求是"作为精神规范，辅以法国汉学式的宗教社会学、民俗学训练，将具备跨学科性质的江户汉学转变成具体的学科——"支那学"。① 实地考察正是其学术理论的最主要手段之一，因此诸多学者争相来到中国、来到江南。

1907 年，以上述教员及其学生为主体的"支那学会"宣布成立。其虽是一个自发性的学会组织，但基本能够保证一月一次例会，一年一次讲座，并一直保持到二战之前，在当时的影响相当之大。1920 年，以小岛祐马、青木正儿、本田成之等为代表的年轻一代京都学派学者，组织成立了"支那学社"，并开始发行《支那学》月刊。这些"支那学"学者担心洋学盛行造成对中国研究的漠视，试图以客观的立场来研究中国古典文献，以揭去长期以来附着在古典及人物上的神秘、权威面纱，还原他们在各自时代的样貌。而这种"言必有据"、建立科学实证传统的努力花费了几代人的时间，直到吉川幸次郎这一代学者才算完成。

京都学派的核心观点，即"把中国作为中国来理解"。借用岛田虔次的说法，"京都的中国学是以与中国人相同的思考方法、与中国人相同的感受方式来理解中国为基本学风的"。② 这样的治学态度在他们自身看来是对江户汉学的一种反叛。江户时代的汉学是把中国文化做日本式的解释。这种以自我为中心的汉学，与中国人的日本观是类似的，都只不过是一种幻影。中国人认为古代日本是中国的直译，近代日本是西方的直译；而日本人则认为中国与日本文化

---

① 陈玮芬：《近代日本汉学的"关键词"研究：儒学及相关概念的嬗变》，华东师范大学出版社，2008，第 47 页。

② 吉川幸次郎：《把中国作为中国来理解》，《我的留学记》，第 3 页。

完全相同。而要纠正这一错误认知，则需要建立真正的中国学——把中国作为中国来研究并尽量去把握中国的全貌的正确的中国学。① 一般认为，这些近代"支那学"学者确实想要挣脱"把中国做日本式的理解"的江户汉学传统，目标非常正确；他们致力于"把中国作为中国来理解"，用心也十分可取。②

　　不过遗憾的是，所谓的近代"支那学"的倡导者们，并没有真正做到他们所追求的"把中国作为中国来理解"。竹内好曾指出，传统汉学的知识缺乏体系性、实证性，不具备他者意识也不具备自我意识；而"支那学"在知识层面上所进行的改革固然为汉学注入了把中国作为一个整体看待的他者意识，也巩固了其严密性与体系性，但由于这一切以"科学性"为最高指导原则来进行，知识便日益失去应有的活力而成为固定化的认知对象。因此"支那学"仍然是汉学的延续，两者藕断丝连。③ 沟口雄三对这一观点基本认同，他曾把日本汉学和法国汉学相对比，认为法国汉学是把中国和日本作为两个迥"异"的世界来对象化和相对化，而日本汉学则恰好相反，其要构筑一个没有"异"的"我"的世界，也就是一个舍弃了"异"的、以自己为小宇宙的世界。④ 法国汉学本就远离中国，拥有和中国完全不同的另一个世界，因此其可以将中国对象化和相对化；但日本汉学所处的历史和地理条件则完全不一样，其与中国之间长期而紧密的连带关系使得其无法完全将中国对象化和相对化。虽然近代日本的"支那学"开始援用欧洲哲学的分析框架，引进实证主义的方法，但其学术的基本立场并没有发生明显的改变，仍然是以日本为本位的。在以欧化为基本路线的情况下，日本的自我主张反而被当作应该护持的日本精神和东洋道德而变得越来越巩固。再加之受到大东亚主义的影响，中国不但没有被看作"异"世界，甚至被强调为"同文同种"，因而沟口得出"日本汉学的传统毋宁说是得到了进一步的扩大和强化"这样的结论就不难理解了。⑤

---

① 吉川幸次郎：《中国人的日本观和日本人的中国观》，《我的留学记》，第 146—164 页。
② 黄俊杰：《二十世纪初期日本汉学家眼中的文化中国与现实中国》，张宝三、杨儒宾编《日本汉学研究初探》，华东师范大学出版社，2008，第 254 页。
③ 陈玮芬：《近代日本汉学的"关键词"研究：儒学及相关概念的嬗变》，第 48 页。
④ 沟口雄三：《作为方法的中国》，孙军悦译，生活·读书·新知三联书店，2011，第 153 页。
⑤ 沟口雄三：《作为方法的中国》，第 155 页。

三 插曲:"中国趣味"①影响下的中国认识

在近代"支那学"主导的中国认识之下,日本旅人关于中国的认识曾有过一段小插曲,即所谓的"中国趣味"。这一词语最早出现在1922年的《中央公论》杂志上。当时该杂志登载了一个名为《中国趣味的研究》的特辑,收录有五篇文章,包括小杉未醒的《唐土杂观》、佐藤功一的《我的中国趣味观》、伊东忠太的《从住宅看中国》、后藤朝太郎的《中国文人和文具》以及谷崎润一郎的《什么是中国趣味》。虽然五篇文章的作者对于"中国趣味"的定义有所出入,但最终得到认可并流传开来的说法是:"日本人对中国的事物所发出的那种异国情调抱有憧憬之心,并十分热衷。它既不是中国人的趣味,也不仅仅是汉学教养,而是与风行于十八世纪欧洲的中国潮有着共同之处的、摩登而又潇洒的异国情趣。"②

村松梢风把江南当作"梦寐之乡",就是其"中国趣味"的最佳例证。村松曾提及宫崎滔天在初到中国、见到长江时的激动心情,是"百感交集,不能自已,站在船头上顾望低回,不禁泪湿衣襟",而当村松自己"溯入长江,也感受到同样的心情"。一旦踏上了中国的土地,村松的心头便立即强烈地涌起一阵"从未有过的来到了梦寐向往的原乡之国的情感"。在那一刻,"无限的亲切、喜悦、感激等诸般心情"一下子都涌上其心头,最后竟变成一种"舒畅的伤感,禁不住热泪盈眶,怆然而涕下"。村松认为这似乎并不只是"广袤无涯的大陆风光使我们生出了盲目的感动",而是由于"中国广阔的土地唤醒了潜意识般长期深藏于我们心灵深处的远祖传来的遗传之梦"。这种内心的感动有时很强烈,有时比较朦胧,但当其双脚踏在中国的土地上时,这种感动便会一直持续,不会消退。③诸如此类的表述,在日本旅人的江南游记和中国游记中俯拾皆是。

---

① 日语原文为"支那趣味",本文遵学界惯例使用"中国趣味"。

② 西原大辅:《谷崎润一郎与东方主义——大正日本的中国幻想》,赵怡译,中华书局,2005,第20页。

③ 村松梢风:《梦寐之乡》,《中国色彩》,第195—196页。

这种趣味得以产生的原因有很多，其中最重要的应当是大正年间日本文艺界的浪漫主义风潮的影响。此段时间的日本文学界，以永井荷风、谷崎润一郎、佐藤春夫、木下杢太郎、北原白秋等人为代表的唯美派登上舞台，浪漫主义也由此成为时代的基调。与强调现实的自然主义文学不同，浪漫主义文学试图拉开与现实的距离，通过想象在作品内部构筑一个美好的世界。他们充分享受着日本的近代化，却又悠然漫游于中国各地，怀着一种对桃源的憧憬，编织出如梦似幻的、未被近代污染过的纯洁而理想的中国。① 同时，在资本主义迅速发展的日本近代社会，愈发快速的生活节奏和与日俱增的精神压力，使置身于割裂传统并崇尚"西洋趣味"的近代浪潮中的日本近代知识分子陷入因抛弃传统而丧失原初自我、丧失精神家园的虚无感中。而最终这一虚无感以及对东方传统文化的乡愁，通过"中国趣味"得到缓解和释放。② 另外值得注意的是，当时浪漫主义作家之间的密切交流更加强化了游记文本的互文性，进而使"中国趣味"得到更为广泛的传播与认可。如谷崎和芥川的中国之行是佐藤春夫提议促成的，横光利一是听从芥川的建议才来到中国的，金子光晴来华的介绍信则是谷崎开具的，村松梢风的上海之行则是受了芥川中国之行的刺激。作家之间的密切交往使旅行信息得以有效传递，继而影响到作家的创作。

然而这些作家内心的真实想法确如其文字一样，对中国充满了如此多的憧憬与眷恋吗？后世学者对此有质疑。这些学者在分析这一时期的"中国趣味"时，往往借用了"东方主义"理论。所谓"东方主义"，本来是指19世纪欧洲浪漫主义艺术中具有异国情调的文学或美术，或者泛指以东方为研究对象的学问。但在1978年爱德华·萨义德出版《东方学》一书后，"东方主义"变成了一种为了对东方加以支配而对东方施以威压的西方话语。在这一话语体系下，"东方成为了欧洲物质文明和文化的内在组成部分，是欧洲自我得以建立的它者。对于欧洲而言，东方既不是欧洲的纯粹虚构或奇想，也不是一种自然的存在，而是一种被人为创造出来的理论和实践

---

① 西原大辅：《谷崎润一郎与东方主义——大正日本的中国幻想》，第28页。
② 何荷：《日本近代知识分子的江南想象和书写》，《东北亚外语研究》2020年第2期。

体系，蕴含着漫长历史积累下来的物质层面的内容"。① 然而对于日本来说，从西方的角度看，日本无论是从地理还是从文化角度来说都不属于西方世界，那么只能属于"东方主义"的客体——东方一边；但近代日本又选择了一条跻身帝国主义强权的道路，其对外殖民扩张的政策完全是西方模式的，因此近代日本正是在摄取了西方的"东方主义"视点后，将自己放置在了"东方主义"的主体——西方一边。这种自我认知与他者认知的冲突，使得日本在这一体系中的位置显得十分特殊也十分尴尬。

那么日本的"中国趣味"是否确实出自这种类似于西方式"东方主义"的话语体系呢？主流学界对此是持肯定态度的。如西原大辅就认为"中国情趣"、"异国情调"和"东方主义"在很大程度上是相互重叠的，而既然"东方主义"是指以殖民主义或帝国主义为前提，发自帝国的、针对被支配国及其类似地区的话语，那么其范围就不仅仅局限于西方各国，也适用于日本，尤其是大正年间的"中国趣味"。② 也有学者将"中国趣味"中的"东方主义"归结为以下几点：一是对西方的憧憬，作为模仿西方的"东方主义"的手段；二是对西方眼中的日本情绪的兴趣；三是对亚洲各国强调同一性，如"同文同种""大东亚共荣圈"；四是把中国作为官能、满足性要求的对象。③

然而从笔者掌握的涉及"中国趣味"的旅行文献来看，真实的情况似乎有些不同。其一，西方式"东方主义"话语和日本式"中国趣味"的前提有所不同。在西方式"东方主义"话语中，东方的形象是由那些从未到过东方、与东方没有任何直接接触的西方人通过想象写作出来的。然而日本的"中国趣味"，却在强调自身在中国各地的实际体验，即便有虚构和想象的成分，也是根据其在华的真实经历所进行的艺术创作，其可靠性应当远远超过西方人完全凭空的想象。其二，西方式"东方主义"话语与日本式"中国趣味"的基本立场也不同。西方式"东方主义"话

---

① 吴铭：《超越东方主义与民族主义——汪晖访谈之一》，《21 世纪经济报道》2008 年 5 月 12 日。

② 西原大辅：《谷崎润一郎与东方主义——大正日本的中国幻想》，第 9—12 页。

③ 藤田梨那：《日本现代文学中的中国》，《社会科学辑刊》2012 年第 2 期。

语完全是站在殖民者的俯瞰视角，用某种猎奇的心态对"非文明"的东方世界进行嘲讽与矮化。但在日本式"中国趣味"中，虽然也存在如前文所提到的"文本中国"与"现实中国"的落差，继而产生的"殖民心态"或许也无法完全否认，但同时应该承认，"中国趣味"中还有无关国家利益与殖民扩张的、日本所固有的民族性与审美意识。其三，西方式"东方主义"话语与日本式"中国趣味"的诉求也不同。西方式"东方主义"话语是要树立西方优于东方的牢固意识，而日本式"中国趣味"则是要在中西之间寻找自身的价值。尽管大正时期蔑视中国与侵略中国的思想已经渗透到日本社会的各个层面，但以芥川龙之介等人为代表的追寻"中国趣味"的作家们却"难得地保持了一种较为客观与清醒的立场"。① 如《中国游记》中芥川对中国的嘲讽和轻蔑都是针对中国的环境卫生或西化堕落的一面，并没有以中国之弱即认为中国可欺；文中更多的是其对于西方近代文明裹挟下失去自身方向的日本和中国文化的反省，亦不乏对近代帝国主义扩张行径的讽刺和揭露。从上述几点来看，用所谓"东方主义"来解读"中国趣味"缺乏合理性。

那么到底应当如何看待"中国趣味"呢？恐怕需要回到日本内部来观察这一现象的形成。以日本旅人在江南经常目睹且普遍厌恶的随地大小便现象为例，日本人是在经历了西方文化洗礼之后才对此种行为产生嫌恶，抑或传统日本原本就对此种行为感到不齿？答案显然是后者，因为从江户时代开始，受到厕神信仰和经济因素的影响，日本就已经形成了清洁卫生观。有研究认为，从 17 世纪中期至 19 世纪中期，从粪便收集、垃圾处理、供水量以及水质方面来看，日本的城市卫生要优于西方。而且日本和西方在卫生观念上最大的不同就在于：人类排泄物在日本的经济价值远甚西方。在日本，由于人的排泄物被谨慎收集起来作为肥料，生活用水从水源到城市终端的全程都在很大程度上避免了西方那样的污染，人们行走在马路上或身处废品丢弃

① 赵杨：《芥川龙之介的近代批判与反思——对〈中国游记〉的反东方主义解读》，《东北亚外语研究》2018 年第 1 期，第 75 页。

点时也不会接触到垃圾。① 可见日本旅人在江南见到随地小便而产生的嫌恶，其根源在于日本所固有的清洁观念而非西方的殖民话语。因此回归日本自身的传统，可能才会对理解"中国趣味"有所帮助。

作为一个充满复杂情感的集合体，"中国趣味"中既有同属东洋世界的文化乡愁，又有面对中国这一"巨大的他者"而产生的文化焦虑；既有西方式的"东方主义"话语，又有源自日本文化的对于古典文化的认同；既有基于现实差异的文明批判，又有日本本土华夷秩序架构下的对华蔑视；既有作为近代化强国的子民漫游中国的享乐主义，又有置身中华文化核心地区的某种自卑。这种分裂的情感被王升远形容为一种"复杂的、微妙的、超过了萨义德式'东方主义'射程的所谓'东方内部的东方主义'心态"。② 其实在笔者看来，此处不用刻意比附"东方主义"，这种"日本式的中国趣味"，就是一个时代、一个文明所特有的现象，并不是用强调东西对立的"东方主义"所能解释的。

余　论

本文主要讨论的是清末民初日本人的江南认识和中国认识，那能否继续将其延伸至世界认识的思考呢？一般认为，自日本卷入"世界史"以来，③"脱亚"与"兴亚"是其对于世界的两种基本认识，然而从日本旅人群体所

---

① 苏珊·B. 韩利：《近世日本的日常生活：暗藏的物质文化宝藏》，张健译，生活·读书·新知三联书店，2010，第 122 页。
② 王升远：《文化殖民与都市空间：侵华战争时期日本文化人的"北平体验"》，生活·读书·新知三联书店，2017，第 390 页。
③ 子安宣邦认为日本卷入"世界史"的历史应被划分为三个时期。第一个时期始于 1850 年，东亚被组合到"世界秩序"中来，通过对"世界史"的历史性体验，日本把自己构筑成近代国家；第二个时期始于 1930 年，此时的日本已经通过参加第一次世界大战积极主动地进入"世界史"、成为"世界秩序"的重要成员，但是其开始面向世界要求重构"世界史"、重组"世界秩序"；第三个时期则始于 1980 年，这一时期意味着"世界史"的终结和新的历史之开始。本文所涉及的清末民初时期，基本与第一个时段相吻合，正是日本积极参与"世界史"的时期。参见子安宣邦《"世界史"与亚洲、日本》，《东亚论——日本现代思想批判》，第 6—7 页。

构建的世界认识来看，其情形似乎较这两种总体认识更为复杂。

大部分清末民初的日本旅人都受到过良好的传统教育，有较好的汉学素养，对中国尤其是对代表着中华文明核心的江南地区充满了无限憧憬和美好想象，这样与中国文化联系紧密的背景使其不太可能支持完全西化。因此当日本国内兴起全面西化的浪潮之后，此类人士对于中国的兴趣愈发被激发，而当客观条件允许其来到中国、来到江南亲身体验时，这些日本人便会兴致勃勃踏上旅途，这正是前文所述由"江南（中国）想象"转变为"江南（中国）意象"的过程。然而在其旅行之中，日人感受到了自身想象与现实间的巨大落差，继而会产生两种态度：一种是加入日本的主体认识，即加入支持西化的阵营，然后对中国进行污名化书写；另一种则是仍然坚定支持中华文明，从而产生同情中国、帮助中国的思想。前者以德富苏峰、内藤湖南等人为代表，而后者则以曾根俊虎、宫崎滔天等人为代表。

这也就引出了另一个问题，即旅行体验及书写究竟在日本人世界认识的形成过程中发挥了怎样的作用。

达尼埃尔-亨利·巴柔（Daniel-Henri Pageaux）曾论及旅行文本所呈现出的对异国文化的四种态度。第一种态度是"异国文化现实被一个作家或集团视作绝对优于本民族文化和本土文化的"。在此种情形下，这一作家或集团表现出一种"狂热"，其对异国的描述更多属于一种幻象而非形象。第二种态度则与第一种态度刚好相反，与本土文化相比，异国文化现实被视作负面和低下的，于是对异国产生"憎恶"，而且"这种态度反过来又发展出一种正面的增值，一种对本土文化所做的全部或部分的幻象"。第三种态度是异国文化现实被视作正面的，而其本土文化作为注视者文化也被视为正面的，这种相互尊重、双方认可的正面增值即所谓"友善"。第四种态度则是将双方视作一个新的、正在统一起来的整体，例如泛拉丁主义、泛斯拉夫主义以及世界主义、国际主义等。[①] 巴柔认为狂热、憎恶、

---

① 达尼埃尔-亨利·巴柔：《从文化形象到集体想象物》，孟华译，孟华主编《比较文学形象学》，第 141—143 页。

友善这三种态度以清楚和恒久的方式构成了诠释异国、阅读他者的最明确表现。而在清末民初日本旅人关于江南和中国的旅行书写中，这四者都是可以看到的。

巴柔还指出："一切文化都是在与其他文化相对立、相比较中而确定的。"① 而近代日本的世界认识和自我认识，正是在西方与东方（中国）两个"他者"的对立与比较之中逐渐形成的。中国对日本来说是一个"巨大的他者"，同样，西方是另一个"巨大的他者"，现代日本文化身份认同的艰难选择，就发生在这两个"他者"之间。没有东方（中国）文化作为媒介，日本文化绝不可能得以自我确认；没有西洋文化这个前提，近代日本文化也难以确认自身。② 而旅行，正是这种"他者形象"塑造中的重要一环。对于日本来说，西方和东方（中国）两边都是"强大的他者"，而将西方、日本和东方（中国）三者并举，则能够进一步消解作为"强大的他者"的中国在东亚的中心地位对日本的影响，最终使得日本能够在不同形势下实现灵活的转向。③

最后应当注意的是，近代日本在东西两个"他者"之间寻求自身独立价值的努力以失败结束。西方形象与中国形象同时构成现代日本的"他者"形象，相互对立又相互牵制，最终不但未能从现代性世界观念体系中拯救日本现代性自我，反而造成日本现代性自我的断裂。这是在其开始追寻自我的那一瞬间就已经决定了的。杨念群曾指出："到清代时，日本已试图把作为象征含义的'中华文化'与作为制度和政治形态的'中华帝国'区分开来，但长期以来似乎仍无法摆脱一个历史'魔咒'的制约，这个'魔咒'就是，即使日本成为日本自己，也难逃成为中国影子的命运。"④ 基于相同的道理，近代日本试图将西方视作另一个"中国"，并以西方来置换中国，实现为脱离中国的西化，其结果也只能是成为"中国的影子"兼"西方的影

---

① 达尼埃尔-亨利·巴柔：《从文化形象到集体想象物》，孟华译，孟华主编《比较文学形象学》，第 144 页。
② 周宁：《跨文化研究：以中国形象为方法》，商务印书馆，2011，第 222 页。
③ 王铭：《近代"日本式华夷秩序"的转型逻辑》，《国际政治科学》2016 年第 1 期。
④ 杨念群：《何谓"东亚"？——近代以来中日韩对"亚洲"想象的差异及其后果》，《清华大学学报》2012 年第 1 期，第 49 页。

子"。处在东方与西方之间的日本，注定只能是二者之间一个摇摆性的存在，日本可以成为世界体系的参与者，但无法成为创造者；日本也可以成为世界体系的转译者，但无法保障这一体系的合理性。因而近代日本最终既无法实现自身真正的主体性，也无法构建起一个主体间性的真正对话。①

①　周宁：《跨文化研究：以中国形象为方法》，第 258 页。

清末上海"周生有案"始末

孙 琦[*]

摘 要 1904—1905 年日俄战争期间，上海发生了俄国水手阿基夫砍死宁波人周生有的事件，史称"周生有案"。其后，虽经沪道袁树勋等多次交涉索要凶犯、力求会审，但俄方拒绝交凶、擅自审讯、庇护凶手，并进而指责中国不守"中立"，以武力相要挟。为此，清廷不得不委曲求全，草率结案，以杜俄方侵略口实。

关键词 日俄战争 上海 "周生有案" 袁树勋

1904—1905 年日俄战争期间，俄国巡洋舰阿思克尔号逃到上海躲避。虽经上海道袁树勋屡次警告，并与俄方约法三章，但军舰上的水手仍不安分，时常上岸游荡酗酒，寻衅滋事。最终发生了俄兵阿基夫砍死宁波人周生有（又作"周生友"）的事件，史称"周生有案"。目前学术界对此案关注不多，只有崔志海《日俄战争时期的上海外交》及李育民、杨秀云的《中俄"周生有案"交涉》两文，但由于史料有限，尚有诸多史实及问题并未澄清，尤其是丝毫没有谈及"周生有案"的俄方审讯过程及判词，殊为可惜。国家图书馆于 2005 年影印出版的《国家图书馆藏清代孤本外交档案续编》第 12 册保存有关于"周案"的完整档案资料，详细记载了光绪三十年（1904）至三十一年间中俄双方交涉的往来电报及俄方审讯"周案"的过程和相关判词，具有极高的史料价值。本文以此为基础，辅以当时目击者的叙述和新闻报道，尝试还原整个案件的始末，并从中俄双方的视角来进行法律分析。

---

* 孙琦，云南大学西南边疆少数民族研究中心博士研究生。

一　案件缘起与初步交涉

1904 年 2 月，俄国与日本为争夺朝鲜和中国东北爆发了战争。虽然这次战争直接涉及中国的主权和领土，但清廷迫于内外形势，不得不委曲求全，在战争爆发之初即宣布"局外中立"，并制定"中立"条规，由外务部照会各国，得到了包括日俄在内的各国的承认。到了 8 月 12 日，与日本在旅顺作战失败的俄国巡洋舰阿思克尔号逃抵上海进口修理。清廷的"中立"条规规定："战国兵船及军需运船有驶入中国海口地方者，如系寻常经过，并无他意，方准其驶入平时所准进出之口岸，限二十四点钟内退出。若遇风浪危险，难以出洋，或修补损伤未能完竣，或购办行船必需之饮食，煤炭尚不足驶至最近口岸之数，则应听中国水师统将或地方官酌展期限。一俟事毕，即当退出。"① 该"中立"条规不够严谨，从而给了俄方口实，俄驻京领事雷萨尔便照会清外务部，要求上海地方按照"中立"条规办理。上海道台袁树勋允许俄舰进口修理，但要求其必须遵循"中立"条规，即俄舰在 24 小时内出口，否则立即拆除军械。然而俄方却置若罔闻，一再逾越出口限期，让阿思克尔号在上海港口持续停留。其后，清廷与俄方多次交涉，最终俄方同意解除俄舰武装，将其留沪暂为安置。袁树勋考虑到俄舰兵丁、水手人数众多，极易滋生事端，于是，前往俄驻沪领署与阔雷明面议，订立约束章程，规定该舰只可停靠在浦东东清码头，舰上员弁、水手不能上岸到处闲游、滋事。② 尽管袁树勋与俄领反复交涉，希望防患于未然，但俄兵依然我行我素，越限游荡、酗酒之事常有发生，甚至发生了俄兵砍死华人的案件。

1904 年 12 月 15 日，俄国巡洋舰阿思克尔号水手放假，登岸进入上海城市游览。当日下午 3 点 30 分前后，该舰水手特兰提·阿基夫与雅各夫·的阿克

---

① 《日俄战争中国严守局外中立条规》（光绪二十九年十二月二十七日），王彦威、王亮辑编《清季外交史料》卷一百八十一，李育民等点校整理，湖南师范大学出版社，2015，第3333 页。

② 《江督周馥咨外部据沪道禀拟约束俄兵七条请照会俄使伤遵文》（光绪二十九年十二月十一日），王彦威、王亮辑编《清季外交史料》卷一百八十六，第3404 页。

二人进入蓬路洋酒馆喝酒。据当时在旁之众人供称,"阿基夫饮酒已多,的阿克尚属清醒,阿基夫在两桌之间行走,并作跳舞之状,经旁人劝阻,尚能听从,不作狂态。的阿克亦极力管束"。约下午 4 点时,该酒馆主人席理其斯为阿基夫二人雇有法界照会之人力车两辆,并告诉的阿克,此系有法界照会之车,送到应各付洋一角。途中,阿基夫屡止车行,忽上忽下。的阿克仍令其上车前行。及抵南京路之码头,阿基夫止住不走,的阿克亦即止住。阿基夫未付车钱便下车向码头而去,车夫尾随索要车钱。阿基夫不但拒付车钱,还行至修理码头之木匠做工堆板处,拿起一柄斧头,"猛然举起,自下而上,由右向左"挥摆。车夫见状,当即退缩。这时,宁波人周生有,身穿乡下服色,正欲前往码头做工,当他经过阿基夫身旁时,不知后者是否"故意",手中挥摆之斧头恰好击中其头。周生有当场倒地,昏死过去。阿基夫见状,旋即将斧子丢弃,向码头逃去。该路码头之华捕目击,赶紧吹哨,传集人手,印、华各捕齐行赶到,将阿基夫与的阿克二人拿获。受伤倒地之周生有,中西多人围观,并有数西人用手巾擦拭周生有头上血迹,又有一西捕,将周生有放入椅中,待救护车到来,即抬进车内,送往仁济医院。的阿克认为阿基夫所做之事与己无关,因而拒捕,声称自己并非犯事之人,不让捕拿,并以手推搡巡捕。巡捕等合力将二人拘住并送巡捕房。至于受伤之周生有,已不省人事,于当晚 8 点 30 分因伤殒命。诊断医生称:"周生有之死半因出血过多,半因震动脑髓,以致无可解救,遂于是日八点半钟昏迷身死。"①

阿基夫、的阿克被抓进巡捕房后,俄方得到消息即派人前往巡捕房将二人解至俄驻沪总领事署。之后,俄领事阔雷明又将二人交送回舰。对于这样一桩严重的人命案,俄方不仅不严加审讯凶手,反而将其送回所属军舰了事,这一做法引起了在沪宁波人的极大愤慨。宁波人外出在上海经商谋生,古已有之。嘉庆年间,基于生存发展和商业竞争的需要,旅沪宁波人遂自发捐款,组建了"四明公所"。四明公所位于上海县城北门外,是由旅沪宁波人所组成的同乡团体,早期的重要职能就是"用同乡之谊的名义,设立丙

① 《收盛大臣文》(光绪三十一年二月十四日),《国家图书馆藏清代孤本外交档案续编》第 12 册,全国图书馆文献缩微复制中心,2005,第 5325 页。

舍义冢等等，经营互相扶助的事业"，具有强烈的慈善公益色彩。随着上海开埠后旅沪宁波人的增加，四明公所的地位不断上升，职能不断增加，由初期"救死"的事业，扩大到包括了教育、慈善等"救生"的事业，并且逐渐参与到诸如资金流通、商品推介、职业介绍等经济事务中，对宁波帮在上海的发展起到重要的推动作用。四明公所不仅是旅沪宁波人的驻留地，还是其对外维护利益、对内排忧解难的互助组织。四明公所切实维护旅沪宁波同乡的权益，尤其是在抗衡外国侵略者方面发挥了重要的组织领导作用，最典型的例子为 19 世纪末轰动上海滩的两次"四明公所事件"。因周生有系旅沪宁波人，又是被俄兵砍死，四明绅商自然不能袖手旁观，于是在其带领下，在沪宁波人集会罢工抗议，要求将凶犯交由华官审讯严惩。

沪道袁树勋了解案情后，为了安抚人心，多次照会俄领阔雷明，强烈要求将该案凶犯水手二人交出，"送道收禁，听候发县讯明，按照军律惩办，以昭炯戒"。阔雷明却声称"必得水师官审讯，领事亦无权"，[1] 即阿基夫、的阿克二人应交付该舰军官负责审讯。袁树勋据理力争，告以"俄船逃至中立口岸，败兵归我保护平安，岂有反任残害我华人之理，万不能照寻常交涉命案，应归华官讯理"。由于此类案件先前并无成例可循，究竟凶手归谁审讯，中俄双方辩论良久，仍未能定议。[2]

12 月 23 日，袁树勋电告清廷，称"出事之后，甬人（指旅沪宁波人——引者注）咸怀凶愤，各国亦啧有烦言"，为了稳妥起见，他建议照中俄《天津条约》，由中俄双方共同审讯办理。[3] 按中俄《天津条约》第七条规定，"通商处所俄国与中国所属之人若有事故，中国官员须与俄国领事官员，或与代办俄国事务之人会同办理"。[4] 因此，袁树勋认为此案应谨守条约中"会同办理"的规定，希望中俄双方共同审讯办理此案。清廷也支持袁树勋的主张，多次电令其与俄领事交涉双方会审一事。

---

① 《收沪道袁树勋电》（光绪三十年十一月十五日），《国家图书馆藏清代孤本外交档案续编》第 12 册，第 5075 页。

② 《照录苏松太兵备道袁观察照会俄领事阔雷明稿》，《申报》1904 年 12 月 21 日。

③ 《收沪道袁树勋电》（光绪三十年十一月十七日），《国家图书馆藏清代孤本外交档案续编》第 12 册，第 5087 页。

④ 王铁崖编《中外旧约章汇编》第 1 册，生活·读书·新知三联书店，1957，第 88 页。

29 日，袁树勋亲往俄驻沪领事署面议。阔雷明表示此案"事出意外，实属误伤"。袁树勋当场驳斥："车夫索车价，穷人分内之事，本无不合，而俄兵凶暴，拾斧伤人，杀机早起，何能言误!"俄领事仍然只是敷衍会从严惩治。袁树勋谓"既归我保护，自应归我审办"，令"交犯审办，或归到照约会审，相机办理"。① 虽经袁树勋一再催促，但阔雷明仍拒绝交出凶犯，声称"此案按照俄华两国现行条约，凡俄人在中国地方犯罪，应将该犯送交本国官员治罪……来文所请送由中国官员审讯一节，置两国约章于不顾，断难照办"。② 因为俄文本中俄《天津条约》第七条还规定："若俄国人获罪，应照俄国律例定罪；中国所属之人获罪或侵害俄国人生命财产，按照中国律例定罪；若俄国人在中国内地做了违法之事，应将其解送至俄国边界地方或俄国办事官员驻扎海口处审讯治罪。"③ 值得注意的是，此条内容并未出现在中文本中俄《天津条约》第七条的正文之中，究其缘由，在于中俄《天津条约》订立之初，只有俄文本和满文本。而这一内容不仅俄文本有，也存在于满文本的正文之中。只有经满文本翻译过来的汉文本删去了这一部分，或许是清廷为了体现优越感而为。④

对于阔雷明所持理由，袁树勋当日即照复驳斥，指出俄舰水手既归中国保护，如有犯罪，自然应交中国审办，而不能交俄方军官审理。并且，即使根据中俄《天津条约》第七条的规定，俄人有犯，亦须会同办理，贵总领事"何以早不计及？所谓置两国约章于不顾者，究竟应何人担其责任？"⑤由此可见，双方的交涉依据主要是中俄有关治外法权的条约，但这些条约本身又有歧义或前后矛盾，俄方又专以其中对彼有利的一面作为交涉依据，而袁树勋也不知道他所凭依的中文本中俄《天津条约》第七条中缺失了其他

---

① 《收沪道袁树勋电》（光绪三十年十一月二十三日），《国家图书馆藏清代孤本外交档案续编》第 12 册，第 5101—5102 页。

② 《俄水手杀人案往还公牍汇登》，《申报》1905 年 1 月 2 日。

③ Пещуров Дмитрий Алексеевич, ed., Сборник договоров России с Китаем. 1689-1881 гг., Санкт-Петербург: издание Министерства иностранных дел, 1889, pp. 126-127.

④ 史志强：《〈中外旧约章汇编〉所收清代中俄条约的翻译问题——以司法管辖为中心的考察》，《史林》2021 年第 4 期。

⑤ 《收沪道袁树勋电》（光绪三十年十一月二十三日），《国家图书馆藏清代孤本外交档案续编》第 12 册，第 5101 页。

利于俄方的内容，因此，他的反驳显得软弱无力。

因沪道多次照会，俄方置之不理，屡不交凶，旅沪宁波人"人心愤懑，殊难抑遏"，并多次登报痛斥"官绅办理皆不可靠"。① 在其鼓动下，四明绅商以"租界治安"为由，主动联系新任租界领袖德国总领事克纳贝晤谈此案。克纳贝表达了对旅沪宁波人的理解，知其"公愤不平，欲为伸理"，并表示"各国皆谓甬人理长，俄人理屈"，嘱咐四明绅商等，千万不要因此闹事，否则"甬人反为理屈矣！"四明绅商表示，只有"将此案凶手解交岸上，俾得特开公堂会同华官审理"，才能平息众怒。克纳贝认为"众人要求各节亦属极有情理之事"，但"中俄两国未尝失和，则条约不能废弃，仍需照约办理，查条约载，何国人民犯事，归何国官员办理，并无外人准归华官审办之说"。四明绅商回复："此次俄舰水手上岸杀人，非但不能与寻常俄人比拟，且不能与寻常兵舰水手比拟，盖阿思哥兵舰容留在沪，其中员弁水手，中国官员胥担责任，今竟不受约束，妄杀平民，与寻常扰害租界治安之情节不同。"克纳贝虽然面有难色，但还是口头应允下来，表示自己会尽力劝说俄领事。②

与此同时，清外务部也照会俄国驻京公使雷萨尔，要求其"迅饬驻沪总领事速将凶犯交出，会同华官审办"。③ 雷萨尔则回称："已奉本国国家之命，坚称要按照俄国律例惩治，不得将俄国被告水手交出归华官办理也。"④ 虽然俄方未将阿基夫二人交出，但或许是迫于中外各方的压力，当日俄领阔雷明还是将凶手从阿思克尔号巡洋舰解送至俄领署暂行禁押，以待中俄双方商定审讯办法。然而在如何审讯案犯问题上，中俄双方意见分歧很大。袁树勋主张设特别公堂，由中方派员在上海县署内与俄驻沪总领事共同审讯。而俄领阔雷明则表示此案只能由俄方单独在俄领署内审讯，中方可以旁听。

① 《收上海职商何良栋等电》（光绪三十年十一月二十二日），《国家图书馆藏清代孤本外交档案续编》第 12 册，第 5098 页。
② 《宁波沪侨绅商与租界领袖德国总领事问答记》，《申报》1905 年 1 月 2 日。
③ 《给俄国公使雷萨尔照会》（光绪三十年十一月二十五日），《国家图书馆藏清代孤本外交档案续编》第 12 册，第 5113—5114 页。
④ 《收俄国公使雷萨尔照会》（光绪三十年十一月二十五日），《国家图书馆藏清代孤本外交档案续编》第 12 册，第 5119 页。

1月2日，袁树勋致电清外务部表示，该案凶手虽已解至俄驻沪领署中，然俄领阔雷明来函称"只另订立期请县观审"。袁树勋认为俄方败兵既"归我保护约束"，今"允其照约会审，似已通融"，况且在沪宁波人"激于公愤，势甚汹汹，各日报又从而鼓动之，益欲得俄犯而甘心"，因此，只有与俄方据理力争，要求设特别公堂由双方共同审讯，才能平息众怒。① 清廷对其来电格外重视，遂于次日致电雷萨尔称："此次俄兵行凶滋事，自应照战时公例，交出归华官办理，以尽中立责成，即按约章，亦应会同审办，若用俄国军律于归中国保护之地，无此办法，务希迅饬驻沪总领事交凶会审，从严惩办，给予尸属抚恤，并由中国地方官订立妥章，申明约束，严饬留沪俄兵遵照，以重人命而昭公理。"②

然而，俄方仍坚持在俄领署审讯、中方观审之说。袁树勋义愤填膺，遂致电阔雷明，威胁说："该水手既犯特别之案，不能不设以特别公堂，宁波绅商人等在沪何止数十余万，向以激烈著称，此次特别受屈，无不公愤，汹汹之势，尚恐不免暴动，贵领谅有所闻，若非速定一合宜地，秉公会讯，死者目不瞑，生者心不服，现拟开一特别公堂，由道禀请派员会讯，以昭公道而靖人心。"③

不久，阔雷明即来函强调根据中俄《续增条约》，杀人重案如系俄国人，罪犯应交俄国，按律治理。俄文本中俄《北京条约》第八条有类似规定："若有杀人、抢夺、重伤、谋杀、故烧房屋等重案，查明系俄国人犯者，将该犯送交本国，按律治罪；系中国人犯者，或在犯事地方，或在别处，俱听中国按律治罪。遇有大小案件，领事官与地方官各办各国之人，不可彼此妄拿，存留查治。"④ 俄方倚仗在中国的治外法权，坚持按中俄条约

---

① 《收沪道袁树勋电》（光绪三十年十一月二十七日），《国家图书馆藏清代孤本外交档案续编》第 12 册，第 5128 页。

② 《给俄国公使雷萨尔照会》（光绪三十年十一月二十八日），《国家图书馆藏清代孤本外交档案续编》第 12 册，第 5129—5130 页。

③ 《收沪道袁树勋电》（光绪三十年十一月二十九日），《国家图书馆藏清代孤本外交档案续编》第 12 册，第 5136 页。

④ Пещуров Дмитрий Алексеевич, ed., Сборник договоров России с Китаем. 1689–1881 гг., pp. 164–165.

中有利于自己的条款行事，拒绝交出凶手。

　　袁树勋当即复照驳斥。但俄领态度蛮横，表示如 "不派员观讯，即当独断"。袁树勋将阔雷明的蛮横行径电告清外务部："经职道照会俄领事，饬开特别公堂，禀请南洋派员会讯。昨得俄领照复，不惟不允，且遽定明日即在该署特开公堂讯判，请派员观审。职道当经严词驳复，俄领仍坚持前说，并告译员，如职道不允，即当独断，似此情形，实不可以理喻。"① 万般无奈的情况下，清外务部只能通过驻俄大臣胡惟德电告俄外务部，令其确切声明 "海部饬知俄领遵照沪拟办法，毋稍含糊"。② 并于同日电告袁树勋："已电致胡使再向俄外部确切声明，径电俄领遵办，得复即达。其留沪俄舰未便遽议出口。仍饬绅董晓谕甬人静候。"③ 然而，就在此时，俄方一意孤行，不顾中方的反对，擅自在俄驻沪领事署内开设公堂审理。

二　审判过程与法律分析

　　1905 年 1 月 13 日，俄方在俄驻沪总领署大设公堂，擅自开审 "周生有案"。殊为可笑的是，俄方军官早在开审之前就私下给此案定性，他们认为阿基夫之罪是在 "不甚清醒" 的情况下行至码头，其意 "欲吓散尾随之车夫"，便举起 "眼前第一所见之物件，即斧头一柄"，"出诸无心" 将路过之周生有 "碰伤"，又因送医院 "失时"，周生有去世，应照 "无心碰伤华人致死例" 问拟。至于的阿克之罪，在于 "拒捕"，"迹近狂疯，有失军职之仪"，应照 "拒捕发狂有失军职之仪例" 问拟。④ 显然，所谓的 "开堂公审" 只不过走个过场而已。

---

① 《收上海道袁树勋电》（光绪三十年十二月初八日），《国家图书馆藏清代孤本外交档案续编》第 12 册，第 5169 页。

② 《发驻俄大臣胡惟德电》（光绪三十年十二月初八日），《国家图书馆藏清代孤本外交档案续编》第 12 册，第 5171 页。

③ 《发南洋大臣周馥、江海关道袁树勋电》（光绪三十年十二月初八日），《国家图书馆藏清代孤本外交档案续编》第 12 册，第 5173 页。

④ 《勘语》（光绪三十年十二月初八日），《国家图书馆藏清代孤本外交档案续编》第 12 册，第 5313—5325 页。

俄方审判官员为：阿思克尔号舰长泰奢、中佐柏罗福簪、中佐野基莫夫、书记官少尉米德威吉福。上午 10 点开审，俄官传调该水手阿基夫及的阿克二犯上堂。堂上俄官均着军服且戴有勋章，俄舰上之教士服上亦饰有宝星，也亲自参与审判。虽然清廷官员并未前来，但四明绅商等在堂上观审。① 其后，一俄兵官带该犯二人前来，后跟有一俄国教士，当堂立誓，兵官等亦随之立誓，行亲吻教经礼、亲吻十字架礼。其后，该犯阿基夫供称，系托波尔思克省苦尔甘思克人，奉希腊正教，尚未婚娶，年 29 岁，于 1898 年 1 月到营，入西卑尔水师营当差。1901 年行军到中国，得有赏功铜牌。本年 1 月 27 日至 7 月 28 日与日本打仗，从未打过官司，亦未违反军律等。② 再该犯雅各夫·的阿克供称，系颇多尔思克省克里思克人，奉希腊正教，已经婚娶，年 26 岁，于 1900 年 12 月入营当差，本年 1 月 27 日至 7 月 28 日与日本打仗出力，得有四等行军宝星，从未打过官司，亦未违反军律等。③ 可能是由于先前俄官已经私下审讯过该二人，所以在堂上并未再次询问案发经过，而是直接传唤证人上堂。

关于证人的供词，大致可以梳理为以下几个方面。

第一，该水手阿基夫是否"酒醉"，是否"故意杀人"。据蓬路洋酒馆主人席理其斯回忆，当该水手阿基夫、的阿克二人刚来到酒馆时，"均醉至不能出门"，还要饮上好白兰地，席理其斯即来给饮，并让其稍坐，劝饮数瓶苏打水醒酒。④ 而一名英国妇女供称阿基夫"状若大醉，下车时，几至跌下"。⑤ 但这点被的阿克当场反驳了，他明确表示，阿基夫"虽醉，尚不至于须人扶助"。总巡捕麦德逊供称阿基夫"略有醉意"，但能明白自己所做

---

① 《俄特别公堂讯案》（光绪三十年十二月初九日），《国家图书馆藏清代孤本外交档案续编》第 12 册，第 5345 页。

② 《阿基夫供词》（光绪三十年十二月初九日），《国家图书馆藏清代孤本外交档案续编》第 12 册，第 5319—5321 页。

③ 《的阿克供词》（光绪三十年十二月初九日），《国家图书馆藏清代孤本外交档案续编》第 12 册，第 5321—5322 页。

④ 《席理其斯供词》（光绪三十年十二月初九日），《国家图书馆藏清代孤本外交档案续编》第 12 册，第 5366—5367 页。

⑤ 《英妇供词》（光绪三十年十二月初九日），《国家图书馆藏清代孤本外交档案续编》第 12 册，第 5346—5347 页。

之事，他认为阿基夫无意砍杀周生有，只不过是想吓退车夫而已。[①] 目睹此案经过的华捕供称阿基夫"不似酒醉"，并一口咬定阿基夫就是故意砍杀周生有，若其他路人经过，也会遭遇同样的厄运。[②] 而另一华捕则表明自己也不清楚阿基夫"或醉或醒、是否故意"。[③] 大多数证人的供词倾向于阿基夫略微醉酒，但尚属清醒，明白自己所做之事，而对于他是否"故意杀人"则各有说辞，无法定论，故存疑。

第二，关于周生有的死因。据亲自验过尸身的医生哲尔立舍夫供称，该死者周生有"左耳后有伤，头骨伤处较肉伤处不恰符合，以肉伤较骨伤伤处略长"，他认为，"以肉伤之处而言，斧头并未直下，明似坡下入骨"，而骨伤实"由斧头钝处斫入"，当阿基夫挥斧砍时，"斧本重物"且"用力又大"，故致死。[④] 由此，确定了周生有之死系俄水手阿基夫斧击脑部所致，堂上之人也都没有异议。

第三，物证斧头是否为凶器。在基本确定周生有系斧伤致死后，俄审讯官将物证斧头呈上堂来。堂上证人之一的阿力山大看后，指出"堂上所呈之斧与码头所见之斧形样相同"，从而十分肯定周生有头上的"伤痕必为此斧所致"。[⑤] 汇中饭店伙计卜路克门也指认堂上之斧为伤人之斧。[⑥] 西捕罗诗表示，堂上所呈之斧乃是"他亲自经管之物"，自然认得，当时斧上还有血迹。[⑦]

---

① 《总巡捕麦德逊供词》（光绪三十年十二月初九日），《国家图书馆藏清代孤本外交档案续编》第 12 册，第 5350—5351 页。

② 《华捕供词》（光绪三十年十二月初九日），《国家图书馆藏清代孤本外交档案续编》第 12 册，第 5375—5376 页。

③ 《华捕供词》（光绪三十年十二月初九日），《国家图书馆藏清代孤本外交档案续编》第 12 册，第 5378—5379 页。

④ 《医生哲尔立舍夫供词》（光绪三十年十二月初九日），《国家图书馆藏清代孤本外交档案续编》第 12 册，第 5369—5371 页。

⑤ 《阿力山大供词》（光绪三十年十二月初九日），《国家图书馆藏清代孤本外交档案续编》第 12 册，第 5356 页。

⑥ 《卜路克门供词》（光绪三十年十二月初九日），《国家图书馆藏清代孤本外交档案续编》第 12 册，第 5364 页。

⑦ 《西捕罗诗供词》（光绪三十年十二月初九日），《国家图书馆藏清代孤本外交档案续编》第 12 册，第 5371 页。

在江边做工之木匠也认出凶器斧头是自己之物,斧背仍有血迹。①

　　第四,该水手阿基夫、的阿克是否付了车钱,是否殴打车夫。据席理其斯回忆,当日下午4点钟前后,他替二人代雇了两辆东洋车,让车夫拉阿基夫二人去法租界码头,并嘱咐阿基夫二人给车夫每人小洋1角。② 一名英国妇女称,阿基夫二人下车后,该二车夫尾随,似乎索要车费,阿基夫二人不但拒付车钱,反而意欲敲打二车夫,阿基夫更是举斧挥舞。③ 卜路克门也供称,阿基夫二人下车后,未付车钱,车夫追之索要,该水手阿基夫发怒,至木匠做工处,拾起一柄斧子,在自己头上旋转。④ 法租界总巡捕麦德逊表示,他也未见阿基夫二人付车钱。⑤ 而汇中客店总管拉多的说法略微不同,他看见阿基夫二人下车后,的阿克付了车钱,而阿基夫未付,车夫便向阿基夫索钱,只见阿基夫捡起一把斧头,在头上摇摆。⑥ 俄官问的阿克"究竟付车费否",的阿克回答说他实在不知,因并未留意,他当时以为"一人已付两人之钱"。⑦ 根据上述证人供词,大致可推断出,阿基夫二人刚下车时均未付车钱,后来二车夫紧追不舍,的阿克与其中一车夫理论,其后可能付了车钱。而另一车夫尾随阿基夫要钱,阿基夫不但不给,还捡起身旁的斧头在头上挥舞。可见阿基夫有明显的行凶动机。

　　第五,周生有受伤的情形。据一名英国妇女供称,当周生有被斧击脑后,即"仆倒,不省人事"。当时,她看见旁边有一老者用毛巾敷在周生有

---

① 《木匠供词》(光绪三十年十二月初九日),《国家图书馆藏清代孤本外交档案续编》第12册,第5381页。

② 《席理其斯供词》(光绪三十年十二月初九日),《国家图书馆藏清代孤本外交档案续编》第12册,第5368—5369页。

③ 《英妇供词》(光绪三十年十二月初九日),《国家图书馆藏清代孤本外交档案续编》第12册,第5348—5349页。

④ 《卜路克门供词》(光绪三十年十二月初九日),《国家图书馆藏清代孤本外交档案续编》第12册,第5365页。

⑤ 《总巡捕麦德逊供词》(光绪三十年十二月初九日),《国家图书馆藏清代孤本外交档案续编》第12册,第5350页。

⑥ 《拉多供词》(光绪三十年十二月初九日),《国家图书馆藏清代孤本外交档案续编》第12册,第5360—5361页。

⑦ 《的阿克供词》(光绪三十年十二月初九日),《国家图书馆藏清代孤本外交档案续编》第12册,第5362页。

脑部伤口处止血。① 阿力山大表示，当他行至倒地周生有之近前时，见其"颅背受伤，血流甚涌，脑浆并裂，状若濒死"。② 西捕钟司供称，他到该处时，见周生有"仆倒在地，左耳后有伤"，并见有人"在彼欲塞其流血处"，等候救护车来。西捕马格立格说，出事当日他即带巡捕房小工拉车由四马路向该处而去，到时，见周生有"仆倒在地，已经受伤，无法救治"，但他还是将周生有抬进车内，送往仁济医院。③ 可见，周生有在被送往医院之前就已经生命垂危、无力回天了，并非俄方轻描淡写的"碰伤"。

第六，的阿克是否帮凶、拒捕。阿力山大供称，当印捕捉拿的阿克时，后者似乎表示事不关己，想要脱身，但印捕抓住不放，的阿克推搡拒捕，并将该捕推落水中。④ 汇中客店总管拉多供称，阿基夫伤人之后，的阿克回身将阿基夫拽至码头，的阿克当时似乎有劝解纷争之意，欲将阿基夫静静拉开至码头处。⑤ 麦德逊说，在阿基夫砍杀周生有之时，的阿克离他颇远，且与另一名车夫争论，故不见斧击之事。⑥ 华捕称，阿基夫砍人之后，便将斧抛在码头旁边，斧落于泥上，此时潮水甚浅，的阿克拒捕，以两手抓住栏杆不放，印捕二人捉其臂，并未见其殴打巡捕。⑦ 而二印捕则称："闻吹号前来相助，捉拿的阿克，但后者拒捕，并且行凶殴打，且下手甚重。"⑧ 根据证

---

① 《英妇供词》（光绪三十年十二月初九日），《国家图书馆藏清代孤本外交档案续编》第 12 册，第 5349 页。

② 《阿力山大供词》（光绪三十年十二月初九日），《国家图书馆藏清代孤本外交档案续编》第 12 册，第 5359—5361 页。

③ 《西捕钟司供词》（光绪三十年十二月初九日），《国家图书馆藏清代孤本外交档案续编》第 12 册，第 5374—5375 页；《西捕马格立格供词》（光绪三十年十二月初九日），《国家图书馆藏清代孤本外交档案续编》第 12 册，第 5373 页。

④ 《阿力山大供词》（光绪三十年十二月初九日），《国家图书馆藏清代孤本外交档案续编》第 12 册，第 5357—5358 页。

⑤ 《拉多供词》（光绪三十年十二月初九日），《国家图书馆藏清代孤本外交档案续编》第 12 册，第 5364 页。

⑥ 《总巡捕麦德逊供词》（光绪三十年十二月初九日），《国家图书馆藏清代孤本外交档案续编》第 12 册，第 5363 页。

⑦ 《华捕供词》（光绪三十年十二月初九日），《国家图书馆藏清代孤本外交档案续编》第 12 册，第 5375—5378 页。

⑧ 《印捕供词》（光绪三十年十二月初九日），《国家图书馆藏清代孤本外交档案续编》第 12 册，第 5382 页。

人的供词，的阿克基本可以排除作为阿基夫帮凶的嫌疑，但其是否殴打巡捕，则众说纷纭。不过据深受其害的当事人二印捕所言，的阿克确实殴打了他们，且下手很重。

通过以上证人供词，整个案件的经过基本厘清，并可以确定周生有之死系俄水手阿基夫用斧击其脑部所致。但该案最大疑点仍存，即阿基夫是否"故意杀人"。在该疑点弄清之前，结案似乎尚属草率。但俄方之前就已经给此案做了判定，从而也不管诸多疑点，便当场宣布审讯到此为止。俄方审判官员将证人供词宣读给阿基夫二人知之，二人略答数语。之后，俄方审判官员便退堂密商，约两个小时后再次出堂，遂当堂判定罪案。判词为：

> 查得该头等火夫特兰提·阿基夫之罪在于俄历十二月二号因以上所开各情，举斧欲挥，即应知似此犯法之举动，路旁之人皆有危险，乃竟用力挥去，虽非出于有心，然实已碰伤，毫不相干无罪之过路华人周生有伤及致命之处，本应按照一千四百五十八款刑律科罪。本公堂欲定阿基夫所犯之罪名，又考核所有案情，阿基夫照依一千三百五十八款刑律问拟，夺去一切利益，并罚作苦工，监禁八年；但本公堂细加查核，阿基夫所犯之罪究由轻忽所致，查刑律一百三十四条第四款，照此案情应行减等，又一百三十五条所减罪名与海军章程第十三条内第七款定拟，所有该头等火夫特兰提·阿基夫应定以夺取一切利益，罚作苦工，监禁四年。其二等水手雅各夫·的阿克，本公堂审其罪名在于不遵巡捕合例之捕拿，应照过失，按水师章程第三十条定拟照的阿克所犯之罪名，照海军章程罚卢布十五元，若按海军行军章程第五十九条第一款应改罚款为管押五天办理。①

通过诉诸"一起不幸的意外"或者"轻忽所致"的措辞，俄方陪审员们把本案界定为"过失杀人"，这意味着俄国水手不用承担"故意杀人"的

---

① 《俄特别公堂讯案判词》（光绪三十年十二月初九日），《国家图书馆藏清代孤本外交档案续编》第 12 册，第 5326—5329 页。

刑事责任且没有必要接受中方的调查。为了检验俄方的判词是否合理，本文将根据当时中国和俄国的法律，重新探讨该案中的实情和法律问题。

过失杀人的致人死亡案件都是"意外的"，因而在法律上也是可被减免的。然而，无论在俄国还是在中国，这种有关"过失杀人"的流行观点和法律定义之间存在重大区别。首先，俄国和中国法律对于那种虽然不是故意的但是仍然显示了刑事上的疏忽、鲁莽或任性的行为都规定了不同的刑事责任。在俄国法律之下，包括蓄意谋杀在内的犯罪意图能够从犯罪情形中推测出来。中国法律与此类似，也规定了一系列不同程度的犯罪意图，即便某些行为并非故意，也得承担一定的刑事责任。其次，在中俄两国，只有在导致死亡的行为属于合法行为并且纯属意外的情况下，"过失杀人"才被法律认可。在俄国，只有在被告意外致人死亡的过程中没有任何伤害人的意图并正在从事合法行为的前提下，其杀人行为才是可以被减免的。如果一个人在犯下重罪过程中造成另一人死亡，即便死亡可能纯属意外，此人也犯了谋杀罪。清律关于"过失杀人"的法条规定，过失行为必须是"耳目所不及"和"思虑所不到"的，并且这种行为"初无害人之意"。[1] 换句话说，"过失杀人"无论是在中国法律中还是在俄国法律中都只能在"合法行为"的范畴内引发无法预料的后果时才能成立。

然而，我们根据上述证人供词可知，车夫因阿基夫下车未付车钱尾随索要，乃人之常情。而阿基夫不但不给，还举斧挥舞，不论其是否"早起杀机"，抑或"有意吓退"车夫，都已超出"初无害人之意"的"合法行为"的范畴，遑论砍死无辜之路人周生有了。因此，将阿基夫之罪归于"过失杀人"已属不公，而后又以"轻忽所致"为辞减罪则更为荒谬！

三　再次交涉与无奈妥协

俄兵骄纵，俄领袒庇，置沪道屡次照会于不顾，又擅自设堂审断，对草

---

[1]　薛允升：《读例存疑》，黄静嘉点校，成文出版社，1970，第 292 页。《大清律例》卷二十六《刑律·人命·戏杀误杀过失杀人》，田涛、郑秦点校，法律出版社，1999，第 433 页。

菅人命的凶手妄加轻判，使得整个上海顿时群情激愤，"宁帮公愤，固极汹汹，各帮咸抱不平，亦有暴动之意"。① 袁树勋也表达强烈不满，坚决否认判决结果，并将大致情况电告外务部。清廷担忧"众怒所激，恐酿事端"，因此回电袁树勋，"倘未能就范，拟仿英北海渔船案归公断办理"，并嘱咐袁树勋"务饬寓沪甬绅，切实开导商民，慎勿暴动，授人以隙"。② 所谓"英北海渔船案"，即 1904 年日俄战争期间英、俄两国之间发生的"北海渔船事件"。当时，俄国波罗的海舰队开赴远东作战途经北海时，误将英国渔船当作日本鱼雷艇予以炮击，造成英国渔船受损，渔民伤亡。事后，英俄两国对该事件的诸多事实产生争执。双方经协商，同意设立一个国际调查委员会，对这次炮击渔船事件进行调查。后经调查委员会查明，事故完全是俄国舰队司令官误判所致。最后，俄国向英国赔偿了 6.5 万英镑，才使争端得以解决。或许是因为中俄双方在"周生有案"的诸多事实方面无法达成共识，清廷也希望成立国际调查委员会，对此案进行公正认真的调查，辨清事实，以促进争端的解决。然而，鉴于当时中国国际地位较低，且俄国在中国拥有治外法权，这一愿望根本无法实现。正如后来盛宣怀以"俄国逃舰在胶州杀了德国人，德国能拘定条约办理"为例质问阔雷明时，后者的回复："俄与德之交涉及俄与中之交涉不能相同。盖俄兵在德境犯事，归德例审问，若俄兵在中国境地犯事，则只能照俄例办理，一向如此，不能不照条约也。"③何其蛮横，又何其无奈！

1905 年 1 月 14 日，袁树勋亲至俄领事署拜会阔雷明，告以"此案关系甚大，如不与华官会判，上海各帮华商行将与贵国在沪商家停止贸易，深恐牵动大局，酿成事端"。如此，阔雷明才允诺将现在情形电告俄外务部，并请示办理之法。④ 次日，在沪宁波人"人心大为激动，欲向俄署自行索犯"，

---

① 《收沪道袁树勋电》（光绪三十年十二月初十日），《国家图书馆藏清代孤本外交档案续编》第 12 册，第 5187 页。

② 《俄特别公堂讯案》（光绪三十年十二月初九日），《国家图书馆藏清代孤本外交档案续编》第 12 册，第 5181 页。

③ 《周生有案华官问答》（光绪三十年十二月二十八日），《国家图书馆藏清代孤本外交档案续编》第 12 册，第 5402—5403 页。

④ 《力争会审》，《申报》1905 年 1 月 16 日。

在法租界四明公所前聚众数千人，"众论汹汹，辞气愤激"。① 上海各商董及袁树勋等"深恐酿成事端"，"急遣人前往分投劝谕"，设法遣散，在申明此事已经电禀"商部外部及南洋大臣设法力争，俄领事亦已电告本国外部请示办理"后，聚众之人才渐渐散去。② 同日，袁树勋致电清廷称："俄领独断，万难承认，在沪华民亦决不甘服，……公愤汹汹，日甚一日，今日各帮开商会同四明公所亦有开议之说，虽经职道与各绅董极力开导，然只劝解，不能遏抑，只能暂阻，不能终禁。总之，此案非办到特别公堂不能会讯，非办到会讯不能服众，伏乞外务部一面严词照会俄使，一面电胡使转请俄政府，遵照或将办理不善不洽商情之阔领事撤回。"③ 清廷接到袁电后，认为"众怒难平、事机紧迫"，一方面通过驻俄大臣胡惟德再次切告俄外务部"迅电俄领速交特别公堂公平会审，勿稍延缓"；④ 另一方面则委派熟悉外交事务的商约大臣盛宣怀督同袁树勋妥筹办理此案。⑤

然而，就在此时，俄国政府通告各国，指责清政府违背"中立"，暗中援助日本，扬言俄国也将"不守战界之约"，威胁要把战火扩大到东三省之外地区。⑥ 在此情形下，清廷担心"周生有案"引发暴动，给予俄方以中国违背"中立"的口实伺机扩大侵略，决定大事化小，电嘱盛宣怀尽快妥筹结案，"以安人心而维大局"。不久，盛宣怀即往俄驻沪领署与俄领阔雷明面议，双方谈论长达4个小时。关于商谈的具体内容，盛宣怀后来致清廷的电报称："与俄领驳论四钟之久，会审不允，复审亦不允，谓三日前已定案，犯已交禁法牢，并谓误杀，判到四年监禁苦工已算极重。又驳其持斧毙命，虽死者系误死，杀者实是故杀。彼允将全案抄送，如指实失，再可理

① 《甬人聚众》，《申报》1905 年 1 月 16 日。
② 《甬人聚众》，《申报》1905 年 1 月 16 日。
③ 《收上海道袁树勋电》（光绪三十年十二月初十日），《国家图书馆藏清代孤本外交档案续编》第 12 册，第 5200 页。
④ 《发驻俄大臣胡惟德》（光绪三十年十二月初十日），《国家图书馆藏清代孤本外交档案续编》第 12 册，第 5189—5190 页。
⑤ 《发商约大臣盛宣怀电》（光绪三十年十二月初十日），《国家图书馆藏清代孤本外交档案续编》第 12 册，第 5191 页。
⑥ 崔志海：《日俄战争时期的上海外交》，《史林》2005 年第 2 期。

论。又允四年可自日俄停战兵船带犯回国日起，在沪监禁之日不算在内。"①
可见，此次商谈并无实质性进展，俄方仍按原判行事，但答应提供当日审判
的供词及判词。而盛宣怀也无可奈何，只能在案件的供词上下功夫，希冀找
到俄方的破绽，再行理论。

1月24日，袁树勋电告清外务部："俄领已将供词送到，已由盛大臣交
担文律师研究驳诘，而究竟能否再开特别公堂，仍由华官会审，实无把
握。……照约会审一语，系援引《天津和约》第七条，若曰寻常之案，犹
应会同办理，何况特别其义，已详于照会俄领。文中嗣以俄领坚执《烟台
条约》为词，遂声明中立公法，不复牵引条约，以省口舌。至无碍中立一
语，正谓俄官如能遵守中立国之约束，我得实行中立国之权力，则中立自可
无碍，不料俄官之横决，竟以无碍中立之案情，而为此破坏中立之办法也。
夫照《烟台条约》则应观审，照中立公法则应索犯自办，职道之愚亦知之
矣！顾昔有特别公堂会审之议者，诚以案情无碍中立，故不尽照公法，杀人
者为归我保护之人，所杀者为保护之国之人，虽无碍中立，而不得谓之无关
中立，不尽照条约斟酌再三而复发议。担文律师谓职道办法最为和平、公
允，俄领苟非不顾中立，何至如此固执。俄舰在沪有国旗而不能揭，有军火
而不能用，员弁、水手有故国而不能归，军舰、军人既皆丧其资格，往来行
动亦且失其自由，乃独于裁判而得有全权耶！彼已无裁判之全权而竟擅自讯
供定罪，是明明有不认我中立之证，而隐隐有破坏我中立之心。"②

正如袁树勋所言，逃至上海的俄兵已经丧失军人资格，犯罪的俄兵并不
享受在华的治外法权。据当时的国际法规定："被拘禁于中立国的外国士兵
虽然并非战俘，但归中立国监管，置于其法律管辖之下，因为该国士兵已被
解除武装，不再享有军人在国外之治外法权。"③ 然而，对于俄国这等强权

---

① 《收商约大臣盛宣怀电》（光绪三十年十二月十三日），《国家图书馆藏清代孤本外交档案续
编》第 12 册，第 5229—5230 页。

② 《收沪道袁树勋电》（光绪三十年十二月十九日），《国家图书馆藏清代孤本外交档案续编》
第 12 册，第 5231—5238 页。

③ L. Oppenhelm, *International Law Atreatise*, Vol. II, *War and Neutrality*, London：Lomgmans,
Green and Co., 2012, p. 335.

者而言，国际法并不足以成为制约其野蛮行径的有效武器，反而常被践踏。而清廷官员也没能有效地利用国际法的相关规定进行驳诘，再加上自身军事实力不济，根本毫无话语权可言。此外，袁树勋电文中所提到的律师担文，英国人，出庭律师。从现有的记载来看，他早在 19 世纪 70 年代前期就来到上海执业。1874 年，他在连厘律师事务所工作，还兼任着公共租界工部局的法律顾问，以工部局法律顾问的身份对修改上海土地章程提出法律意见，以及代表工部局出庭追讨税款。卸任后，担文成立了自己的律师事务所，常常代表当事人的利益与工部局进行法律交涉，且常常为中国当事人辩护，在具体的法律事务中能为中国当事人据理力争，维护华人的利益。这也是他最受华人敬佩的地方。时人评价："担文律师在华年久，熟习情形，华人出资延其办案，有时尚知顾全大局，据理力争，讼案往往赖以得伸。"① 这使他在中国的商民中享有不错的声誉。由此可见，盛宣怀、袁树勋等人曾将案件供词交给担文律师研究，希望能找到一些法律漏洞，以便驳诘。令人不解的是，为什么在俄方审判之时，袁树勋等人不找担文律师在堂观审，纵使不能当堂询问驳斥，也能对该案有更深入的了解，怎么也比研究几张供词更为实用。况且碍于当时的国际形势，清廷都迫切希望大事化小，妥速处理，而担文律师也无法从几张供词中找到足以翻案的证据，自然不会多说什么，唯有附和袁树勋等人所说，而无切实解决之法。

袁树勋也是明白人，唯有感叹"国势积弱，空言何补，此案实无转圜之法"。但他还是建议"乘俄欲坏我中立之际，我为先发制人之举，既足以抵抗俄人之诬，我亦借免日人事后之责言，而沪上商民见此事与中立有关，成为国际上之交涉，则人心庶不至轻于暴动，实为釜底抽薪之办法"。② 清廷也明白其良苦用心，致电安慰："该道身任地方责成，所系当以安抚人心，兼顾大局为要义，利害轻重之间必能熟思。"③ 但另一方面清廷却又电

---

① 转引自陈同《略论近代上海外籍律师的法律活动及影响》，《史林》2005 年第 3 期，第 30 页。

② 《收沪道袁树勋电》（光绪三十年十二月十九日），《国家图书馆藏清代孤本外交档案续编》第 12 册，第 5241 页。

③ 《发江海关道袁树勋电》（光绪三十年十二月二十日），《国家图书馆藏清代孤本外交档案续编》第 12 册，第 5245 页。

嘱盛宣怀:"此案彼照约办,沪道执中立办法,并无确切依据,欲借此争治外权,各国亦未必助我。俄控告我不守中立,现在通告我国理论有辞,若一暴动,转贻口实,利害所关甚巨,持高论而居美名,徒坏大局。"① 这表明清廷已经放弃了袁树勋的主张。盛宣怀老于世故,自然晓其深意,当即致电清廷表明自己会尽快了结此案。②

2月3日,盛宣怀、袁树勋及四明绅商前往俄领事署与阔雷明会勘周生有一案,双方商谈的要点如下:(1)盛宣怀等认为按照俄律一千四百五十八款科罪应判凶手阿基夫监禁八年,却又以"轻忽"二字减等定拟监禁四年,殊不公道,要求仍照承审官原议论监禁八年,阔雷明表示会电询俄外务部筹议;(2)盛宣怀等人要求监禁应自押到俄国之日起,其在沪监禁无论多久皆不在限内,阔雷明照会复允;(3)应酬给周生有家属抚恤银两,并听其自作善举,阔雷明应允给予,但具体抚恤数目,还得请示雷萨尔再定;(4)由于俄船兵民来者日众,盛宣怀建议应援引青岛、威海等章程圈禁保护,不得任令游荡酗酒滋事,阔雷明表示自出"周案",已严禁游荡酗酒,如要定专章,领事无权。③

盛宣怀此时与俄领的交涉实际上只是表面文章,仅仅出于"稍慰人心"的考虑,已无多少实际意义。后来第一条商谈内容虽经其多方交涉,但俄方"断难照允",唯第三条所谈"抚恤仍可议给"。盛宣怀认为"明知断难更动,不过稍慰人心抚恤,宁人虽不甘受,华民得恤亦属少见,如得二三千金,拟作一工艺小学堂至善,后事最要紧",遂不再追究"照原议监禁八年"之说,同意多加"抚恤金"了事,并电告清廷,宣布结案。④

① 《发商约大臣盛宣怀电》(光绪三十年十二月二十一日),《国家图书馆藏清代孤本外交档案续编》第 12 册,第 5247 页。
② 《收商约大臣盛宣怀电》(光绪三十年十二月二十一日),《国家图书馆藏清代孤本外交档案续编》第 12 册,第 5249 页。
③ 《收商约大臣盛宣怀电》(光绪三十年十二月二十九日),《国家图书馆藏清代孤本外交档案续编》第 12 册,第 5257—5258 页。
④ 《收商约大臣盛宣怀电》(光绪三十一年三月二十七日),《国家图书馆藏清代孤本外交档案续编》第 12 册,第 5445 页。

结　语

　　综上所述，在"周生有案"的交涉中，面对俄方的专横，清廷的表现从开始时的强硬索犯到最后的妥协结案，令人十分不快。但清廷的这种转变也是不得已。日俄战争爆发之后，国势衰微的清廷无力阻止日俄双方蹂躏本国领土，只能宣布"局外中立"。但"周生有案"发生之后，俄国为了混淆视听，指责中国暗助日本、不守"中立"，其意图在于破坏中国"中立"。清廷也意识到了俄国的险恶用心，担心"周案"的持续发酵会给俄国伺机侵略中国领土以口实，只能委曲求全，电令盛宣怀等妥速结案。

华尔墓建废始末[*]

曾　蓓[**]

摘　要　华尔的形象因不同时期对太平天国的历史评价而转变，但华尔墓受到的待遇，并未随华尔形象的转变而变化。尤其辛亥革命以后，在沪美国人面对日益高涨的民族情绪需要将在华行为合理化，以及国民政府对美援的依赖，让华尔墓所受待遇，有了独立于华尔形象的面相。

关键词　华尔　华尔墓　太平天国　中美关系

由华尔领导的洋枪队，作为镇压太平天国运动的重要武装改变了战局。总体而言，对华尔的评价，与对太平天国运动的评价息息相关。华尔墓，是为华尔而设。关于华尔墓，一些新闻报道、文学记载、传记、回忆录有所涉及，其中《华尔传：有神自西方来》[①]基本梳理了华尔墓在各个历史时期的概况。华尔墓所受待遇，理应紧随华尔形象而改变，因此应由不同时期太平天国所受评价所决定。学界关于不同时期对太平天国评价的论述颇为丰富，但华尔墓所受待遇，不全然与其保持一致。这不禁让人产生疑惑：这一"不和谐"的史实，是依然能囊括在各时期对太平天国的评价论述中，还是能对其产生挑战？《中国的一角：对太平天国内战中的外国老兵的纪念》[②]一文通过奖牌、纪念设施和历史书写这三种纪念形式分析中外对太平天国运

---

　*　本文为中国太平天国史研究会主办"十九世纪中叶的中国社会学术研讨会"入选论文。

**　曾蓓，南京大学历史学院博士研究生，太平天国历史博物馆馆员。

①　亚朋德：《华尔传：有神自西方来》，雍家源译，北京太平天国历史研究会编《太平天国史译丛》第3辑，中华书局，1985。

②　J. Chappell，"Some Corner of a Chinese Field: The Politics of Remembering Foreign Veterans of the Taiping Civil War," *Modern Asian Studies*, 52（4），2018：1134-1171.

动中外国老兵纪念的差异和冲突，对笔者有所启发。但该文侧重国家间的冲突，缺乏不同时期的纵向比较。本文探析华尔墓从建立、维护到清除的原因，认为华尔墓的差异待遇，大体上仍然受到不同时期对太平天国评价的影响，同时又有相对独立的一面。

1860 年，太平天国忠王李秀成攻打上海。清上海道吴煦聘用美国人华尔组建了一支洋枪队护卫上海。因在与太平军的几次交战中取得胜利，华尔得到清廷嘉奖，洋枪队也被授予"常胜军"的称号。1862 年 9 月，华尔在浙江慈溪的作战中受伤，因治疗无效死亡。临死之前，华尔请求葬于松江孔庙。

一　清政府时期的推崇

华尔死后，清政府先后两次提议为其设立专祠。两次提议都是对华尔肯定和推崇的外化，却又出自不完全相同的利益考虑。

（一）第一次提议的破产

华尔死后，李鸿章上奏朝廷为其立祠，称"淞、沪屡濒于危而能幸转为安者，华尔之力为多……（华尔）颇遵调遣……于松江、宁波战功尤著，此次攻克慈溪殒命，实属可敬可悯！相应奏恳天恩，饬部从优议恤，并于宁波、松江两处建立专祠，以慰忠魂"。[1] 李鸿章的提议有重要的现实原因：当时为清廷效力参与镇压太平天国运动的洋人还有很多，为华尔立专祠利于鼓舞他们的士气，强化其对清廷的忠心。[2] 这也能解释为何在华尔尸体入棺前，李鸿章特意督令"为之改服中国冠裳，易棺收殓"，展现、强调华尔的"向化"之心。[3]

除此之外，李鸿章为华尔立祠也可能受到个人感情影响。"观察到常胜军的外国武器和战术，并从华尔军内雇用操练教官，这些使淮军在武器、训

---

① 中华书局编辑部、李书源整理《筹办夷务始末（同治朝）》第 1 册，中华书局，2014，第 387 页。

② 刘声木：《苌楚斋随笔续笔三笔四笔五笔》（上），刘笃龄点校，中华书局，1998，第 635 页。

③ 刘声木：《苌楚斋随笔续笔三笔四笔五笔》（上），第 635 页。

练和战术方面大有改观。"① 部分淮军与洋枪队联合作战,"他们通过与华尔士兵的种种接触而收获甚丰。淮军不仅在青浦等地的战斗中得益于华尔的优越火力,而且还利用这些机会向华尔军学习"。② 此外,华尔统领洋枪队期间,对李鸿章也"最驯"。③ 这些都增加了李鸿章对华尔的好感。

李鸿章的奏请,得到了清廷的同意。清廷下旨在宁波、松江两处建立专祠,"以慰忠魂而示优异"。④ 在专祠建立前,清廷首先给华尔举行了隆重的接棺仪式。避居乡间的姚济写道:"闻华尔在浙江攻慈溪城,中铅子阵亡,阖城惊骇;未几,舆尸入城,在裹仓公馆成殓,送世英堂椁殡,所过地方皆设香案。"⑤ 法尔思德也称:"在上海华尔副将的葬仪是非常动人的。许多文武官员陪同他的遗体到松江,殡葬在孔庙墓地上,仪式极尽哀荣。"⑥ "非但部下官兵哀痛逾恒,即松江居民也莫不深为惋惜……他的尸体到达松江,全城商店停业……全体守军送葬。到达孔庙时,棺材浮厝在庙堂入口左边,在择定较好墓地之前,这是大清国政府所能提供的最尊重的地位。在这里英国旗舰牧师朗诵了英国教会祭文,然后炮步兵按例鸣炮志哀。"⑦

然而,设立专祠一事并没有实现。这主要是因为美国牧师卫三畏认为设立专祠祭奠这一异教徒的行为和华尔基督徒的信仰相异。在一封寄往美国的信中,他得意地提到"最近我还说服了其中(指总理衙门)一位成员,制

---

① R. J. 史密斯:《十九世纪中国的常胜军:外国雇佣兵与清帝国官员》,汝企和译,中国社会科学出版社,2003,第129页。

② R. J. 史密斯:《十九世纪中国的常胜军:外国雇佣兵与清帝国官员》,第128—129页。

③ 冯桂芬:《副将华尔小传》,谭国清主编《晚清文选》(一),西苑出版社,2009,第133页。

④ 中华书局编辑部、李书源整理《筹办夷务始末(同治朝)》第1册,第388页。

⑤ 姚济:《小沧桑记》,中国史学会主编《中国近代史资料丛刊·太平天国》(六),上海人民出版社,1954,第509页。

⑥ 兰杜尔:《"常胜军"建立者与首任领队华尔传》,雍家源译,《太平天国史译丛》第3辑,第20页。

⑦ 亚朋德:《华尔传:有神自西方来》,雍家源译,《太平天国史译丛》第3辑,第152页。类似的记述又见 A. Wilson, "The 'Ever-victorious Army'," *A History of the Chinese Campaign under St. - Col. CG Gordon and of the Suppression of the Tai-Ping Rebellion*, Edinburgh: W. Blackwood, 1868, p. 90。

止了将一位刚刚在宁波附近指挥战斗而阵亡的美国将军当作神化的英雄崇拜"。① 华娄绅士认为，将华尔棺木"厝在文庙殿前大柏树下"而迟迟不下葬十分不妥，催促官府"早择地安葬，以妥忠魂"。② 清廷退而求其次，为华尔修建了一个大土墓，在墓旁建大石碑，把表彰的诏书镌刻在石碑上。③ 通过这种形式，清廷完成了对华尔的肯定和褒扬。

（二）第二次提议的顺利实现

1876 年，上海道冯焌光奉李鸿章之命，写信给美国驻沪领事："我函松江知府嘱他把坟墓加以修理……我想在墓之四周筑围墙一道，以防宵小践踏。我并发现在墓的附近有空地一块，我想在上面盖一座小祠堂，里面供奉华尔副将的神主牌位，以便百姓知道这是华尔副将之墓。"④ 这一提议得到美国政府的肯定。冯焌光按照中国的习俗和宗教仪式，对华尔进行了供奉。"道台和知县等均遵从一位司仪的和尚吟咏声（按：原文如此）前进到神龛脚下，首先奉献几杯热酒放在华尔神主牌位前面条架上。而后他们跪下，道台献菜，其他官员三跪九叩首。"⑤ "在这座纪念寺庙的落成典礼上，上海道台宣布'上海未被叛军攻占的唯一功劳应归于华尔将军'。"⑥ 在 14 年后的 1876 年，上海道为何重提为华尔设立专祠，且不惜个人出资？这与冯焌光本人的身份、经历有关。

冯焌光（1830—1878）曾加入曾国藩幕府，为湘军攻打太平天国出谋划策。攻陷安庆后，曾国藩命他综理善后局务。他回广东为湘军采购洋炮、洋枪、千里镜等军械。由于受到当地官员种种刁难，曾国藩又令他改由上海

---

① S. Wells Williams to W. F. Williams, 16 November 1862, in F. Wells Williams and S. Wells Williams, *The Life and Letters of Samuel Wells Williams*, LL. D.: *Missionary*, *Diplomatist*, *Sinologue*, Wilmington, DE: Scholarly Resources, 1972, p. 341.

② 姚济：《小沧桑记》，《中国近代史资料丛刊·太平天国》（六），第 513 页。

③ 亚朋德：《华尔传：有神自西方来》，《太平天国史译丛》第 3 辑，第 156 页。

④ 亚朋德：《华尔传：有神自西方来》，《太平天国史译丛》第 3 辑，第 157 页。

⑤ 亚朋德：《华尔传：有神自西方来》，《太平天国史译丛》第 3 辑，第 160 页。

⑥ C. S. Lobingier, "An Early American Hero in China (Frederick Townsend Ward, 1831–1862): An Address on the Occasion of the Pilgrimage to General Ward's Tomb at Sungkiang, China," *Memorial Sunday*, May 29, 1921.

采购军火。1862 年，他加入淮系集团。1864 年，李鸿章在上海创办江南制造局，委派他与丁日昌等总办局务。因成功制造出轮船，他被擢升为道员。1875 年 1 月 2 日（同治十三年十一月二十五日），他奉旨补授苏松太道道员。①

从以上介绍可以看出，冯焌光有着和李鸿章相同的身份，他们同为淮军将领和洋务派。笔者认为，李鸿章命冯焌光提议建立专祠，正和他们的身份属性相关。

一方面，在太平天国运动被镇压后，清廷开始了对太平天国运动历史形象的建构，全面否定太平天国。为华尔建专祠，是对镇压太平天国胜利的一种纪念。同时，它与淮军昭忠祠异曲同工，都突出了李鸿章在镇压太平天国运动中的功劳。

另一方面，1876 年正处于洋务运动期间，笔者推测，李鸿章在此时提出建立专祠，很可能和洋务运动有关。曾国藩于 1872 年去世，左宗棠在 19 世纪 70 年代正专心镇压西北回民起义和督办新疆军务，李鸿章成为洋务运动的重要领导人物。在当时的清廷中，中央的守旧派势力仍十分强大。慈禧太后志在通过平衡守旧派和洋务派稳固权位。洋务运动的年代又"恰好与外国帝国主义强化的时代相吻合"，② 正如当初咸丰帝对建立洋枪队的担忧一样，慈禧太后也很可能质疑洋人帮助中国进行洋务运动的目的。地方上"大部分士大夫将夷务和洋务视为'卑''野'之事，有损于他们的尊严。守旧势力非常强大，朝廷不能默然视之"。③ 即使是在一直处于西方新科学技术最早进入中国的前沿城市的上海，④ 守旧派反对现代化的事例仍然存在。对依赖外籍人员支持的洋务运动而言，减少慈禧太后和地方上对洋人、洋务的抵触是应有之义。华尔，一个为清廷效力并最终为谋求清廷的利益而死在中国的外国人，正是在这样的背景下重新走入李鸿章的视野。曾国藩、左宗棠、李鸿章等地方上的实力派主导了大部分的洋务自强规划，"他们从

① 马昌华主编《淮系人物列传——文职·北洋海军·洋员》，黄山书社，1995，第 50—51 页。
② 徐中约：《中国近代史》，计秋枫、朱庆葆译，香港中文大学出版社，2001，第 287 页。
③ 徐中约：《中国近代史》，第 287 页。
④ 张仲礼主编《近代上海城市研究》，上海人民出版社，1990，第 240 页。

征剿太平天国期间与洋枪队的交往中，亲眼目睹了西洋坚船利炮之精良"。①
在他们眼中，华尔在某种程度上代表了西方的先进军事技术。华尔因此兼具
"忠诚"和代表先进技术的双重属性。因此，李鸿章选中华尔作为典型并重
提建立专祠就成了情理之中。与此相对应，在《松江府续志》中，洋枪队
的继任将领白齐文闹饷的负面事件则被巧妙地忽略。② 当然，此时重提为华
尔立祠还需归因于一个最直接的因素：曾反对立祠的美国牧师卫三畏于
1876 年返回了美国。

二　辛亥革命后中、美态度的反差

1877 年以后，华尔墓受到了很好的照料，但并非一直如此。辛亥革命
后，当一名叫作威廉·卡勒的英国人慕名前去探访华尔专祠时，里面的破败
景象让他大为惊讶和失望。负责看守的人告诉他，自己在这里负责看守却得
不到薪水，并且"这里就没有人来过"。③ 在后来的一次探访中，他发现
"大厅暂时被改建成了一个寺庙，道士们正在举行某种仪式，华尔的牌位暂
时被一位神灵的画像遮住了"。④ 进入 20 世纪 20 年代，因在华美国人的关
注，华尔墓重新得到维护修整。总体来说，辛亥革命以后，产生了"美国
人，每年三月间必大众往祭华尔墓，而中国官场，未闻派一人前往致祭，以
致敬悯之意"⑤ 的奇怪反差。

（一）在华美国人

华尔死亡时正值美国内战之际，美国政府因而无暇多顾。即使在内战
后，华尔墓也没有得到在华美国人的过多关注。一战结束后，由于以下两个

---

① 徐中约：《中国近代史》，第 277 页。
② J. Chappell, "Some Corner of a Chinese Field: The Politics of Remembering Foreign Veterans of the Taiping Civil War," *Modern Asian Studies*, 52（4），2018：1134-1171.
③ William R. Kahler, *Chinese Chips*, Shanghai: Shanghai Mercury, Ltd., 1914, p. 91.
④ William R. Kahler, *Chinese Chips*, p. 91.
⑤ 刘声木：《苌楚斋随笔续笔三笔四笔五笔》（上），第 635—636 页。

重要原因，在华美国人开始对华尔和华尔墓表现出极大的热情。

1. 纪念一战阵亡将士的情感寄托

一群生活在上海地区的美国一战老兵，急需寻找一个精神寄托以疗愈战争伤痛。华尔作为在中国死亡的最著名美国将士，他的墓地被选中充当这一伤痛记忆的承载者。这群老兵对华尔祠堂展开了修整维护，[①] 并于每年的 5 月 29 日进行祭奠，以表达对阵亡将士的纪念。这种年度性的纪念活动，始于 1921 年，一直延续到 1938 年。

2. 中国民族主义情绪日益高涨

在 1921—1922 年的华盛顿会议后，中国继续要求关税自主、取消治外法权，将国家从帝国主义和军阀混战的双重苦难中解放出来，民族主义运动在国内不同地方风起云涌。在这种背景之下，华尔墓成为被攻击的目标。美国朝圣团体"收到的一封来自松江的信称，由于最近在当地出现的敌意，墓门受到轻微损坏"。[②] 在华美国人感受到曾经享有的稳固的特权地位受到了挑战。华尔成为美国巩固在华利益、塑造在华美国人形象的工具之一。他被美化成"文明使命的先锋"，[③] 为中国带来了先进的技术和结束了中国的混乱，是"第一个将现代文明战争习俗引入中国军队的人"。[④] 他被塑造成忠诚且富有责任感的勇者，"朝圣华尔墓的目的，并不是要表达我们对他为之献身的事业的支持或者同情，华尔并不是为了某项事业而战斗，他战斗是为了谋生，因为他喜欢冒险，他是一个勇敢的人，对他的雇主忠心耿耿"。[⑤] 当时在华的美国人认为这样一位忠诚、勇敢、富有责任感而又为中国带来文明的人，值得信赖和尊重。而他们有责任和华尔一样"在中国继续履行这一使命"。[⑥] 在

---

① https：//chinapost1.org/history/，查于 2023 年 10 月 6 日。

② "Memers of the American Legion and Their Friends Are Making a Pilgrimage Tomorrow to General Ward's Tomb at Sungkiang," *The North-China Daily News* （1864-1951）, May 23, 1925.

③ "Pilgrimage to GEN. Ward's Tomb," *The North-China Daily News* （1864-1951）, June 7, 1926.

④ C. S. Lobingier, "An Early American Hero in China（Frederick Townsend Ward, 1831-1862）：An Address on the Occasion of the Pilgrimage to General Ward's Tomb at Sungkiang, China," *Memorial Sunday*, May 29, 1921.

⑤ "Pilgrimage to GEN. Ward's Tomb," *The North-China Daily News* （1864-1951）, June 7, 1926.

⑥ J. Chappell, "Some Corner of a Chinese Field：The Politics of Remembering Foreign Veterans of the Taiping Civil War," *Modern Asian Studies*, 52 （4）, 2018：1134-1171.

华美国人祭奠华尔是"为了缅怀这位著名的美国人",并提醒自己在华的使命;同时也是为了保持松江本地人与上海地区美国人之间的"传统友好关系"。① 在华美国人认为,华尔墓应该得到善待,因为如果"一个为中国牺牲的军人在裹尸布里的安全和尊严都得不到保障,那么还有谁会为中国卖命呢?"②

为构建他们是如华尔一样的"文明的使者"的形象,在华美国人除了继续举行每年的祭奠活动外,还提议"建立一些对公众有永久意义的设施,比如阅览室,或者一些提供社会服务的地方"。此外他们还组织了一些具有社会公益性的活动,如在运河上进行义务清淤工作。③

(二)国民党

学界早已对国民党的太平天国史观做了深入研究,本文无意对这个问题展开讨论,而仅借助前人研究,以揭示国民党对华尔墓态度的时代背景为目的。青年时代的孙中山就已经自称为"洪秀全第二"。"自三民主义提出之日起,太平天国革命就被认为是其民族主义的主要来源之一。"④ "国民党自成立起,对太平天国一直采取隐恶扬善的态度,持完全肯定的立场。"⑤ 由于三民主义的广泛传播,不同于清廷对太平天国的贬斥,对太平天国持肯定态度的新史观逐渐得到广泛认同。"民国时期将太平天国作为民族革命的观念已得到广泛宣传,通过多种形式的纪念、建构与再书写,动员充分的政治与社会资源,逐步将其纳入民众意识与社会教育的重要组成部分。"⑥ "虽然曾国藩的价值在 20 世纪 30 年代以后得到了重新承认,但国民党对太平天国的评价非但没有因此发生'180 度大转变',反而与此同时,以一种更明确

---

① "Legion to Make Annual Trip to Sungkiang," *The China Press*, May 22, 1934.

② "Ward's Tomb," *The North-China Daily News*(1864–1951),May 19, 1925.

③ "General Ward's Tomb," *The North-China Daily News*(1864–1951),May 2, 1936.

④ 刘浦江:《太平天国史观的历史语境解构——兼论国民党与洪杨、曾胡之间的复杂纠葛》,《近代史研究》2014 年第 2 期。

⑤ 方之光、袁蓉:《国民党对太平天国评价转变的历史启示》,《南京大学学报》2010 年第 1 期。

⑥ 魏星:《南京国民政府的太平天国历史叙事、塑造与传播》,《南京社会科学》2015 年第 9 期。

的方式表达了对太平天国的肯定态度。"①

对太平天国运动评价的扭转，促使国民党对华尔的评价也发生了改变。"华尔的名字在当今的国民党人中并不受关注。他们认为他是帝国主义的帮凶，使改革倒退了许多年。"② 而国民党对太平天国民族革命性质的宣传，使得一般民众也对华尔的印象发生了从"满清的功臣、曾李的好友"到"帝国主义第一次镇压中国革命的刽子手"的转变。③

尽管如此，在具体对待华尔墓时，国民政府却通过默许的方式将华尔墓和对华尔的否定剥离开来。一方面，国民政府从未对美国每周年祭奠朝拜华尔的活动表示过反对。面对美国提出的保护华尔墓的要求，国民政府也适当地给予回应。如当美国领事致函上海市政府要求"在华尔墓四周留地十亩作为公产不得售卖"时，④ 国民政府予以同意。美国领事函中对华尔"大兴松江""来中国建设事业"等的表述，虽不符国民政府对太平天国革命意义的肯定语境，但被国民政府选择性地忽略了，国民政府还对华尔墓"精心照看"。⑤ 另一方面，国民政府官员不公开地参加纪念活动。"（吴铁城）市长未能被说服进入陵墓，但他出席了在私人住宅举行的招待会，并协助迎接客人。"⑥ 国民政府官员的这种行为，看似是对国民政府太平天国史观的"阳奉阴违"，实质是国民政府对华尔墓真实态度的一个缩影。

尽管国民政府对太平天国运动进行肯定，对华尔进行了批判，但华尔墓朝圣团的成员几乎囊括了所有当时在上海的美国军政要人，美国驻沪总领事等都会参与朝拜活动。这让国民政府不得不谨慎对待。国民政府对美国支援的现实需要和依赖，使其对待华尔墓的行为与太平天国的肯定叙事下对华尔的评价相背离，这体现了它的软弱性。

---

① 刘浦江：《太平天国史观的历史语境解构——兼论国民党与洪杨、曾胡之间的复杂纠葛》，《近代史研究》2014 年第 2 期。

② "General Ward's Tomb," *The North-China Daily News*（1864–1951），May 2, 1936.

③ 《松江半日记》（续），《申报》1934 年 11 月 20 日。

④ 《上海市政府公函第一一一〇号：为看管华尔将军坟墓准美领函提意见请查照并案核办见复函》，《上海市政府公报》第 126 期，1932 年，第 134 页。

⑤ "General Frederick Ward," *The North-China Daily News*（1864–1951），May 29, 1922.

⑥ "General Ward's Tomb," *The North-China Daily News*（1864–1951），May 2, 1936.

三 新中国成立初期的强烈批判

尽管官方叙述有所变化，但在普通民众尤其是松江当地人看来，华尔的形象一直是负面的。在洋枪队作战期间，华尔为"防贼匪"而"尽毁西门外民房"；① 非作战时又纵容部下随意侵占和拆毁百姓住宅、肆意破坏松江郡庙、驱逐道士、强抢民妇、滥行抓捕。② 华尔的言行和洋枪队纪律的败坏，使得他们在松江当地不得民心。这种集体的记忆和伤痛，在松江民众辈际口口相传。

下面一段关于华尔墓的叙述，很好地反映了这种仇恨心理：

> 许多年来，松江人民一看到这座坟，就要为自己祖先的被杀激起无限仇恨。八十二岁的陆贵亮老先生说："当我每次走过这座坟旁，就想起儿时听父亲说的美国华尔先后屠杀十余万松江人民的暴行，这座坟太可恶！"另外的一些松江父老也都表示："杀了松江百姓的美国刽子手，还让他公然留下这座坟，太不像话了，我们希望能挖掉这座触目伤心的坟。"③

> 华尔成为"揭开武装侵略中国的序幕"第一人，华尔墓是美帝及清廷因华尔"屠杀松江人民有功"而设，它是"美国侵略者疯狂屠杀中国人民的铁证"。④

出生在松江的叶祖孚，童年时代听祖父讲述曾祖父在松江参加太平军对抗清军和洋枪队的故事，"幼小的心灵就种下了仇恨外国侵略者的种子"。

① 光绪《松江府续志》卷十九《武备》，第 16 页。
② 《吴煦档案》第 148 册，太平天国历史博物馆藏，第 50、58 页；第 151 册，第 56、57、62、63 页。
③ 洪滔：《从松江华尔墓看美帝镇压太平天国革命运动的罪行》，《苏南日报》1950 年 11 月 24 日。
④ 洪滔：《从松江华尔墓看美帝镇压太平天国革命运动的罪行》，《苏南日报》1950 年 11 月 24 日。

当他在少年时代来到华尔墓时，"难以抑制心头的惆怅"，他认为"华尔墓简直成了松江人的耻辱"。① 因此，一旦官方的关注有所减少，华尔祠堂往往会因疏于管理而破败。这种朴素的感情，到新中国成立初期进一步加强。

新中国对太平天国运动的革命意义进行了肯定，并设立纪念场所、举办纪念活动。太平天国运动的革命形象随之深入广大民众心中，"太平天国革命是代表了中国广大人民的解放要求"。华尔因帮助清政府镇压太平天国革命运动而被否定和批判。②

1950 年朝鲜战争的爆发，美国企图遏制、孤立中国，中美关系的紧张加快了华尔墓的寿寝。20 世纪 50 年代中期，松江县政府最终决定清除华尔墓。

结　语

出于否定太平天国，同时推动洋务运动发展的现实需求，清廷推崇华尔，为其建墓。国民党统治时期对太平天国革命进行肯定，华尔失去了清朝时期的尊荣。但美国人面对中国日益高涨的民族情绪，欲借构建华尔的形象将自身在华行为合理化。国民政府因依赖美国援助而维护华尔墓。新中国成立初期，对华尔展开了批判，华尔墓终被清除。纵观对华尔的评价，大体与对太平天国的评价相对应，但因为一些具体的现实需求，华尔墓所受待遇并未全然由华尔形象决定，有其相对独立的一面。

---

① 北京市政协文史资料委员会编《叶祖孚文史散文集》，北京出版社，2002，第 460 页。
② 洪滔：《从松江华尔墓看美帝镇压太平天国革命运动的罪行》，《苏南日报》1950 年 11 月 24 日。

档案整理及考证

洪秀全首次题称"天王"的冯九庙考释

林志杰[*]

摘　要　1847 年 8 月，洪秀全从广西武宣县东乡前往紫荆山途中，在冯九庙里"题诗斥庙"，并首次题称"天王"。此事在《太平天日》里本已明确记载，但后人因不了解当时地方的真实情况，又不知太平天国文书的避讳笔法，不懂文中"由东乡路过逢九妖庙"之"逢"，是避冯云山姓氏讳而使用的同音代字，而误认为洪秀全"题壁诗"所斥之庙是"九仙庙"，以讹传讹。其实，"九仙庙"不过是后人望文生义的臆造，子虚乌有，在从东乡通往紫荆山的交通要道上，真实的冯九庙存在了近 200 年，它才是当年洪秀全"举笔题诗"之庙。

关键词　洪秀全　题诗斥庙　《太平天日》　冯九庙　九仙庙

洪秀全首次题称"天王"，发生于 1847 年 8 月 27 日（清道光二十七年七月十七日）。当天，他偕表侄王为正从广西武宣县东乡前往紫荆山，在即将进入双髻山、猪仔峡隘口时，见屯应村边有一座冯九庙，于是步入庙中，命王为正捧砚，"举笔题诗"斥庙，并首次以"天王"题称。对此，太平天国自编的史书《太平天日》原版刻本——英国剑桥大学图书馆藏本是这样记述的：

> 七月十五日　主同觐王黄（王）为正由赐谷到勒马，由勒马到东乡，十七日由东乡路过逢九妖庙　主入庙命觐王黄（王）维（为）正

---

*　林志杰，广西民族大学教授，中国太平天国史研究会副会长。

捧砚　主举笔题诗在壁云

重建的东乡屯应村冯九庙

朕在高天作天王　尔等在地为妖怪　迷惑上帝子女心　腼然敢受人崇拜　上帝差朕降凡间　妖魔诡计今何在　朕统天军不容情　尔等妖魔须走快

是日到紫荆珊（山）南王喜出望外①

东乡"题诗斥庙"是太平天国前期史上的一件大事。据美国学者史景迁考证，"这是他第一次不用'吾'这个字，而自称'朕'"。② 在这首诗里，洪秀全以"诗言志"，将"太平天王大道君王全"从梦幻变成誓言，不仅痛斥"迷惑上帝子女心"的"妖魔"，而且三次自称"朕"，特别是首次题称"天王"。这充分说明他"于病后所得的天王意识"③ 已被再次唤醒，其意义不同凡响。为此，学界对洪秀全的举动及"题壁诗"一直给予高度关注。但遗憾的是，在追述该事件时迄今仍几乎众口一词，将该事件称为"诗斥九仙庙"，把诗歌也称为《斥九妖庙题壁诗》，庙的名称被误读，竟错成"九仙庙"。

庙的名称出现错误，追根溯源，应始自晚清士人汪士铎。他留下的记清咸丰年间事的《汪悔翁乙丙日记》，是目前所见最早也是唯一提到"九仙庙"的文献：

象州有九仙庙，乃某某之神故，有母尚存。州牧朱以捕贼未获，祷之而获，以为神助也，祀而赠神以袍。洪作诗责神，谓其不孝而毁其庙，人益畏之，以洪为神人矣。④

但从上述内容看，其更近似"甘王打死母亲，得道作怪的传说"，⑤ 故所记

① 《太平天日》，《太平天国官书十种》，华文书局，1948，第 471 页。
② 史景迁：《太平天国》，朱庆葆等译，广西师范大学出版社，2011，第 128 页。
③ 简又文：《太平天国典制通考》下册，简氏猛进书屋，1958，第 1649 页。
④ 汪士铎：《汪悔翁乙丙日记》，文海出版社，1936，第 70—71 页。
⑤ 钟文典：《太平天国起义与乡土宗教》，《广西师范大学学报》1988 年第 1 期。

应是 1847 年 10 月洪秀全率众捣毁甘王庙事,祠庙也应该是象州大樟三江口的"甘王庙"。

《汪悔翁乙丙日记》所记事情本与洪秀全东乡"题诗斥庙"无关,但书中提及"九仙庙"名称,却使后人在面对《太平天日》记载时,难免产生一些联想,并望文生义,误以为洪秀全在东乡"举笔题诗"之庙就是"九仙庙"。如简又文先生的《太平军广西首义史》,在叙述洪秀全偕王为正前往紫荆山的经历时,就说"路过武宣县之东乡,见其地有九仙庙一所"。因不是亲身访历所得结论,故他在书中特别加注曰:"惟庙名作'九妖庙',上从《乙丙日记》,信为原名也。"① 可见,错误是来源于汪士铎的《汪悔翁乙丙日记》。由于他未仔细核实书中记载所指,也未亲临当地调查了解,结果想当然地把庙名给弄错了,致使后人真假莫辨,以讹传讹。后来的文献整理、标点断句也应该是受此影响。

汪士铎,号悔翁,江苏江宁(今南京市)人。太平军攻占金陵时,他正在城中,故被编入男营,在天京居住了 9 个月。在此期间,嗜书如命的他阅读了大量的太平天国文献。他后来记述太平天国史事,除了亲身的经历和见闻,还参考、引用了许多太平天国的官书,如在"象州有九仙庙"这段话之后,就注明"此上乃洪贼自叙曰新诏书"。② 他写作时虽参考了太平天国的官书,但因不是广西人,也从未到过当地,加上对太平天国文书的避讳笔法一知半解,故在记洪秀全的两次"题诗斥庙"时就出现了错乱,前次弄不清庙的名称,仅记"有某庙者",后次则不懂是象州甘王庙,"云乃某某之神故",③ 竟臆造出了一个"九仙庙"。

《太平天日》是目前仅存的太平天国自编的史书,20 世纪 30 年代,王重民先生根据剑桥大学藏残本,将其排印入《太平天国官书十种》《太平天国史料》。该书原刻本"由东乡路过逢九妖庙",其中的"逢"是名词,是

---

① 简又文:《太平军广西首义史》,商务印书馆,1946,第 132—133 页。
② 根据罗尔纲先生考证,太平天国政府编纂的史书叫作"诏书",而《太平天日》标明"诏书一",是目前仅见的太平天国自编的史书,故它应是汪士铎《汪悔翁乙丙日记》的主要来源。
③ 汪士铎:《汪悔翁乙丙日记》,第 70—71 页。

为避冯云山姓氏之讳的"冯"而使用的同音代字。这种因避讳改字用法在太平天国刻印的官书中随处可见，如上述《太平天日》引文中就出现"黄（王）为正""紫荆珊（山）"两处。上帝教信奉"独一真神皇上帝"，反对一切偶像，故对民间宗教的坛壝祠庙，一概恶意避讳贬斥为"妖庙"。除"逢九妖庙"外，该书在记洪秀全的另外两次"题诗斥庙"时，也同样将它们贬斥为"六窠妖庙"和"甘妖庙"，三座"妖庙"书写方式完全一样。

《太平天日》后来被分别收入《中国近代史资料丛刊·太平天国》（共 8 册）、《太平天国诗文选》、《太平天国文献汇编》（全 9 册）、《太平天国印书》（上下册）等史料集，这些书将其标点断句成"由东乡路过，逢九妖庙"① 的文本，语言的意境发生了很大变化。在这里，"逢"字被视作动词，按《现代汉语词典》作"遇到""遇见"解。这样，"遇到九妖庙"似乎就理所当然了，进而"九妖庙"的出现也就顺理成章了。如果再将之实名化，说"庙内奉钟离权、张果老、韩湘子、李铁拐、曹国舅、吕洞宾、蓝采和、何仙姑等世俗八仙，兼祀观音娘娘，合称九仙"，② 并由此而做出改"九仙庙"为"九妖庙"，是太平天国的"恶意避讳"的推断，③ 那"九仙庙"的存在几乎成了铁板钉钉的事实。在这种标点、论证及推断的误导下，就出现了"诗斥九仙庙""九妖庙题壁诗"等不正确的说法。

其实，没弄清寺庙真实名称的根本原因，还是缺乏深入的调查研究，不了解地方的真实情况，结果是人云亦云，以讹传讹。在武宣和象州，无论是地方史志，抑或乡村民间，从未出现过"九仙庙"的踪影，也未有过"九仙"偶像崇拜的现象。但是，在通往双髻山、紫荆山的交通要道上，却真实地立着一座冯九庙。该庙始建于何年，又毁于何时，因籍载阙如，已难以稽考，但从遗存的《大清同治壹拾叁年岁次甲孟冬月重修冯九庙石碑题名》碑知道，1874 年 11 月（清同治十三年十月），在地方乡绅的带头下，屯应村、锦卜村和东乡圩的民众曾捐款重修了该庙。根据当地民众口述，庙里原

① 《太平天日》，中国史学会主编《太平天国》（二），上海人民出版社，1957，第 647 页。
② 钟文典：《太平天国起义与乡土宗教》，《广西师范大学学报》1988 年第 1 期。
③ 吴良祚：《太平天国避讳方法探略》，《浙江学刊》1988 年第 2 期。

供奉着一尊 1 米多高的樟木质冯九神像，有一口高 1.3 米、直径 0.8 米、重约 500 公斤的大铁钟。1958 年，因村中水碾房扩建，庙堂建材被拆用，铁钟被投入"大炼钢铁"的熔炉中，该庙才一度消失。

关于冯九其人，地方志书没有任何记载，他只是武宣东乡当地传说中的人物。据说冯九一家共有九兄弟，个个都是"将军"，他因排行老九，故名。尽管对冯氏兄弟生活的年代及事迹，已无人能说清楚，但是当地的老百姓却立庙祭祀，敬之若神明。因是地方信仰，"不列祀典"，故地方志书也没有任何记录。根据实地调查，东乡的确曾有过多座祭祀冯氏兄弟的庙宇，迄今依然存在的，除屯应村的冯九庙，尊头村有冯大庙，白沙村有冯二庙（现称"大庙"），达昊村有冯三庙，堡村有冯四庙，马到村有冯八庙（现称冯圣庙）。

现坐落于东乡镇屯应村稔子山脚的冯九庙，是当地村民于 1981 年在原址上重建的（后进），1996 年再建前进，庙堂基本恢复了原貌。该庙所处的位置是从东乡进出猪仔峡、双髻山的咽喉之地，在清代，它是柳、武、象、浔、梧诸地的交通要冲。民国《武宣县志》的一幅地图将东乡至紫荆山的这条陆路标注为"通衢大道"。1847 年 8 月，洪秀全第二次进广西，先到贵县赐谷村，然后经武宣勒马渡江到达东乡，再从东乡前往紫荆山，走的就是这条进山的必经之路。当路过屯应村冯九庙时，他进入庙内，重演了"题诗斥庙"的壮举。

综上所述，1847 年 8 月，洪秀全在从东乡前往紫荆山途中"题诗斥庙"，并首次题称"天王"。此事载入太平天国官书《太平天日》。后人因不了解当地的真实情况，又未谙太平天国文书的避讳笔法，不懂得文中"由东乡路过逢九妖庙"之"逢"，是为避冯云山姓氏之讳而使用的同音代字，结果在不正确的文献标点断句误导下，错误地认为洪秀全"题壁诗"所斥之庙是"九仙庙"，以讹传讹。其实，"九仙庙"不过是后人望文生义的臆造，子虚乌有，并不存在。从东乡通往双髻山、紫荆山的交通要道上，真实的冯九庙却在屯应村存在了近 200 年，那才是当年洪秀全"举笔题诗"之庙。

浙江省博物馆藏退契整理与研究[*]

倪　毅^{**}

　　摘　要　退契是明清土地契约文书的一种形式，清代退契大多反映的是田面权的转让。浙江省博物馆藏清代退契 94 件，地域范围主要集中在金华地区。本文拟对这批退契进行初步整理与研究，它们大致可分成作为田面权转让文书的退佃契、具有找价性质的退找契以及具有抵押性质的退契三种类型，为进一步的研究奠定基础。

　　关键词　退契　顶契　顶首　退找　借票

　　退契是明清土地契约文书中的一种形式。关于退契，学界根据掌握的文书实物及文献资料，已做出了不少解读。周绍泉在《徽州文书的分类》中提到了元代和明代徽州退契，认为"退契有两种情况，一种是在一块田土买受数年后，原卖主想买回，买主又同意将这块田土卖给原卖主，便以退契的方式将这块田土退给原卖主，通常在原卖契后面由原买主书写一段批文，言明原价收足，将该田土退赎给原卖主。另一种是一块田土重复交易，即一块田土先后卖给两个买主，造成田土纠纷，后买之人立退契将该田土退给原卖主，同时收回原买契价"。^① 对于清代退契，刘和惠利用徽州文书中的"小买田契约"讨论徽州田面权，认为"退小买田"是田面权买卖的习惯用语。^② 杨国桢指出清代契约文书中"顶""推""流""退""借""寄"

---

　　* 本文为中国太平天国史研究会主办"十九世纪中叶的中国社会学术研讨会"入选论文。
　　** 倪毅，南京大学历史学院博士研究生，浙江省博物馆副研究馆员。

　　① 周绍泉：《徽州文书的分类》，《徽州社会科学》1992 年第 2 期。
　　② 刘和惠：《清代徽州田面权考察——兼论田面权的性质》，《安徽史学》1984 年第 5 期。

"揽"等文书形式，都反映了"一田二主"关系中的土地买卖行为，一般来说，是属于佃农之间转移土地所有权的形式。由于买卖的对象是佃耕的土地，因此采用"退"的特殊契约形式，以表示与一般土地买卖的区别。这种形式最初只是在佃农之间"私相授受"，随着时间推移，逐渐得到社会公认，并由此成为一种独立的地权转移形式，田面权在此基础上演变而成。①卞利分析清代赣南地区退契，认为其所反映的关键点在于田皮田骨的分离并非永佃权产生的标志，而是永佃权产生在前，田皮、田骨之分离在后。② 曹树基等以浙江松阳石仓契约中的几十份退契作为样本，分析石仓退契的几种情况，包括以退杉木或退杉木工本形式产生的山林股权转让、以退工本形式产生的垦荒后的田面权转让，不具备物质性的田面权的转让。曹树基等分析认为，在石仓，宗族或"会"内的土地及房屋交易称为"退"，是内部的交易；而与外部的交易，称为"卖"。③

此外，刘禄山等通过江西民间吐退字约研究江西"漏税丢粮"俗习；④利用徽州的"退小买田契"，赵冈用不同的田皮比价来计算基尼系数，认为上涨的田皮价格可以进一步使地权分配平均化。⑤ 赵思渊从契约形式和权利观念的角度出发，通过对中国地方历史文献数据库中收录的歙县契约文书检索，用数量统计的方法发现至迟到18世纪40年代，退型契约已成为歙县田面权买卖最重要的契约形式，退型契约应用于完整地权交易的情况也逐渐增多。⑥

既有退契的系统研究主要集中在徽州和江西地区，浙江地区的退契研究目前仅有曹树基等对石仓契约中退契的考察。浙江省博物馆藏（以下简称馆藏）退契⑦94件（组），最早的订立于乾隆十九年（1754），最晚的订立于1939年。

---

① 杨国桢：《明清土地契约文书研究》（修订版），中国人民大学出版社，2009，第80—83页。
② 卞利：《清代江西赣南地区的退契研究》，《中国史研究》1999年第2期。
③ 曹树基等：《"残缺产权"之转让：石仓"退契"研究（1728—1949）》，《历史研究》2010年第3期。
④ 刘禄山等：《清代、民国江西民间利用吐退字约"漏税丢粮"之俗习考》，李玉英主编《艺海探真——论文论著选编》，江西人民出版社，2011，第202页。
⑤ 赵冈：《永佃制下的田皮价格》，《中国农史》2005年第3期。
⑥ 赵思渊：《歙县田面权买卖契约形式的演变（1650—1949）》，《清华大学学报》2017年第6期。
⑦ 此次整理的馆藏退契指文本中明显包含"出退"字样的契约，"推契"、"推约"、"顶约"或以买卖契定名的田面交易文书未包含在统计范围内，退会契及退期契也未涉及。

除乾隆十九年的契约所涉地点不清，其余契约中分水县 1 件，遂安县 3 件，杭县 2 件，其他所涉地点均为金华地区，包括金华、兰溪、义乌、东阳、汤溪等地。

从数量上来看，因博物馆收藏存在着不完整性，数据样本可能存在着保存缺失等问题，仅以金华地区退契为例，从乾隆年间到民国时期均有涉及，道光年间保存的退契数量最多。统计数据如图 1 所示。

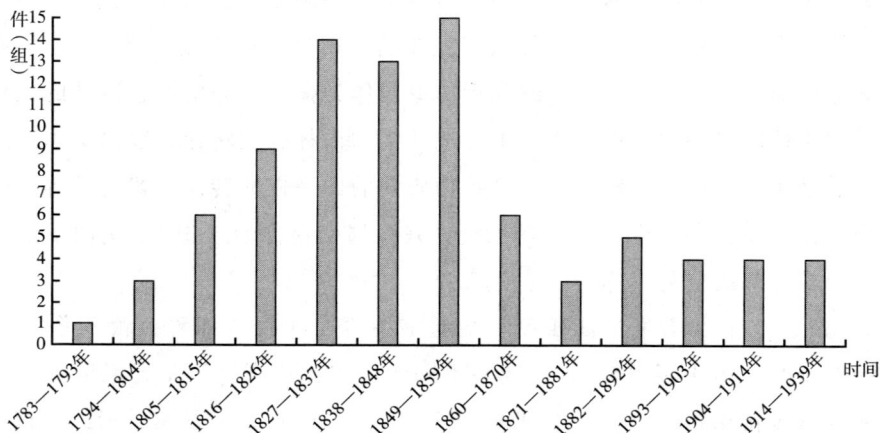

图 1　馆藏金华地区退契数量

从图 1 可以看出馆藏金华地区退契数量并未随着时段后移而递增，这一点与文物收藏中时段越靠近收藏与保存数量相对较多不同。馆藏金华地区退契大多订立于 1827 年至 1859 年间，这一数据比例与赵思渊对中国地方历史文献数据库中收录的歙县契约文书的统计非常相似。根据他的统计，1650—1949 年，歙县文书中退型契约共 392 份，其中大多订立于 1830—1859 年，达到 115 份。① 这说明 19 世纪上半叶民间土地市场中田面交易活跃并不是一个地方性的偶然现象。

从内容上看，周绍泉讨论元明退契时判定的两种类型退契均有将田土退还原卖主的内涵，馆藏退契中未发现明代退契，就清代文书来看，文本中明

---

① 赵思渊：《歙县田面权买卖契约形式的演变（1650—1949）》，《清华大学学报》2017 年第 6 期。

确提到"退还"字样的有两件，如咸丰三年（1853）十二月义乌县朱汉昇立退田契：

> 立退契人朱汉昇情因旧年受祠常田三斗土名路顶计价钱三十一千五百文，今因缺用自愿托中将原田原价退还，仍归祠常管业无异。今恐无据，立下退契存照。
>
> 其粮随纸过户祠常户下完纳，另不立付。
>
> 咸丰三年十二月日立退契人前
> 中见朱启琴
> 朱瑞林笔
>
> 退契

这件退契中提到的田产是属于宗族共同财产的常田，立契人"旧年受祠常田"，今将原田原价退还，且过户完纳。与此相类的是遂安县射分的孙辈作波、文园立退山穴墓地契，乾隆三十一年（1766）射分一支分得族内山穴一块用于迁葬，至道光十年（1830）十月，其孙辈作波、文园等人"同议自愿将所分山穴一块退还松常管业，接受退价钱二十八千文足"。

这两份文书的相同点在于所涉交易物都是宗族财产，在买受数年后退还宗族。第一件文书中强调了"原价退还"，第二件文书中虽未提到"原价"，但"接受退价钱"的接受二字也体现出交易中出价的主动权掌握在宗族手中，文本中所用的文字均是"退还"，而在馆藏其他退契文书中常见的是"出退"。"出退"类退契根据文本内容大致可分为三类，分述如下。

一　作为田面权转让文书的退佃契

道光《宁都直隶州志》记载："佃人恃有皮租之说，往往以皮田售于人，其名曰顶曰退。"[1] 馆藏退契文书中未见到闽台文书中田皮田骨或如徽

---

① 道光《宁都直隶州志》卷十一《风俗志》。

州文书的大租小租、大买小买的说法，但有直接定名为"退佃"契的文书形式，且数量最多。有些文书直名"立退佃契"或"立退佃田契"，有些文书虽称退契，但在具体内容上指出交易物为佃田，交易钱数称为"退佃价"。如道光二十八年（1848）九月金华宋兴元立退契：

> 立退契人宋兴元情因无钱使用，自愿托中将自己客田石五斗计一丘土名畈上野鸭塘己井乙口又畈上加田五斗计田乙丘鹤塘常井乙口前来立契出退与宋秀玉边为业，同中面议，时值退佃铜钱七十千文正。其钱当日同中交足，其田滕柚木杂木一并在内，任凭受主耕种应租管业，日并无找价田赎等情，自退之后，并无大小阻执，若有陈租不青，田价除授。今恐无凭，立此退契为用。
>
> 　　　　　　　　　道光二十八年九月日立退契人宋兴元
> 　　　　　　　　　　　　　　　　中人宋明海
> 　　　　　　　　　　　　　　　　执笔宋尚聘

这件退契中需要注意的是文本中这样几个词句："客田""退佃铜钱""受主耕种应租""陈租不青，田价除授"。

关于客田，国民政府司法行政部的《民商事习惯调查报告录》中记载："前清洪杨之乱，金衢严各属受祸甚烈，居民大半逃亡，田地荒芜者甚多。乱平后，左文襄抚浙，召集客民，开垦成熟后，许其有佃种权。固有之业主，只能收取租息，完粮管业。佃户除欠租一年以上，许业主撤佃外，可以永远耕种，且无须完纳粮税。前者名为民田，后者名为客田，均可自由让渡。故前者又名大买，后者又名小买。"[1] 杨国桢根据这一记录推断，"客田之名，起于太平天国运动失败后"。[2] 但从现存金华文书看，至少在乾隆年间的契约中已出现"客田"之名，与太平天国运动后客民开垦的荒田不同，此时的客田应该就是租佃的田产。宋兴元退契中的"任凭受主耕种应租"

---

[1]　司法行政部编《民商事习惯调查报告录》，国家图书馆选编《民国时期社会调查资料三编》第 21 册，国家图书馆出版社，2017，第 314 页。

[2]　杨国桢：《明清土地契约文书研究》（修订版），第 210 页。

表明受主在出铜钱 70000 文后，仍然需要向田主交租。"若有陈租不青，田价除授"则表示出主在转让耕种权时应当将过往田租缴清，以免发生纠纷。同时也明确了立契人与交易田主的关系仅仅为租佃关系，退佃转移的是田产的租佃关系，从权利角度来看，受主获得的是交易田的耕种权，即田面权。

从文书内容看，退佃交易人的另一方有些是如宋兴元退契中的新佃户，即接续佃种者；有些则是原田主。如道光十四年（1834）九月，金华仇国厅立退佃契：

> 立退佃契人仇国厅情因无钱使用，自愿托中将自己有客田壹丘计田壹石四斗土名坐落甩塘口正行立契出退与姜公焕田主耕种，三面言定时值退佃钱念九千文正，其钱当日同中交收了足。其田自退之后任凭受主耕种，其田边油木杂木坦堋一并在内，此系两情愿，并无翻悔，亦无上下兄弟阻执。今恐无据，立此退佃契为用。
>
> 道光十四年九月日立退佃契人仇国厅
> 面同亲父仇有喜
> 代笔仇光
>
> 佃契

契书末尾书写"佃契"二字。文书中"出退与姜公焕田主"表明立契人仇国厅是将自己租佃的客田退给田主。嘉庆十三年（1808）金华县施永享立绝退契的文书中写道"立绝退契人施永享""自愿托中退得施有银家内耕种佃田一处""退佃钱八千文足"，与其他退契中都会写明"出退与某某处"不同，这件文书全文未提到受主，但从该田原属于施有银家推测，这块田应当也是退佃给原田主。

退于其他佃户，其受主权利通常是"任凭受主耕种"或"应租"；退原田主者，有些会在受主权益上增加"改佃"一项，如光绪元年（1875）四月汤溪县徐方潮订立退佃契，契约中写明"受得退佃钱十六千文正，其田退还田主另行改佃，不敢耕种"。

根据民国时期的调查研究，在一田二主的情况下，田主，即田底权所有者需要付出退佃价，收回田面权之后才可以进行改佃。"田底或土地所有权属诸业主，故能要求佃户之缴付租金，田面或土地耕种权属诸佃户，故佃户按期缴纳租金时，业主不得易之。其甚者，业主可买卖田底土地，所有权虽有让渡，而不能移易佃户，因土地耕种权仍然存在也。佃户亦可买卖田面，为关于土地耕种权之让渡，而业主亦不得干预。田底有田底之价值，田面有田面之价值，除非佃户不纳之租额远田面之价时，业主始有收回田面权之希望。"① 此外，租佃制度中还有转租法，"当业主租田于佃户时，佃户复租地与其它佃户以耕种，是谓之转租"。转租之成立，约有四因：其一，有田面权者，因事故不能耕种时，得租其田面权于他人而收取一部分之利益；其二，有与业主约定，对于成片之土地，取得租佃权，而已缴若干之租额以转租他人者；其三，有受业主之委托，以租出成段之土地，招揽佃户，且管理地产者；其四，普通佃户，为得一部分之利益，而担负纳租之责任，以转租于他人。②

退佃中也有田面耕种权多次流转的现象，杨国桢认为这种转佃现象，多数情况下都属于佃户之间私相授受的行为，是从永佃权向一田两主过渡的中间形态。③ 馆藏文书中有两份道光年间金华县施姓家族内的退佃契，末尾都用小字注"转退出"，是转退现象的直接实物例证。

乾隆五十三年（1788）的《江南征租原案》记载："佃户揽种包租田地，向有取用、顶首等名目钱文，名为田面。其有是田者，率多出资顶首，私相授受。由是佃户据为己有，业户不能自主。"④ 发展至晚清，土地租佃有重顶轻租法，即佃户于承种以前，须缴"顶首银"或"押租"若干元，"而每年每亩所缴纳之租金甚微"。⑤ 顶首钱在一些退佃契中也有直接体现，

---

① 唐启宇：《中国佃租制度及其改良方法》，太平洋书店编《中国农村问题——佃农问题·农民负担》，太平洋书店印行，1933，第 32 页。

② 唐启宇：《中国佃租制度及其改良方法》，《中国农村问题——佃农问题·农民负担》，第 30 页。

③ 杨国桢：《明清土地契约文书研究》（修订版），第 83 页。

④ 《江南征租原案·计开详定规条》，李程儒辑《江苏山阳收租全案》，中国社会科学院历史研究所清史研究室编《清史资料》第 2 辑，中华书局，1981，第 30 页。

⑤ 唐启宇：《中国佃租制度及其改良方法》，《中国农村问题——佃农问题·农民负担》，第 30 页。

如乾隆四十八年（1783）十月金华项秀六立退契：

> 立退契人项秀六今因无银使用，自愿托中将自己客田四丘土名坐落
> 石塔塘田共乙石八斗五斤正自愿出退与方边，受主管业耕种无词，将有
> 顶首钱铜钱七千二百文，其钱当日同中交中不欠分文。其自退之，况不
> 退悔，其田退出，大小麦田退出无词。今恐人言，立此退契存照。
>
> 乾隆四十八年十月日立退契人项秀六
> 中人（具名略）
>
> 退契信行

契书中的顶首钱"七千二百文"应当是项秀六最初租佃这块土地时的"押
租"钱，出退后，这块田的耕种权转移给受主，受主与佃户项秀六的交易两清。
而受主与田主之间则应当有另外的田租约定。道光十八年（1838）十一月金华
县俞念珠立退佃契，将自种佃田出退于方有应耕种，退佃铜钱8600文，契文中
约定"自退之后，任凭顶首人夏边出扎耕种应租无辞"。这就表示"顶首人"在
出退佃铜钱后，另与田主签订应租合约，这种应租合约通常用"佃扎"或"租
扎"、"借田票"等形式。① 如咸丰六年（1856）八月义乌县赵泰言租扎：

> 廿三都麻车立租扎人赵泰言今因无地耕种，自愿托中立扎租得胡演
> 宅朱荣常地一号土名王宅地八斗，三面言定每年租钱三千六百文，其租
> 钞约至中秋期付杜，决不少欠，若拖欠，任凭地主改种无异，今恐人言
> 难信，立下租扎为用。
>
> 咸丰六年八月立租扎人前
> 中人（具名略）
>
> 租扎

与退佃契类似的契约形式还有"顶"，"永佃农在征得田主同意后转让

---

① 由田主订立的此类契约称为给付。

佃权，书写退契，田主直接顶与新佃户，而由新佃户另立佃约，亦称'顶契'，民间俗称为'官契'。'私相授受'时，则由现佃向原佃订立佃约，或称'顶契''让田票'等"。① 卞利认为清代赣南地区的"退"与"顶"应是两个相对应的法律概念和经济行为。出退人退出田皮，收进退价，承退人即顶人拿出退资，买入田皮。② 民国时期《民商事习惯调查报告录》中记录浙江上虞习惯有官顶私顶一说，"官顶者业主直接顶与佃户立有顶契，契内载明顶佃价若干，退佃时可照原价给还，私顶者佃户转顶与其它佃户，亦有顶契，契内写顶价处，空留地步，将来收回时，就空处照时价补提填，名曰照时价回赎"。③

馆藏顶契类文书 37 件，最早的立于乾隆年间，最晚的立于 1940 年，大部分属于遂安地区，金华地区顶契仅 1 件，未见上虞地区顶契。内容大多涉及田面的转让④且大部分的顶田发生在同族之内，所顶之田产有些是立契人的自有田产，有些是立契人租的佃田。顶契的行文格式及内容与退契非常相似。道光十二年（1832）东阳县朱日有将本房朱季常名下一块山地出顶于同族朱启旺顶佃，顶价 500 文，并约定出顶后顶佃人还需要向业主朱季常交租，说明这是一件佃户之间发生的转租契约。另有一件道光十三年四月遂安县章象元立顶字，也是一份转租契约：

> 立顶字章象元原有土名厨塘地二亩五分，又塘后地八分，一尽出顶于唐立林为佃，当议顶价十五两正，内扣九两作还业主章象安，租价仍六两，当即收讫，其地听凭唐边耕种交租，嗣后不得霸佃。恐口无信，立此存照。

> 道光十三年四月日立顶字章象元

---

① 杨国桢：《明清土地契约文书研究》（修订版），第 214 页。

② 卞利：《清代江西赣南地区的退契研究》，《中国史研究》1999 年第 2 期。

③ 司法行政部编《民商事习惯调查报告录》，《民国时期社会调查资料三编》第 21 册，第 338 页。

④ 馆藏"乾隆五十三年遂安县余廷思立顶字"涉及房屋使用："立顶字余廷思今将（中略）下首丁字一间到顶出与吴边为业，当日面议七折钱文四两正，其钱是身收讫，其屋听凭吴边住歇，日后原价取赎（后略）。"

后批注小字"其地顶与业主章象安价奉宪断作业主租九两，与象元脱佃钱文六两，凭中顶清，此照"。从顶字内容上看，15 两均为顶价，但根据契约正文后的小字批注可知，这 15 两中，立契人的"脱佃钱"为 6 两，脱佃钱可以理解为退佃钱或转佃钱，而给业主的 9 两是付给田主的租金。

此外，在馆藏文书中还有 6 件金华地区推佃文书，订立于道光年间至光绪年间。6 件推佃契的交易物都是立契人的"佃田"或"客田"，交易均发生在同族之间。如光绪十九年（1893）十二月的一件推佃契：

> 立杜推佃扎人忠兴情因缺少真用无办，自愿托中将承分得己客佃三斗正计一丘，土名坐落水注开后托中立杜扎出推于本房作义叔边为杜业，三面言定时值价洋银二十四元正，其洋当日扎下交收兑足。其客佃任凭受主前去管业耕种别佃无辞，自杜推之后，本家亲房大小不得异言阻执，亦无翻，并无找赎重叠等情，如有接外生枝，不涉受主之事，出产人自行理值，此系两相情愿。今欲有凭，立此杜推佃扎永远存据。
>
> 　土名（略）
>
> 　　　　　　　　光绪十九年十二月日立杜推佃扎人忠兴
>
> 　　　　　　　　　　　中人（具名略）
>
> 推扎大吉

从内容及行文格式看，推佃契与退佃契几乎一致，性质相同。这件推佃扎的受主权益是"管业耕种别佃"，说明立扎后，田面权转移，受主不仅可以自己耕种，也可以将这块田租佃给他人。

与田产买卖契约一样，退佃契也有活退和断退的区别，有些退契中约定回赎时间，如"其田退于五年之外，不拘年限，将原价取赎无辞"，有些则自称"断退"或"杜退"，永不找赎。

二 具有找价性质的退找契

馆藏退契中有退找类型的文书十余件，文书中自称"立退找契""立过割找退""立断找退契""立找断退约"，订立时间集中在咸丰年间至民国，交易物包括田产及房产。如同治九年（1870）九月金华县付鸿教立退找田契：

> 立退找契人付鸿教今凭中前所卖田一丘计七斗，土名四至照依正契管业，正行立契，出退找于周亦广边为实业，三面言定时值退找钱六千五百文正，其钱当日同中支收了足。其田自退找之后，任凭出钱人前去耕种管业无词，并无上下诸人争执，日前亦不重迭别退，日后永无回赎找帖等情，其田边油杂木坦塕水注一并出退找于在内。今恐无处立此退找永远。
>
> 同治九年九月日立退找契人付鸿教
>
> 中人周矣紊
>
> 退找

由文书中的"今凭中前所卖田一丘"以及"三面言定时值退找钱六千五百文正"可知，这件退找契是付鸿教立卖田契后的找价契。由于在实际民间交易中，有些田面转移交易也用"卖"字，单独从这张退找契中很难断定立契人"前所卖田"是田面权转移还是土地所有权转让，但从契约中"出钱人前去耕种"，且未提及产权过割事项来推断，这份退找文书应该是对田面转移契约的找价①。

明清时期土地买卖通常经过立正契及找价的程序，通过税契和过割的土地交易则获得官方法律认可，颁发官文书"契尾"。田产交易的最终价格包括卖价与找价，如永康县周时运卖田契由嘉庆十九年（1814）卖契，

---

① 关于找价，参见范金民《明代江南田宅买卖的"找价"述论》，《史林》2020年第5期。

道光三年（1823）找契及契尾粘连而成。嘉庆十九年十一月，周时运立契出卖民田一丘，时值价铜钱 24500 文，契书后批"其田不拘年限原价取赎回"说明这是一件可回赎的活卖契。道光三年十二月，周时运又立找契，"找得时值铜钱七千五百文"，找价为卖价的约 30%，找契边粘连道光八年七月契尾，契尾中填实田产最终交易价"三十二千文"，是卖价与找价之和。

　　退找契与找价契的作用相同，即卖契正价之后再增加找价，由于大部分退找契是对田面转移交易的找价，不存在产权过户问题，因而也不会有官府颁发的契尾。但通过馆藏文书中交易时间及交易物的比对，发现两组保留有完整正契、退找契及契尾的交易文书。

　　光绪十五年（1889）二月金华俞家昕卖屋，所用契纸是统一格式的官契纸，交易人、中人、交易时间、交易产业及交易金额为手写，其他内容为统一刷板的格式。内容如下：

　　　　立断卖契人俞家昕情因管业不便，今将户内土名坐落垆口字号亩分四至开明于后，自愿挽中前来立契出卖与受主俞念剑为业，三面议定时值价纹银七两正，其银当日同中交足。其屋随卖随退，任凭受主前去锁闭管业，日前并无重叠典卖，亦非公共常产，隐瞒盗卖。绝卖之后，永无找赎翻悔，听凭推收入户完粮，倘有不清，出主承当，与受主无涉，本家并无大小诸人阻执。此系两家情愿，并非相强，恐口无凭，立此永远绝卖文契存照。

　　　　计开屋楼山下二间，楼梯在内，平屋半间，余基一块。土名坐落后明堂灌注，东至受主屋南至出入路，西至出主园北至明

　　　　　　　　　　　光绪十五年二月日立断卖契人俞家昕

　　　　　　　　　　　中人沈恒灶、俞秉桂

　　契纸末端印"永远文契"大字，下印"计开条款于后"，内容包括"一凡用此契者竟作绝卖；一卖主不识字计兄弟子侄代书；一代交后即粘契尾投税，验明推收，如违治罪；一契内如有添注涂抹字样者作捏造论；一房屋间

深仍载明空处；一典戤用此契须注明年限回赎字样，不注者仍作绝卖。以上数条不过大概，倘民情尚有未尽者，许于空隙处填写”。契纸边粘有光绪十六年（1890）正月颁契尾，契尾正文处写明交易价七两，正是“断卖契”中的卖价，黏合处骑缝手写“价七两”，并钤红印。

从这份交易文书看，这场交易是以银七两绝卖屋产。但是在馆藏文书中又发现另一份同样写于光绪十五年二月的“俞家昕立退找契”，交易土名四至与这份绝卖契一致，这是一份手写无官方戳印的白契，契内写明，“时值退找钱五千七百文正”，立契的两位中人与立绝卖契的中人一致。

另一例是 1922 年的武义县徐李顺卖田契。1922 年农历十二月武义县民徐李顺立绝卖契卖田，时值价银洋 6 元。同一时间卖主另立过割找退契，契内写明“定找退价洋四元正”，但是与绝卖契约粘连的官方买契纸上，仅填写了绝卖契上的卖价，即 6 元，契税 3 角 6 分，颁发时间为1923 年农历七月。

清代江西地区有利用退约避税的做法，民间买卖田宅，多有书退约而不立卖契者。① 显然找退行为也是买卖双方私下商议的行为，找退价未列入官府契纸的交易金额，这种做法应当也是为了减少交易总额以避税。

此外，在光绪十五年俞家昕卖屋的案例中，立卖契时交易额计量是白银——“银七两”，同日立退找契时的交易计量则是铜钱——“钱五千七百文”。类似的情况还可见于光绪二十二年十二月金华付以选的卖田契中，在断卖田契中，标明卖价是“纹银五两”；同日所立的退找契中的找价则用洋元计算，“时值退找价洋八元五角”：晚清金华地区民间市场货币多元化可见一斑。

馆藏文书还有一种与退找文书十分类似的形式，名为“找推契”、“推找契”或“找推约”。“找推”文书里明确写着“找推佃契”的是前文提到的“推佃”契的找价文书，另外的“找推契”虽然也有找价性质，但与其略有区别，以下是咸丰年间同一卖主订立的找退约与找推断契：

① 参见刘禄山《清代、民国江西民间利用吐退字约“漏税丢粮”之俗习考》，李玉英主编《艺海探真——论文论著选编》，第 202 页。

1. 咸丰七年十二月　洪朱氏立断找退约

　　立断找退约人洪朱氏同子敦怀仁今因少钱行用，自愿托中原交易竹园一片土名四至米开载在前契，实将此园前来立杜断找退约出退于本家敦大叔兄边为亲业，三面言定时值价钱一千文正，其钱日兑足，其园即找即退于受主管业叙养，此系两家情愿，并非相逼之理，亦无重叠典当，并无翻悔，自卖之后，永远不找不赎，并无异言，本家大小不敢阻执。今恐无凭，立此断找退契为契。

　　　　　　　咸丰七年十二月日立杜断找退约人洪朱氏同子敦怀仁

　　　　　　　　　　　　中人敦茂成

　　　　　　　　　　　　亲笔

　　找契大吉

2. 咸丰四年十二月　朱氏立找断推契

　　立找推断契人朱氏同子敦怀仁今将原交易兰民田二斗计一丘，土名坐落郭口塘下四至米号俱载前契，央中立找推断契出推于本家敦大叔兄边为清业，三面议定推得价铜钱一千六百文正，其钱当日同中交付即兑足，其田即找即推，任凭于原受主前去管业耕种召佃无异，此系两各情愿，并非强逼，亦无重迭，本家大小无人翻悔，不敢阻执，自推之后，永远不找不赎。今欲有凭，立此推断契永远为据。

　　　　　　　咸丰四年十二月日立找推断契人朱氏同子敦怀仁

　　　　　　　　　　　　中人雍樟寿

　　　　　　　　　　　　代笔雍元满

　　推断契大吉

　　两件文书的文本格式几乎一致，找退契的末尾书写"找契大吉"四字，肯定了退找契的找价性质，文书中受主权利是对竹园的"管业"，未提及过户事项，因此交易转移的是竹园的使用权或管业权。而找推契中的"推得价铜钱一千六百文正"显然也是一个补充价格，契约中第一句提到的"原交易"民田，正是当年一个月前的交易，这桩交易的契约被保留了下来：

> 立杜断卖文契人洪门朱氏同子敦怀仁情因无钱完粮食用，自愿托中说合将祖父遗下承分得己兰民田二斗计一丘土名四至米号列后，实将此田立杜断卖文契，出卖于本家敦大叔兄边为业，三面议定时值价铜钱四千文正，其钱当日同中交付即兑足。其田即卖即推，任凭受主前去管业耕种召佃无异，（中略），自断卖之后，永远无找无赎（后略）。
>
> 今开米号
> 地字五百六十号，兰田四分三厘八毛八系八忽正
> 粮坐山坊上庄洪大林户开付子
> 山坊下庄富房户收籍完纳不误
>
> 　　　　　　　　咸丰四年十一月日立断卖契人
> 　　　　　　　　朱氏同子敦怀仁中人雍惲寿
> 永远文契

比较后可以发现，这件卖契中提到了过户纳粮的问题，是一件完整的土地产权买卖契约。"永远无找无赎"的杜断卖契在仅一个月后同一中人的见证下就签订了"补充协议"，增加 1600 文，说明这一找推行为是在立卖契时双方即已认可的行为。光绪五年（1879）一件汤溪县章氏同子立找推约的契纸末尾，也书写了"找契大吉"四字，明确了找推契约的找价性质。

这类找推契从文书类型来看源于推约，推约指田产赋税过割的凭据，"其现业户即照推票都图亩数照开一单，付与庄书，令其入册"。① 清初田产交易中就有加订推约的做法，馆藏文书中最早的推约是顺治八年（1651）遂安县的一件卖山交易，推约正文后批字"又收产差银四钱"，产差银即过割价，在有些推约中又被称为"下产银"、"下差银"或"下产并差钱"等。康熙雍正年间的推约，已将收产差银纳入文书正文，如"面议下差银

---

① 浙江布政使司、按察使司编《治浙成规》卷一《藩政》，道光刻本。

三钱正，其下差银一仡，其税听凭过割"。乾隆年间的推约中出现"找价下产银"的字样，且推约正契与契尾一并粘连，具有价格形式的推约成为民间找价的依赖介质。可能正是基于这个原因，民间交易将推约延伸发展出了"找推约""找断推契"等，咸丰九年（1859）的一件找断推契更是在契文中言明"业重价轻，前来托中立找断推契"。从现存文书看，与前述找退约游离于官方视野之外不同，不少推约或推找契与契尾粘连盖戳，说明这一找价行为是纳入官方管控的。

三 作为抵押性质的退契

馆藏退契的第三种类型是在退契后附带订立借贷合同。馆藏文书中，退契加借票形式的文书共9件，时间是道光、咸丰及光绪年间；退契加花利票称呼的文件共2件，均立于嘉庆年间。这两种形式虽称呼不同，但都具有田地抵押借款的性质，地域范围均为金华地区。如咸丰三年金华沈公理立退佃契与借票：

> 立退佃契人沈公理情因无钱行永将自己有退佃田九斗内拍四斗五升，土名前山正行立契出退于施鸣珏家，钱五千文正，其钱当日交付了足。其田自退后，任凭受主耕种无辞。今恐无据，立退契为永。
>
> 咸丰三年十二月立退契人沈公理
> 中人（具名略）
>
> 退契
>
> 立借票人沈公理情因无钱行用，自愿托中借得施鸣珏家本钱五千文正，其利照众起息，约至来年冬上付还本利，不敢少欠，若有少欠，照前契管业无辞。今恐无据，立下借票为永。
>
> 咸丰三年十二月日立借票人沈公理
> 中人（具名略）
>
> 借票

同一时间、同一中人，将退契与借票书写在一纸上，即是将退契中的佃田作为债务人借款的抵押物，债务人借得钱款后，作抵佃田仍归债务人耕种，债务人必须按借条中约定的时间归还本利，否则债权人可以享受退佃契中约定的对这块田地的权利。

其债务的本利偿还方式，有钱和物两种。以钱款还本利者如上例，通常在借条中有"来年冬上付还本利"的约定，利息不在契约中标明，而是"照众起息"或"照中起息"，属于短期借贷本利同还的方式。以物代利的方式则属于长期借贷，分期还利。通常约定每年还燥谷若干斤，并约至秋日由债务人挑送上门。如嘉庆十三年（1808）金华施有和立退契及花利票：

> 立退契人施有和情因无钱使用，自愿托中将自己佃田二石四斗计田四丘，土名坐落陈上塘下正行，立契出退于施有银为业，同中三面言定时值退佃钱十五千六百文正，其钱当日同中交收了足。自退之后任凭受主前去为业，日前不许重叠另退，并无上下兄弟争执。今恐人言难信，立下退契为照。
>
> 嘉庆十三年三月日立退契施有和
> 中人施光祥
>
> 立花利票人施有和今因无钱使用，自愿托中借得施有银家内钱本十五千六百文正，其利照众起息，约至秋收之日应还花利谷三百斤，风飓燥谷不敢少欠，本利取票不执。今恐人言难信，立下花利票为用。
>
> 嘉庆十三年三月日立花利票施有和
> 中人施光祥
>
> 花利

在这种抵田借票中，通常退佃契中的退佃价与借票中的借款数一致，但也有两例前后钱款不同。道光二十年（1840）施光炳退契及借票显示，退佃田钱 15000 文，借票中借款为 12000 文。

根据民国时期社会调查，"用作抵押的契约，在浙西的农村里有几种的不同的格式，有以壹纸借票作抵的，有以借票附以卖绝契或卖活契作抵的，有单以卖绝契或卖活契作抵的，亦有以典契、戤契、抵契等变体的活契作抵的"。① "武康县民间借贷类多以田地山产出立买契作抵，外附借票，票上载明某年清偿字样，逾期乏力偿还，抵产作为断绝"，称为"死契活抵"。② 这是浙西地区情况，在浙江南部也有类似情况。"开化县民间告假银钱必以田房作抵，按期付息，其产业仍归债务人管业收花，惟出抵契约则均书绝卖字样，仅于契载年月日后幅注明几年外或几年以内任凭备价回赎，如欠息金，即时收粮验契承管云云，俗称死头活尾"。③ 金华地区的民间借贷习惯"有不立契约向人借贷银钱，以房屋原有之契据作抵者，其房屋即惟借款之抵押品，当须备立借票，而票内添注以某业抵押，附存某姓契据几纸，将来还清款项之日，收回借票一并点收契据，如或本息不清，债主对于抵押品亦有收管之权。若仅有借款票据而于该借票者故同一区域之田地，或有小买或无小买，如系大小买合并，则其卖契载明立绝卖民客田人某某（或写作卖截并杜绝起亩等字样）及任凭耕种管业字样，如仅系大买则卖契载明立绝卖民田人某某及收租管业字样，小买之让渡则写立顶契，受顶者向业主（民田业主）缴租耕种"。④

从馆藏金华文书来看，顶契加借票的情况并未发现，仅有退契加借票以及卖契加借票。退佃契加借票的债务人即立契人通常是佃农，其抵押物为田地的佃种权，即民国调查中的"小买之让渡"。绝卖契加借票的抵押物则是立契人的自有田产或房产。馆藏卖契加借票形式的文书共6件，所涉地点均为金华地区，其中乾隆年间一件，其余订立于道光年间。在以田产做抵押的卖契加借票文书中，除了乾隆年间的卖契中提到推户事项，其余卖契都未提及过户，买主的权限在文书的体现是"耕种管

① 李文海主编《民国时期社会调查丛编（二编）·乡村经济卷》（下），福建教育出版社，2009，第6页。
② 司法行政部编《民商事习惯调查报告录》，《民国时期社会调查资料三编》第21册，第353页。
③ 司法行政部编《民商事习惯调查报告录》，《民国时期社会调查资料三编》第21册，第352页。
④ 司法行政部编《民商事习惯调查报告录》，《民国时期社会调查资料三编》第21册，第324—325页。

业"，因此尽管买契中的抵押物是债务人的自有田，但契约中作为抵押的也只是耕种权，即田面权。

如道光二十三年（1843）金华县黄忠常立断卖契及借票，断绝卖契书写于官契纸"永远文契"上，书写内容、格式与其他卖契一致，卖契后粘连黄忠常同一时间订立的借票，书写借款金额与还款方式，同时写明"另有文契一纸作押"，明确前项绝卖契的抵押性质。

道光二十九年三月金华县曹完读卖契后分别粘连一张同年同月的借票和一张同年八月的花利票，卖契上写明卖自己田，价铜钱 60000 文，借票上写借 5000 文，来年冬上本利一并归还，并写明"另有文契一纸足押"；八月又立花利票，借款 16 文，约定还花利燥谷 200 斤，秋收日挑送上门，"现有文契一纸作押，如若无付，任凭前去依契耕种管业"。表 1、表 2 分别是馆藏道光年间以退契和卖契做抵押的借贷文书的情况。

表 1　馆藏道光年间退契加借票形式文书

时间	退契中抵押物	退契中价格	借票中价格	还利方式
道光十五年	佃田二斗	7000 文	借 7000 文	来年冬上还本利
道光十五年	佃田五斗	7000 文	借 7000 文	每年秋收日还花利燥谷 100 斤
道光二十年	佃田一石	6000 文	借 6000 文	来年冬上还本利
道光二十年	佃田五斗	15000 文	借 12000 文	来年冬上还本利
道光二十八年	佃田九斗	15000 文	借 15000 文	来年冬上还本利

表 2　馆藏道光年间卖契加借票形式文书

时间	卖契中抵押物	卖契中价格	借票中价格	还利方式
道光十二年	卖屋	20000 文	借 20000 文	来年冬上还本利
道光二十年	卖杉木 40 根	1150 文	借 1150 文	来年冬上还本利
道光二十三年	卖自己田九斗	40000 文	借 20000 文	本年还本利
道光二十九年	卖自己田一石	60000 文	借票借 5000 文	来年冬上还本利
			花利票借 16000 文	秋收日还花利燥谷 200 斤
道光三十年	卖山七亩	14000 文	借 11450 文	来年冬上还本利

可以发现以退契做抵押的都是佃田，卖契中的抵押物则包括山田屋宅等。同样是田产的耕种权抵押，退契中的退价基本低于卖契中的卖价。还利方式则较多的是以货币方式一次偿还本利。

另有一例虽未在退契后加立借票，但却加立了一份讨契。道光十年（1830）八月金华庄洪足立退契，将自己客田出退于庄祚志边为业耕种应租，"三面言定退佃铜钱九千文正"，"其田自退之后任凭出钱人前去耕种应租"。在这份退契后，又写有一份讨契，内容如下：

> 立讨契人庄洪足今因无田耕种，自愿托中讨得庄祚志边客田一丘（土名略），每年应还花利燥谷一百五十斤正，其谷每年约至秋收之日一并推送上门，决不少欠。恐口难信，立此存照。
>
> 道光十年八月日立讨契人庄洪足
>
> 讨契

立契人将田面权转移后又重新讨得这块田耕种，这里虽然没有借票，但讨契中的每年应还的花利燥谷表明立契人也是将退契做抵押进行借款。

此外，馆藏借贷文书中，还有一些借票是在借票正文中言明将田产作押。如咸丰五年（1855）十二月金华县俞秉有的借票，借票中写明将自己的客田作押，"面言其利长年加二起息，如若本利无付，任凭借主耕种管业无词"。光绪二十五年（1899）十二月丁蒋氏同子宝鑫的借票也是将自己的田作押，并在借票中提到"另有押契一纸"：

> 立借票人丁蒋氏同子宝鑫情因少钱正用，自愿托中将自己田二石八斗五升计四丘作押于倪兆年边英洋五十元正，其洋当日同中交收足。其利每月二分起息，按月交付。其洋本约至光绪念陆年四月底清还，不致少欠。另有押契一纸，又新契一纸。恐口无凭，立此借押票三纸为据。
>
> 光绪念五年十二月十八日借押票人丁蒋氏同子宝鑫
>
> 中人朱廷耀

综上，通过对馆藏退契的初步整理可以发现，金华地区保存退契数量最多。据《汤溪县志》记载，汤溪"四民之中什九而农，多佃富室之田，而私其租之半，以仰事俯畜，其有田而耕者什一而已。自发贼之乱，富室多中落，田易佃而主，自有而耕之者什且七八"。[①] 据 1932 年调查，金华所属 8 县加宣平县 34.11 万户中，自耕农（完全有田耕种或有余田佃出者）6.63 万户，占总户数 19.44%；半自耕农（一方面耕种自有田，一方面又租种他人田者）8.21 万户，占 24.07%；佃农（完全佃种他人田者）17.65 万户，占 51.74%；雇农（为他人所雇佣耕种者）1.62 万户，占 4.75%。其中，兰溪农户中佃农、雇农占 83.6%，东阳佃农、雇农占 80%。可见金华地区佃农比重之高，佃农对田面权的占有，是"一田二主"现象盛行的基础，金华地区数量较多的退契也直接反映了民间田面权交易市场的活跃。

笔者在整理退契的过程中还发现了同样代表田面权转移的推契和顶契。推契也出现在金华地区，数量较少，以"推佃扎"的契约形式呈现。顶契主要在遂安流行，说明不同地区田面交易所用的契约形式不同。与金华地区退契的数量曲线类似，遂安地区顶契最活跃的时期也是 19 世纪上半叶。

从文本上看，退契文书上的交易田产为"客田"或"佃田"，受主权益以"耕种管业"为主，有些还包括"改佃"。这种民间"私相授受"的交易行为的普及，说明民间社会在地权分化过程中权利观念的变化和认可。田面权转让后产生的退找行为，以及将退契作为借贷抵押，也说明田面权在民间交易市场中的合法定位。限于文章篇幅，本文在此仅对馆藏退契做了初步整理与研究，关于田面交易与土地文书中体现的不同时期不同地区的田面田皮比价、田面权转让这种民间交易行为所产生的纠纷、佃农向"一田二主"身份演变等相关问题有待进一步探讨。

---

① 《民国汤溪县志》卷之三，黄灵庚等主编《重修金华丛书》三编第 85 册，上海古籍出版社，2014，第 278 页。

苏州博物馆藏潘钟瑞尺牍考释

许 平*

摘 要 苏州博物馆藏有《潘钟瑞书札》两通，系晚清学者潘钟瑞写给族兄潘小雅和潘松生的两封家书。内容涉及清军和太平军发生在江南的相关战事，信中较为翔实地叙述了太平军攻克苏州城前后，苏城内的文武众官、地主富豪、平民百姓或留守城内以期局势稳定，或携带家眷纷纷向外出逃，或限于财少，欲动而不能。潘钟瑞和族亲选择了逃亡，其间所见所闻，尽言于二通信札之中。这为研究太平天国运动在苏州的历史与战乱时代世家大族的命运，提供了当事人所记述的第一手材料，颇具史料价值。

关键词 潘钟瑞　潘小雅　潘松生　太平天国　苏州博物馆

清代苏州潘氏家族是名门望族，潘氏为苏城四大家族之一，俗谚有"五湖四海夹条沟，彭、宋、潘、韩夹个周，虎、豹、熊、狮夹只狗"之说。① 潘氏有"富"和"贵"之分，"贵潘"一族于明代自安徽歙县大阜村迁居苏州，经商致富，至乾隆后门庭渐盛，科甲鼎盛，世代簪缨，成为苏州最为显赫的科第世家之一。查阅《大阜潘氏支谱》，潘钟瑞属"贵潘"一族，潘克顺（东白公）一脉，潘宗周（蓼怀公）一支，曾祖潘奕珧，祖父潘世经，父亲潘遵范。

潘钟瑞（1823—1890）原名振先，字麟生，号瘦羊、香禅，晚号香禅

---

* 许平，苏州博物馆副研究馆员。

① 江洪等主编《苏州词典》，苏州大学出版社，1999，第290页。

居士、瘦羊居士，苏州人。潘遵范次子，增贡生，太常寺博士，擅书，精篆隶，究心文献，熟谙掌故。嗜爱山水，所游诸名胜皆有记考，所交皆当世名士。潘祖荫、潘霨、潘遵祁、吴昌硕等交相推重之。著有《香禅精舍集》二十九卷，《香禅词》（又名《百不如人室词草》）四卷，辑有《碧香词选》若干卷。①

潘钟瑞写给族兄潘小雅和潘松生的两封家书，内容前后衔接，叙述了太平军攻克苏州城前后的相关情况。从信中内容可以了解以潘钟瑞为代表的士绅阶层对太平军的态度，以及从侧面了解到江南世族在这一时期的兴衰情况。潘钟瑞致潘小雅的信篇幅较长，述及内容较多，为便于说明，将此信以苏州城失陷为节点，分为三节，略做考释。

一　潘钟瑞致潘小雅信札一通

（一）苏州城破前外围战事与城内情况

小雅三哥大人手足：

天涯地角，音信稀疏，世乱时艰，更形阻梗。自苏垣失事以来，遂无驿递人矣。六月初旬，勇目叶亮元奉季玉四叔②之命，驰书南来，窃谓吾兄必有尺缄，而研问绝无，未免怅然。继思之，自兄来问其意虚，不如自弟布告其语实也。方寇警及浙在数百里中，较三年之远隔江浒者势且增倍。当时苏人虽震悚，而迁徙者不及十之五，幸喜湖郡未破，杭城迅复，不一月而浙境肃清，苏人之胆益壮。未几，贼众取道东坝，连破要隘，已觉汹汹。迨金陵大营被贼冲突，时维闰三月之望，冰雹大作，各营饷需欠缺，兵勇溃散殆尽，天心人事，决裂至此，大局不可支矣！所喜我家伯母以下，颖生兄一房幼弱，先于闰月初旬安迁至角直日

---

① 马兴荣等主编《中国词学大辞典》，浙江教育出版社，1996，第 246 页。
② 指潘季玉，潘祖荫之叔潘曾玮，字玉泉，因是潘世恩的第四子，故称季玉。潘曾玮（1818—1886）由荫生历官刑部郎中，记名道员。有《玉泉词》《自镜斋诗钞》等。

茂酱园旧屋中，此番颖兄危惧之心，比人更甚，始知胆小者福乃大也。从此谋徙谋行，觅船觅屋，去者纷纷，存者岌岌，而限于财少，累于人多，欲动不能动者，亦复十之五。四月朔，得丹阳陷，熊镇亡，张总统不知下落之信，于是大骇。苏垣城守毫无，池殃顿及。

潘小雅（1821—1889）即潘馥，原名燕先，字翼芭，号小雅，苏州人，潘遵礼次子。以世业浙鹾，入杭州府庠，道光二十年（1840）庚子举人，由内阁中书官至刑部员外郎。咸丰十年（1860）苏松诸郡被占领后，奉清王朝命，随办江南团练，曾与钱鼎铭乞师湘楚，迎清兵南下镇压起义军，后经李鸿章疏请奖加四品衔，赏戴花翎。

此信中之"湖郡"即湖州，因地理上与苏州紧邻，在苏州城内时时关心战事、忧心思虑去留的人们，对于湖郡的得失非常关注。所幸的是"湖郡未破"，且可喜的是近邻"杭城迅复"，"不一月而浙境肃清"，似乎战事渐渐消退，形势转好，于是便有了"苏人之胆益壮"的心态。然殊不知危险正在步步紧逼，这一切的表象，实为太平军"围魏救赵"之计。1860 年初，"清江南大营之军加紧围困天京。为解除清军对天京的威胁，势必要攻破清军的江南大营。洪秀全批准了洪仁玕'围魏救赵'的战略方案，派李秀成率精兵奇袭杭州，震撼苏浙。2 月 10 日，李秀成昼夜疾驰，突然逼近杭州。19 日，先锋部队破清波门，占领了杭州。清江南大营主帅和春中计，急遣张玉良救援杭州。李秀成见状，迅速回师，4 月 8 日占领安徽建平，与杨辅清、李世贤会合。决定集中优势兵力，分进合击江南大营"。[①] 这一战事信中亦有提及，"未几贼众取道东坝，连破要隘"，"金陵大营被贼冲突"，苏城"已觉汹汹"。

"得丹阳陷，熊镇亡，张总统不知下落之信，于是大骇。"熊镇，即熊天喜（？—1860），湖南永绥厅（今花垣县）人。早年投入清军，随和春参与镇压太平军，转战湘、鄂、赣、皖、苏等省，累官至寿春镇总兵。咸丰六

---

① 李忠慈主编《中国历史人物述评（近现代部分）》上册，天津人民出版社，1992，第55页。

年（1856）和春出任钦差大臣督办江南军务，他随同围困天京，在丹阳一役，为太平军击毙。张总统，即张国梁（1823—1860），原名嘉祥，或作家祥，字殿臣，广东高要（今肇庆市）人。早年参加天地会，后受招抚，改名国梁。咸丰时对抗太平军，历任总兵、提督等职，帮办江南军务。当人们得知丹阳失陷、熊天喜阵亡、张不知所终的消息时感到非常震惊。"太平军于闰三月初厚集兵力，乘虚猛攻江南大营，张国梁与和春等数战皆败，退守镇江，旋走丹阳，江南大营再溃。太平军则乘胜东征，经句容进兵丹阳。是月二十九日（5 月 19 日）黎明，太平军猛攻丹阳，清军一触即溃，张国梁闻败讯策马奔逃，渡河时落水溺死。"① 丹阳一战，张国梁落水而死，钦差大臣和春逃往常州。"苏垣城守毫无，池殃顿及"，城内城防毫无，局势相当危险。

此时，颖生"危惧之心，比人更甚，始知胆小者福乃大也"，"从此谋徙谋行，觅船觅屋，去者纷纷，存者岌岌"。但是"限于财少，累于人多，欲动不能动者，亦复十之五"。这里的"亦复十之五"与之前迁徙者"不及十之五"相较，可见选择逃亡的人越来越多，战事紧迫，事态严重。

（二）破城

初三日有自称大名镇总兵马得昭者统兵到苏，若将保卫。初四夜阊门外民房四处放火，虽有广东匪徒、六合溃勇附会其间，而马镇之所为（或谓奸细伪装）殊不可解。初五日且有焚毁城内民房之令，邻近众秀才（弟辈亦与）怂然面禀，立请出示，严拿谣言之人，此令乃不行。于是复②兄一房眷属以初四早行，万隆店于初旬便遭溃兵之劫。松③兄一房眷属以初五晚出，初六黎明偶有讹言，诸兄侄仟十一人奉家祠栗主

---

①   罗明、杨益茂主编《清代人物传稿》下编第 10 卷，辽宁人民出版社，1994，第 46 页。

②   指潘绍先。遵西嗣子（遵礼子），原名彦先，字衣德，号复生。官名容，国学生，候选按察司照磨。

③   指潘茂先。遵范长子，字小华，号松生。国学生，议叙从九品。

至甪直。仓皇竟出，行李未携，不得不复返城中（桐①为团练迎防董事，办公认真，曾拿获奸细送县正法）。已而松生兄子默俟于初七日还城，复生兄、麟、桐、闰生俟于初八日还城。城西火熄，马镇潜逃，市面重开，人心大定。诸人相谓我等当为守家计，毋急于行矣。方初七在甪镇时，值嫂氏携诵之俟与三俟女至。嫂氏本在枫江，初四夜火起，翠翁丈率其家属三四十人，在雨后泥途中扶老携幼，走避观音山坟堂屋内。翌日坟丁为雇小舟，至蠡市。朱氏又从蠡市雇舟至甪。甪有赵氏两典，鲁沂送来衣包之外，袯被全无，艰苦极矣，然犹以未失散为万幸也。十一日又有溃兵至苏，如马镇来时其数更加十倍，而统领者为张壁田，即一战而复杭城者，可为长城之靠。而人心在疑信之间，复兄即携闰俟交付盘门外，返而门闭不得入，遂得免，诚厚幸也。家中惟存松、麟、桐三人，而寅生兄一人有大三伯母诸眷属相依为命，势不能行。壁田军门方与官绅议战守计，而贼已尾其后，十二日午刻直抵城下，便打一仗。窃意因守解围，尚需时日，而不意有十三早晨之变也。十三之变，贼众早于张兵队中阑入，一时内应，六门顿开，万事败坏，百姓遭殃，夫复何言！贼匪惟事焚掠奸淫，搜括掳杀，惨酷难名。子默俟被掳，寅生兄与女眷迄无下落。虽殉难者大半自尽，而数万之尸，沟涂填积，贼令尚以为封刀焉。迨分文颗粒，搜索无遗。而后出令告民，禁众滋扰，苏人久已不聊生矣。而况滋扰者仍然，拷逼者仍然，箠楚之辱，士人不免。

1860 年 5 月 23 日马得昭带兵来到苏城。马得昭即马德昭，号自明，行伍出身。清咸丰初调赴江南军务，在湖南及江南一带作战，荐升直隶大名总镇。当时主事者为时任江苏巡抚徐有壬。马德昭带兵逃至苏州后，徐有壬命其布置城防，准备抵御太平军。马德昭建议"欲守城必须尽毁城外民居而后可"。② 徐有壬竟全然不顾苏城百姓死活，"遂出三支令箭，首令居民装

---

① 指潘嘉穗。遵礼三子，原名宏先，字子玖，号桐生。苏州府附贡生，议叙光禄寺署正，分发补用通判。

② 姜涛、卞修跃：《中国近代通史》第 2 卷《近代中国的开端（1840—1864）》，江苏人民出版社，2009，第 617 页。

裹，次令移徙，三令纵火。马部兵竟以三令一时出，顷刻火光烛天，城外大乱"。① 札中亦提及放火之事。苏州吴县塾师蓼村遁客《虎窟纪略》亦载："夜火起，火光烛天，延烧十二时，南、北两濠鱼鳞万瓦，尽为灰烬。居人挈资携襁，鸟逐麇走，儿啼女哭，彻夜不绝。放火之由，或云提台马德钊（昭）假抚军徐有壬令，或云贼扮马提台入城，广匪在城外放火，总之并未有真令。"② 戴熙《吴门被难纪略》则明确说纵火之人为马德昭。"四月朔，总督何由常退苏，巡抚徐不纳，遂有大营不支紧报。初三，有败勇无算或步或舟进浒关临城，阊、胥两门遂闭。初四晨，阖城顷刻罢市，居民望东而走者填街塞巷。申刻，得抚宪令，沿城房屋限日拆毁，行坚壁清野法。令未行，晚有马总镇者，登城纵火，阊、胥两门外烈焰四起，抢掠大乱，连烧十里许，三昼夜不熄。"③ 英国传教士艾约瑟也在报告中说："人们有过许多关于'长毛叛军'残酷行为的传说，但这种指责是虚构的……许多纵火焚烧的事情，是在叛军到达以前清军干的。"④ 这次火灾发生在苏城最为繁华的阊门、胥门一带，对苏州的破坏很严重。赵烈文《能静居日记》载："城外遂大乱，广、潮诸人尽起，溃勇亦大至，纵横劫掠，号哭之声震天。自山塘至南濠，半成灰烬。"⑤ 初五日又有"焚毁城内民房之令"，经众人"忿然面禀，立请出示，严拿谣言之人"，才阻止执行，避免百姓再次遭难。

到了十一日，又有大量败兵至苏城，数量比先前马德昭多了十倍，其统帅正是张璧田。张璧田即张玉良，四川人。"由行伍从向忠武公，自广西转战至金陵，积官至广西提督，赏穿黄马褂，短小精悍，骁勇善战，威名甚著。咸丰庚申，杭城被围，军门奉檄来援，至则杭城已失。军门以三十骑乘城而上，既登，则周麾而呼曰：大军至矣！贼狼狈奔逃，不费一矢，杭城遂

---

① 姜涛、卞修跃：《中国近代通史》第 2 卷《近代中国的开端（1840—1864）》，第 617 页。

② 蓼村遁客：《虎窟纪略》，《太平天国史料专辑》（《中华文史论丛》增刊），上海古籍出版社，1979，第 13 页。

③ 戴熙：《吴门被难纪略》，罗尔纲、王庆成主编《中国近代史资料丛刊续编·太平天国》第 4 册，广西师范大学出版社，2004，第 396 页。

④ 转引自王国平《太平天国史论》，苏州大学出版社，2011，第 65 页。

⑤ 赵烈文：《能静居日记》（一），岳麓书社，2013，第 139 页。

复。于是声望大振，浙声倚之有若长城。"① 其实杭城之复，是太平军围魏救赵之计，见清军中计主动撤出，张璧田入苏城后，事与愿违，不到二日苏城便被占领了。

（三）城破后的逃亡生活

松、麟、桐三人吃尽辛苦，匿影藏形，幸未被掳，故未失散。累及匝月，麟、桐得脱，而松独羁留，犹在育婴堂支持公事。麟、桐以五月十三出城，廿一离贼境，廿四流至塘市，各自依栖汪陶东翁②。而秉③、鉴④已挈家离唐市，至璜泾，避海滨矣。角直于五月十九被贼冲突，合镇放火，余如嘉定一处，齐门砖场墩一处，木渎横泾一处，各有眷属，无不遭兵。现在道路不通，音书难达，未识先期他徒能一一无恙否。夙夜焦思，肠回心碎。刻下苏属仅存常昭一隅，非有奇材异能为之守御，也不过侥天之幸，苟延两月有余。远而嘉兴、松江郡城，青浦、嘉定、江、震、昆、新县邑历历蹂躏，近而田泾、漳浦、相城、双凤各村镇处处流亡，四面贼踪来逼，一队官军罕至，其旦夕可虞如是。所恃者未经残破村镇，集有民团，各伸义愤，每与贼接，所向无前，如江阴之王，永昌之徐，黄土桥之马，香山之众木匠，贼畏其锋。但喜事好胜，纪律多疏，须得一大才干者总统其间，为之调度，一气联络，大事可成，大局可支矣。此特设团练使之议，诚为上策也。若官军则议饷择期，每多掣肘，并非有意迁延，其势已难迅速，积习使然，无可奈何！不然曾、都、江、瑞诸大帅，莫不深沉毅勇，大略雄材，望之如望岁焉，抑何其来之迟耶！官军迟一日，则苏民困一日，天暑腹饥，中外焦灼而死者日多一日。我辈偷生，只自愧耳。城陷之日，死事者徐抚、朱臬而下屈指寥寥。

---

① 徐益棠编《清代秘史》，铁风出版社，1948，第 117 页。
② 汪，指汪家当铺。陶，指陶均如。东翁，指旧时塾师、幕友对主人的敬称。
③ 指表兄汪锡珪，字秉斋，长洲人。贡生，官江阴训导、分部郎中。有《翡翠巢诗钞》等。
④ 指汪锡珪弟汪藻，字翰辉，号鉴斋、小珊、箫珊等。有《静怡轩诗钞》《绣蝶庵词钞》等。

现在薛抚驻沪上，前藩在弇山①，郡尊、邑尊隐□可认，倘刻励图功，何难集事！惟有张璧田以誓复苏为自赎计，无如出师石门十余战，屡胜而一败，嘉禾犹未复焉。后事若何，无从逆料。城亡家破，阊门一带遍成焦土，谦益堂闻已焚燎②，灰烬之余，身无长物，舍死求生，了无善策。言念及此，泪咽声枯，诚无意于人世矣。兹因秉、鉴发书之便，率沥被难情形大略，纸尽言余，诸希矜鉴。六月廿日瘦羊弟海滨书。

　　城破后，潘氏三兄弟或逃或留，避难在外的族人也音书难达，不知安危。其时仅常、昭两县尚存，苏州周边郡县也遍布太平军，仅几处未经占领的村镇集有民团与之抗拒。"江阴之王"即王源昌，或作王元昌，字克仁，江阴陆桥人，里中剽悍少年皆与之游。③ "永昌之徐"即徐少蘧，又名徐佩瑗（阿六）。长洲县东永昌（今拾联村）人。白头团练头子，因以白布裹首故名。徐是苏州附近有名的三头目，被清政府赏授"二品翎顶"。咸丰初，徐议集邻近猎鸟枪，各村民并其船，作为团练，并逐渐招壮丁扩充，拥有三四万人，数十百条枪船（为盐枭等地游民组织）。④ "黄土桥之马"即马善，字遇皋，长洲人。苏州失陷后，马善先负责黄土桥团练，集义勇三千人，朝夕训练。⑤ 为了有效管理这些地方民团，清政府授命庞钟璐为江南督办团练大臣，"派募沙勇，激励民团，联络各乡，竭力攻剿"。⑥ 和团练相比，官军节节败退，即便抗敌，也往往"议饷择期，每多掣肘"，"其势已难迅速，积习使然，无可奈何"。"官军迟一日，则苏民困一日"，因"天暑腹饥，中

① 弇山，古园名。明朝王世贞在其家乡太仓州（今江苏太仓市）所筑。后人因此以弇山为太仓的别称。
② 据潘裕博《大阜潘氏在苏州的堂名》考证，谦益堂是潘兆鼎在刘家浜的宅第。潘钟瑞当时的居所"香禅精舍"就在刘家浜老宅。潘家老宅谦益堂已焚，其居所也化为灰烬。参见张恺《歙故丛谭》，安徽师范大学出版社，2016，第195页。
③ 贾熟村：《太平天国时期的地主阶级》，广西人民出版社，1991，第122页。
④ 《渭塘镇志》编纂委员会编《渭塘镇志》，上海社会科学院出版社，2006，第410页。
⑤ 清史编纂委员会编纂《清史》卷四百九十二，"国防研究院"，1961，第5351页。
⑥ 《前任内阁学士庞钟璐奏报常昭等处防剿情形请饬曾国藩统师南下折》，中国第一历史档案馆编《清政府镇压太平天国档案史料》第22册，社会科学文献出版社，1996，第424页。

外焦灼"而死的人不断增多。① 当时"薛抚驻沪上，前藩在崑山，郡尊、邑尊隐"，薛焕驻守上海，前藩军在太仓，郡、邑各军暂时撤退，只有张璧田誓言要收复苏州，"出师石门十余战，屡胜而一败"，"嘉禾犹未复焉"。

纵观全文，两条主线交织在一起：一是潘氏家族亲人的情况，二是战事变化的情况。下文潘钟瑞致潘松生的信亦是如此。但是两封信的侧重点又略有不同。致潘小雅的信偏重战事的变化，而致潘松生的信则偏重族中亲人的情况。究其原因，或许跟收信人的身份有关。潘小雅任刑部员外郎，奉命帮办团练，因此信中以国事为先。而潘松生资料了无，可能身份平平，所以致潘松生的信则以家事为主。

二 潘钟瑞致潘松生信札一通

（一）族中亲人之近况和生死之变故

松生大哥大人手足：

自五月十三日别后，迄今一百余日，无刻不驰系，而音杳信沉，无从探听，回肠寸断矣。俟有东园仆金寿来，始得准信，知在海门，曾见吾兄，闻言忻慰，喜不可名。又知吾兄深陷坎阱，间关道路，万苦千辛，终得脱难。所谓吉人天相，总由平日心田中来，自能转危为安，闻之又复悲感欲哭。计上海海门道里非遥，一水盈盈，欲奋飞来前，一纾积悃而不得，乃借金寿回通之便，将别后情形，略借纸笔陈之。弟与桐弟自十三日由育婴堂出城，仍依心香处，曾送一字条致季家，候数日而吾兄不出，弟等寻觅老路，一时亦不得。至廿一日清早，方从虎丘后山间道走至黄埭，遇吴姓一人，为陶氏典伙，一路同行，是夜至荡口，廿二日至钓渚渡陶氏典。翌日有唐市便船，遂趁至唐市。桐弟寻见陶均如

① 南京大学历史系《中国历代名人辞典》编写组：《中国历代名人辞典》，江西人民出版社，1982，第507页。

寓借住，弟寻至汪典借住。是为廿四日。两月以来此是第一夜安眠也。时秉、鉴二公已徙璜泾，又迁璜泾之海滨，欲见不得，只索在典住下。在唐市遇见汪镜斋诸昆季，夏吟香、汪少安、小白叔祖诸人，却不见家中一人。角直又阻隔音信，与桐弟筹思无计也。迨六月十七日，有璜泾便船，弟遂趁往，是夜宿璜泾镇。明早至海滨，见秉、鉴兄及玉四姊姊诸人。渠等住茅屋中，炎风烈日，势不可耐，合寓大小俱病，荒寂之区，医药俱难，故疟疾缠染几遍，而四表嫂竟殁于茅舍，身后诸事侜张。六月之杪，桐弟亦由唐市到璜。七月初返唐市，又因三姊患疟，复来看视。至是始购得一熟悉角直路径之人，专足递书去。归时在七月望后，得尧鸣叔复信，骇闻三伯母寿终之耗，桐弟即匆匆奔丧而去。嗣后信来，乃得其详，盖角直遭劫在五月十九。先是漳浦被扰，颖兄挈眷暂避角直之乡间，觅得盐船，乃移往周庄，三日而角镇焚毁矣！伯母迭受惊恐，始亦患疟，继而疟止正亏，颖兄因身居不便，雇得周庄小屋暂住。上岸不数日，而伯母不起，幸复兄避居横泾之河桥，预有信通，前来侍疾，得亲含殓，时六月初五日申刻也。身后一切有朱文涛、卢小松帮同料理，灵柩暂厝周庄。七月望后，颖兄仍挈眷返至角镇，恰与桐弟相遇。复兄亦因顾氏岳母病故，居家三女产亡，不留恋于河桥，亦移眷至角直。赵翠丈家亦搬角直，角直吃惊，搬至上海，上海吃惊，仍回角直，而诵之侄病殁于身次。修①兄于六月下旬逃出，眷口无着，依栖端卿。曾有信来，知寅兄于六月初旬病故于家中。一家之死丧相继如此，然已略得情形。惟吾兄一人不知漂泊何所。颖兄信中云，恭、康两侄随杨晓峰至沙上，钟福往接大嫂侄女同行。去后月余，有人于许浦遇见钟福，知嫂侄诸人尚未渡海。弟得此信，即托璜泾海上人至彭家桥一带访问不得，又写招子嘱人分贴，迄无音响。

此札约写于咸丰十年八月（1860 年 10 月初）。太平军攻克苏州后，立即挥师东向直指上海。从四月十三日攻克苏州到五月十三日，一个月间，李

---

① 指潘宝儒。潘遵义嗣子（潘遵恺子），原名爵先，字修生，号证梅。吴县庠生。

秀成先后攻克上海附近嘉兴、昆山、太仓、嘉定、青浦、松江等重镇。[①] 甪直位于苏州和上海之间，太平军东征，又把战火燃到了甪直，百姓纷纷逃往乡间躲避。五月十九日甪直镇遭焚毁。随着战事变化，人们不得不多次迁徙。

（二）上海亦非乐土，期盼阖家团聚

迨八月初二，常熟失守，各处路途皆梗，甪直音问不通。十四日太仓复失，璜泾逼近，亦复震动。秉、鉴二公仍至海滨，舟居数日，觅得沙船渡海，来至沪上。沪上现在安堵，夷兵云集，欲与毛贼为难，似乎可靠，光景亦颇热闹。平阳、荥阳两家虽无定计，现在暂且住下，一隅之地，恐难安枕，或往庙山寻章敦甫，或往兰溪寻徐燮堂，大致总要远离贼氛。此间日用一切太费故耳，弟一身无着，万念都灰，既承招留，寄生衣食，自觉汗颜，然亦无可奈何。倘再他徙，亦只好随之，转移靡定，蓬断萍飘，未卜合家团聚何时也。秉、鉴兄因季玉四叔奉命帮办团练回籍，小雅兄亦在列，共二十余人，得旨已久，盼望来南相叙，未便挈其眷口远过浙江，故尔踌躇。即弟亦甚望小雅兄来，但不知出都之期，悬悬者已两月矣！甪直遭劫，衣服荡然，御寒无具，大小十余口，不知近作何状。又思吾兄以孑然一身，脱离虎穴，海门虽熟地，而并无生计，何以谋食，万难景况，不问可知。但天生我辈穷人，例受磨折，尚望珍重自卫，以待升平。现今苏城大户，寥落破家者不可胜数，平阳典业各宅俱废，旁观为之浩叹，而他乡尚有盛名，更须格外谨慎，真是难上加难耳。蒋南翁暨于千茂才皆故，仅存弱子，为彭讷生[②]带至江北，亦不成模样，秋宾一家未识如何，曾否同伴至海门否？研贻舅当时被陷，闻东园亦未得其音耗，省之一家究竟如何，吾兄有所闻否？余如

---

① 白寿彝总主编，龚书铎主编《中国通史》（第2版）第11卷《近代前编（1840—1919）》下册，上海人民出版社、江西教育出版社，2013，第986页。
② 指彭慰高，字讷生，长洲人。道光癸卯举人，浙江候补道。有《仙心阁诗钞》。

夏氏大姊之在田泾，陆氏二姊之在荡口，吟芸姊丈之在桐冈泾，前此曾有信通，后来闻各受滋扰，又不知荡析何方矣！吾兄曾往通州见晴兄否？迁兄搬至周庄，不久即行。晴兄寄书未达，闻有浙路之行。卿兄亦逃出会晤矣。东园北上想未必果，季玉叔、小雅兄南来，渠或同来沪上。吾兄能谒见同行，或有生发，亦未可知。沪上官吏如云，与民夷杂处，外观却好，然烽火伊迩，燕巢幕上，究非乐土，或不如海门沙上之安闲，未识彼处人情可靠否？书不尽言，言不尽意，拉杂满纸，借请旅安，并问大嫂大人懿安，恭、康两侄侄女均好。

弟期功功钟瑞顿首

如蒙寄书信，面写上海南门内乔家浜儒学正堂章公馆收下转交，尊处或托东园或托晴初①转寄可也。

八月初二日常熟失守，各条道路不通。十四日太仓复失，战事逼近璜泾。1860年夏秋间，太平军逼近上海，"太平军东进，上海官绅十分恐惧。由于当时上海地区的清军兵力薄弱，难以抵御太平军向上海的进逼，他们立即向在沪的西方殖民主义者求救。英、法侵略者为保护自己在上海的利益，答应承担保护上海的安全"。②

汪锡珪和汪藻因潘季玉奉命帮办团练而回归原籍，潘季玉即潘曾玮，1854年任刑部郎中，因亲丧回籍，奉命在籍办理团练，抵抗太平军。守孝期满，仍任原职。八年，率勇随清军攻克瓜洲、镇江。十年，避难至上海，奉命帮办团练。时任江苏巡抚薛焕为借外夷助守，成立上海中外会防公所，命其与吴云、应宝时等主其事。甪直遭劫后，潘钟瑞一路紧随表兄汪锡珪和汪藻逃至上海，逃生目标很明确，那就是要"远离贼氛"。苏州失守，则逃往常熟唐市，唐市战事吃紧，则逃往太仓璜泾，太平军逼近璜泾，则逃往海滨，最后逃至上海，然而上海"究非乐土"。整个逃生过程艰苦万分，经历种种生离死别。

---

① 指潘霙，潘遵澄四子，字杲庭，号晴初。长洲县廪膳生，道光壬寅岁贡候选训导，癸卯科举人拣选知县。
② 徐梁伯、蒋顺兴主编《江苏通史·晚清卷》，凤凰出版社，2012，第114页。

结　语

纵观全文，两通信札内容前后衔接，语言质朴，叙事真切。虽然数量不多，仅此两通，但均篇幅不小，对其略做疏释，有助于我们了解太平军攻破苏州城的相关情况、战事的发展和战乱中的流离，以及江南世族在这一时期的兴衰情况。

潘小雅为清朝官员，跟随潘曾玮帮办团练，直接加入了镇压太平军的阵列。潘松生"犹在育婴堂支持公事"，可以推断他是公职人员。潘钟瑞虽科考不利，未入仕途，主要以教馆为生，但身处经商世家，家道殷实，衣食无忧。作为士绅阶层，他自然是站在清军一方的，因此信札中多次出现污蔑起义军的字眼，如"贼""贼众""贼匪""毛贼""广东匪徒"等。此两通信札记录的细节有助于后人了解和厘清历史真相，可作为研究相关史事的重要参考资料。

晚清杭州府盐漕相关告示释读[*]

熊　彤^{**}

摘　要　浙江省博物馆藏有两件杭州府盐运、漕运相关的告示拓片，一件是民国拓清道光二十八年（1848）杭州府为盐运河照旧设立鱼帘告示拓片，另一件是民国拓清同治三年（1864）杭州府禁索盐水钱告示拓片。通过对两件拓片的内容进行释读，可以了解当时相关的禁约禁令，管窥太平天国运动前后杭州城运河一带的社会生态，以及地方政府的社会治理情况。

关键词　浙江省博物馆　杭州府　盐运　漕运　告示拓片

在传统社会，历代地方政府为了进行有效管理，维护正常的社会秩序，会公布禁约禁令，并勒石竖碑，以便当地民众共同维护和遵守。浙江省博物馆藏有两件杭州府盐运、漕运相关的碑碣拓片：一件是民国拓清道光二十八年（1848）杭州府为盐运河照旧设立鱼帘告示拓片，另一件是民国拓清同治三年（1864）杭州府禁索盐水钱告示拓片。这两件拓片均是 20 世纪五六十年代由西泠印社移交而来，下面分别对它们的内容进行考释和解读，以了解当时运河一带的社会状况。

一　民国拓清道光二十八年杭州府为盐运河 照旧设立鱼帘告示拓片

此件拓片纵 131 厘米，横 63 厘米，上端从右往左横写楷书"奉宪勒石

---

　*　本文为国家社科基金重大项目"大运河与中国古代社会研究"（17ZDA184）阶段性成果。
　**　熊彤，浙江省博物馆副研究馆员。

永禁"六字，"宪"字居上一行，其他文字行文竖排，共 11 行，共计 301 个字，落款时间处拓有"杭州府印"朱文印。兹将原文抄录如下：

奉宪勒石永禁

钦加道衔浙江杭州府正堂加七级纪录十次杨为出示谕禁事。本年五月二十八日奉运宪蔡批，前代理府详据委员仁和县主簿勘覆，城河鱼帘应准照旧设立，不准水手借扰等缘由，奉批查此案。前据杭所官具详，即经批示如详，饬遵在案。兹复由府委查，该渔户所设鱼簖与旧章相符，即中流排列软帘，随船起倒，于往来重载货船毫无阻碍，仰即饬将中流软帘照旧插钉，毋任借词滋扰，此缴绘图存等因。奉此，除谕饬该佃户将中流软帘照旧插钉外，合行出示谕禁。为此示仰杭所盐船水手人等知悉：尔等须知，北城河一带运盐河道系该佃户认佃完课，蓄鱼所设软帘业经委员堪明，与旧章相符，并无暗桩阻碍，尽可运盐过帘。敢再借词滋扰，一经访闻，或被告发，定即提案严究，决不宽贷。各宜凛遵，毋违！特示。

道光二十八年七月　日给发觅渡桥立石

拓片中提到了盐运相关的人物、机构、河道和规章等，具体解读如下。

第一，地方官员杭州知府、仁和县主簿。上面碑文中开头提到杭州府知府，据《杭州府志》记载，杨钜源①于道光二十七年（1847）任杭州知府，道光二十八年张印塘②由仁和知县转任杭州知府。③ 尽管拓片落款是"道光二十八年七月"，从首行"杨"看出当时杭州知府仍是杨钜源，仁和县知县是张印塘。仁和县主簿可能是三原人王铣，他于道光十五年始任主簿。④ 杭州知府更迭频繁，道光二十九年徐敬任杭州知府，一年一换。

---

① 杨钜源，字澘川，江西清江人。举人。此前先后任绍兴知府和宁波知府。
② 张印塘，字雨樵，直隶（今属河北）丰润人。道光三年任仁和知县，其子是著名清流派张佩纶。
③ 民国《杭州府志》卷一百零一《职官三》，1922 年铅印本。
④ 民国《杭州府志》卷一百零二《职官四》。

第二，盐运相关的"运宪"和"杭所"。"运宪蔡"即蔡琼，字渔庄，云南晋宁州人，嘉庆二十四年（1819）举人，官御史。道光十九年（1839）任陕安道，二十五年升浙江盐运使。① 明朝初年，"诸产盐地次第设官。都转运使司六：曰两淮，曰两浙，曰长芦，曰山东，曰福建，曰河东。……两浙所辖分司四，曰嘉兴，曰松江，曰宁绍，曰温台；批验所四，曰杭州，曰绍兴，曰嘉兴，曰温州；盐场三十五，各盐课司一"。② 清代在产盐各省设都转盐运使司，其长官称为盐运使，一般又称为都转。"运使掌督察场民生计，商民行息，水陆挽运，计道里，时往来，平贵贱，以听于盐政。"③ 其下设有运同、运副、运判、提举等官。

"杭所"即杭州批验所。清朝初年，"置巡盐御史一员，今归巡抚监理两浙盐驿水利，副使道一员，初置松江、宁绍、温台、嘉兴四分司督盐课，今并二分司管辖，杭宁绍温台分司运副辖杭绍二所，嘉松分司运判辖嘉松二所，皆驻郡城，批验所大使四员，杭郡一，盐场大使三十二员，杭郡四。杭州批验所在杭州城东北艮山门之内，濒东运河新桥，南掣厅西向，凡商盐到所，由艮山门入泊太平桥候巡，盐御史按掣（今归巡抚按掣），掣毕放行，泊德胜猪圈二坝，候程开运。运盐河有二道，浙东盐过坝进武林门，由中河出凤山门，过江坝，经富阳关、桐庐关、严州关盘验；浙西盐过坝，由官河出北新关，至苏湖二府盘验"。杭郡四场，其中"仁和场，旧在郡城庆春门内，仁和县东里四图地方"。④ 道光年间，两浙设杭、绍、嘉、松四批验所（绍所后并入杭所），于各所设甲商一人，由盐商公举，禀报官府盖戳详充。其中，杭州甲商办事机构设在杭州清泰街浙盐公所。

第三，桥梁和河道名"觅渡桥"和"北城河"。觅渡桥，今称密度桥。据《杭州府志》记载："觅渡，一作灭度，泄泛洋湖水，北抵德胜桥，转东过兴福桥，出东新关。"⑤ 而泛洋湖曾经是大湖泊，但是随着城市的扩大，

---

① 李厚之等纂辑《安康历代名人录》，三秦出版社，2010，第 266 页。
② 《明史》卷八十《食货四》，中华书局，1974，第 1931—1932 页。
③ 《清史稿》卷一百一十六《职官三》，中华书局，1977，第 3350 页。
④ 民国《杭州府志》卷三十七《盐法》。
⑤ 民国《杭州府志》卷七《桥梁一》。

逐渐成为一条普通的河流。"泛洋湖，在仁和县北天宗门外（淳祐志）猪圈坝下，受城中诸河水，通上塘运河，正德间，湖畔民居启土出一大船，乃泛海之舟，规制甚异。由是观之，是湖在昔日犹海水所溢也（《嘉靖县志》）。西自猪圈坝沿城以东抵会安坝，北分二派，一由觅渡桥穿河东、河西二村，值德胜坝转东；一由施家桥经五里塘至东新关河流，注上塘河，此盖古之大泽，自历代筑城御水，并以筑坝截流，而其形渐与凡河无别（《艮山杂志》）。"① 觅渡桥连接的泛洋湖一带水路是运盐河道必经路线，也是大运河的河道，拓片中提到的"北城河"当是泛洋湖变化而来的"凡河"，渔户在此片水域蓄鱼纳税。通过这些可以管窥杭州沿河一带的社会生态环境。

第四，渔户设"鱼帘鱼簖"及旧章。明清时期渔户是一种特定行业，需要向政府立案归籍，并缴纳若干渔课（即渔业税）。渔户主要以捕鱼为业，兼营淡水养殖业，照例完课。鱼帘鱼簖即"水篱笆"，在河道上插设竹簖，阻挡鱼类。从拓片内容看，当时杭州府对渔户所设鱼簖有相关规定，要求"中流排列软帘，随船起倒，于往来重载货船毫无阻碍"，清代学者汪沆在《城东归舟》中写道："三杯卯酒解船行，欹枕篷窗梦未成。猎猎忽惊鱼簖过，施家桥转见高城。"② 描述了清晨他在经过施家桥附近河道时，被船底经过鱼簖时发出的"猎猎"声所惊醒的状态，船是从鱼簖上经过的。采用软质材料制成的鱼帘鱼簖，船可过，而鱼无法通过。

清代不断出现私人强占江河，向渔民摄取渔利的现象，地方豪强霸占江河，设立木桩阻碍渔户正常捕鱼活动。这种情况在苏州府临太湖地区比较突出，如康熙三十六年苏州府《长洲县永禁河荡头目私征渔课碑记》警告，"敢有土豪衙蠹光棍等，仍□阳奉阴违，□□河荡头目名色，借端苛敛，私征渔课，……以凭拿究，解宪重处"。③ 这种现象严重扰乱了地方社会的正常秩序，因此遭到官府的严厉打压。正如拓片中所载，"渔户所设鱼簖与旧章相符，即中流排列软帘，随船起倒，于往来重载货船毫无阻碍"，正常的

---

① 民国《杭州府志》卷二十四《山水五》。
② 蔡云超等：《杭州河道诗词楹联选粹》，杭州出版社，2013，第 94 页。
③ 江苏省博物馆编《江苏省明清以来碑刻资料选集》，生活·读书·新知三联书店，1959，第 260 页。

渔户捕鱼活动和设施是受到官府保护的，而盐船水手的破坏鱼帘鱼籪的行为属于滋扰，竖立奉宪勒石永禁碑就是一种告诫。

二 民国拓清同治三年杭州府禁索盐水钱告示拓片

此拓片纵 162 厘米，横 77 厘米，行文竖排，共 10 行，共计 351 个字，落款时间处拓有"杭州府印"朱文印，现将原文抄录如下：

> 护理浙江通省粮储漕务道杭州府正堂加六级纪录十次薛为勒石永禁事。照得本府访闻，省城地方凡新开店铺，即有地保串同丐头向该铺户索费，名曰盐水钱，少则数千，多则十千不等，方可开店。稍不遂意，即率令恶丐及瞽目人等，赴铺滋闹，名曰踏店，诈钱入手，写给看管字样，红绿纸条，每年索取规费数，亦多少不一。种种索扰，大干法纪。查杭城收复业经半载，至今铺户仍未开齐，生意日见清淡，商贾不通，居民失业。本府心窃忧之，方期抚恤招徕，岂容若辈任意讹诈，至使开店之家望而裹足。如此，则元气何由而复？市面何由而兴？言念及此，实堪痛恨。除出示晓谕，并密访严拿外，合行勒石永禁。为此仰省城各铺户及各里地保丐头人等知悉：尔等铺户新开，不准再出盐水钱及踏店年规等项费用，亦不准接收看管条子。至各地保丐头，亦当痛改前非，尚可宽其既往；倘敢怙恶不悛，仍向各铺户索诈滋闹，许该铺户扭交地方官，尽法惩办，决不宽贷。其各懔遵，毋违！特示。
>
> 同治三年十月日立

此件拓片中提到了漕运机构和地方官员——护理浙江通省粮储漕务道、杭州知府，以及有关地保丐头向新开店铺索费等事。

第一，"护理浙江通省粮储漕务道"和杭州知府。"护理浙江通省粮储漕务道"是漕运官职。据雍正《敕修浙江通志》记载，"顺治初年设漕运总督一员，驻札淮安，又设漕储道一员，专辖粮运。十年裁漕储道，添设浙江粮道一员，轮征轮解，凡督征漕粮、修造船舱、佥运交兑、督押钤束、领运官丁，具系粮道职掌，别衙门不得干预"。① 顺治十五年（1658）裁浙江粮道，复设漕粮道，康熙四年（1665）裁漕储道，"六年覆准推官既裁监兑漕粮于各府同知通判内选委"。② 浙江通省粮储漕务道"管理粮务水利，监督收兑，催起重运，稽查各帮完欠收放诸款银粮，冲繁疲"。③ 所谓"护理"是低级官员兼任高级职务，此时的粮储漕务道由杭州知府薛时雨兼任，即首行提到的杭州知府"薛"。薛时雨（1818—1885），字慰农，安徽全椒人。咸丰三年（1853）进士，出任嘉善知县，同治三年（1864）任杭州知府，兼署督粮道，代行布政、按察两司事。

至于浙江漕粮运道，"由杭州府之武林驿北，历湖州府德清县东三十里，凡百二十里而达嘉兴府石门县，又东北历桐乡县北八里，凡八十里而经府城西，绕城而北又六十里而接江南苏州府吴江县之运河"。④ 此线路即运河沿线一带。

第二，"杭城收复"。1864年3月太平军战败失利，清军重新占领杭州。战后的杭嘉湖地区城乡破败，人口锐减。因此，清政府采取减免赋税、整顿社仓等措施，试图重建和恢复统治秩序。据《杭州府志》记载，同治三年正月二十九日，朝廷下旨："为政之要，首在足食，各直省州县设立常平社仓，国家承平留以备凶荒之用，一旦有事，恃以为缓急之需，所以未雨绸缪之计者，法至善也，各省常平社仓责成督抚大吏认真整顿，废者复之，缺者补之，随时稽查官仓民仓，未动之谷不得变价提用，至于仓谷已缺，绅民捐资弥补者，尤应加意保全，务使仓谷丰盈，以期有备无患。"⑤ 同治三年三月十四日，"上谕左宗棠迭次奏报，嘉兴杭州两府先后克复，该府地方久为贼踞，小民惨遭荼毒，荡析离居，田土荒芜，殊堪悯恻，自应一体施恩，保此遗子所有，杭州嘉兴两府属新复各州县地方着加恩，将同治二年及三年分（份）应征钱粮悉行蠲免"。⑥

---

① 雍正《敕修浙江通志》卷八十二《漕运下》，光绪二十五年（1899）浙江书局重刊本。

② 雍正《敕修浙江通志》卷八十二《漕运下》。

③ 《大清缙绅全书·浙江省》，北京荣禄堂刊本。

④ 雍正《敕修浙江通志》卷八十二《漕运下》。

⑤ 民国《杭州府志》卷六十九《仓储》。

⑥ 民国《杭州府志》卷七十二《恤政三》。

从上述拓片描述看，尽管采取了一些"抚恤招徕"的措施，但半年过去了，效果并不明显，杭州城"铺户仍未开齐，生意日见清淡，商贾不通，居民失业"，社会经济有待恢复到正常状态。

第三，"盐水钱"和"踏店年规"。清代实行保甲制，十户立一牌长，十牌立一甲长，十甲立一保长。保长，又称"地保"，掌管乡里户政、治安与赋役。"盐水钱"是地保勾结丐头向新开店铺收取的一种费用；"踏店年规"是丐头带领乞丐向店铺每年索取规费，费用多少不一。地保是古代管理地方杂务的执役人员，明清区划地方最基层单位名称为"图"，如"一都二图"，图的供职人，俗称地保。丐头即"叫花甲头"，管辖一方乞丐，定期向店铺收取费用，或在人家做红白喜事或新铺开张时代表一方乞丐讨要赏钱。

《清史稿·食货志一》记载："外来流丐，保正督率丐头稽查。"① 20 世纪 30 年代的一份调查报告中写道："到了清代，乞丐有了一种丐头，大抵是豪强有势的，得到资格，每一地方，由知县委派，分区管理。他们对于各区内的乞丐，有绝对的权威。新来的乞丐，必须先报到丐头的地方，替他服役，或是每天津贴多少，或是受重打一顿。假使他能够忍耐，就可以在那区内行乞。丐头因为要禁止乞丐沿路求乞的缘故，每月向商店征取丐捐，他就给一印就的红纸，贴在门口，就没有乞丐去求乞了。不过当他发钱给乞丐的时候，他往往从中取利，并且仍就（旧）放纵乞丐，让他们沿街求乞。所以，丐头不仅不能管束乞丐，反而剥削乞丐。这种丐头因为世代传袭的缘故，所以他们的权威，一直保存到如今，在地方上对于乞丐，仍旧是很有势力的。"②

从上述拓片内容看，丐头收取费用"少则数千，多则十千不等，方可开店。稍不遂意，即率令恶丐及瞽目人等，赴铺滋闹，名曰踏店，诈钱入手"，属于敲诈勒索行为，而且勾结基层执役人员，严重扰乱了正常的社会秩序，因此遭到官府的严厉打击。

第四，禁止恶丐勒索。乞丐属于贱民，恶丐则是使坏的乞丐。恶丐勒索

---

① 《清史稿》卷一百二十《食货志一》，第 3482 页。

② 吴元淑、蒋思壹：《上海七百个乞丐的社会调查》，1933 年稿本。转引自周积明、宋德金主编《中国社会史论》（上），湖北教育出版社，2000，第 742 页。

的行为在晚清并不少见。光绪年间福建晋江知县汪兴祎应乡人杨孙龄等人呈告，竖立"严禁恶丐"碑，碑文载："缘有不法恶丐，贪婪无厌，窥龄等乡小人稀，强乞图赖，索钱不已，继以索饭，稍拂意辄抛石投秽，百端横行，难以枚举。间有双瞽病废之丐，借端鼓氛，其横更甚。……为此示仰该乡约保练并乞丐人等知悉：自示之后，该乡遇有凶吉之事，乞丐如敢图赖索诈，恃众滋闹，责成约保会同丐首驱逐出境，倘敢不遵，立即扭解赴县，以凭究办。该丐首及约保练如不实力巡查约束，定即究革不贷。"①

恶丐对店铺随意索钱，这种滋扰社会的行为是地方政府绝不允许的，尤其对经历了太平天国运动后，百废待兴的杭州地方政府来说，重建城市，提振经济，恢复社会生气是当务之急。因此，杭州府对这种索钱行为表示"实堪痛恨。除出示晓谕，并密访严拿"，一方面严禁各店铺再交纳盐水钱等保护费，滋长这种行为；另一方面勒令地保丐头加以约束，严禁索要，否则严惩不贷。

结　语

上述两件盐运、漕运方面的告示不仅记录了晚清社会清政府严禁的一些不法行为，让我们了解了盐运和漕运沿途发生的不良现象，同时还生动展现了当时杭州城基层社会的生活细节。道光二十八年（1848）"杭州府为盐运河照旧设立鱼帘告示"描绘了杭州运河沿线的社会生态：夏季的觅渡桥一带河道水产丰富，渔民在河道中流排列鱼帘捕鱼，运盐的船只在河道航行，软帘随船起倒。但是盐船水手借辞滋扰，破坏鱼帘。为此官府立碑警示，禁止盐船水手的破坏行为。同治三年（1864）"杭州府禁索盐水钱告示"展示了太平军撤出后杭州城的景象："铺户仍未开齐，生意日见清淡，商贾不通，居民失业"，地保勾结恶丐勒索店铺，官府为恢复经济，严令禁止这种索钱行为。

这两个告示分别反映了太平天国运动前后的社会现象，因此从中可以管

---

① 粘良图选注《晋江碑刻选》，吴幼雄审校，厦门大学出版社，2002，第72—73页。

窥这一时期杭州城的社会变迁。太平军撤出后初期杭州城的重建困难重重，为促进商贾流通，除了采取"抚恤招徕"举措和禁止勒索行为之外，地方政府奏请朝廷减免关税，休养生息。《杭州府志》也记载，"同治三年十二月初二日，奉上谕，左宗棠奏请将北关缓开设，按月由厘捐酌拨以抵关税一折，据称浙省迭遭兵燹，凋敝不堪，市肆萧条，小民未能复业，即设法招徕，疮痍尤难遽复，若再竭泽而渔，不但百货翔贵，商贾糊口无资，即此孑遗之民生计益形穷蹙。北新关试办已逾三月，征数寥寥，实因关胥巡役等向来视为利薮，一经设关，故态复萌，借端刁案，以致商民视为畏途，裹足不前，请将关税暂停，以顺舆情等语，所奏切中地方利弊。浙省蹂躏已深，正宜休养生息，以培元气，任令关书巡役等擅作威福、肆意诛求，于关税毫无裨益，而闾阎苦累甚益，殊非体恤商贾之道，着将北新关暂缓开设关口，各税一概暂停抽收，毋得任听关书等纵惠，别生枝节"。[①] 因此，同年十二月，关税奉旨一概暂停，"从此商民始免关厘并输之苦"。[②] 这些举措为杭州城的重建和发展奠定了基础。

此外，告示中提到渔户、乞丐等民众群体，属于当时社会的最底层。但不同的是，渔户以捕鱼为生，同时缴纳渔课，属于地方政府的征税对象；而乞丐常常恶意索取，给社会稳定带来一定的破坏性，故而遭到地方政府的打压。杭州府为此特意竖碑警示，详列严禁的各种具体不法行为，督促改正恶习，维护社会的正常秩序，体现了传统社会中地方政府层面进行基层治理的种种努力。

---

①　民国《杭州府志》卷六十四《赋税七》。
②　民国《杭州府志》卷十八《公署一》。

综述及书评

"十九世纪中叶的中国社会"
学术研讨会综述

陆　嘉[*]

19 世纪中叶的中国，刚刚经历了第一次鸦片战争，开始步入半殖民地半封建社会。接踵而至的探索救国救民道路的太平天国农民大起义，席卷了大半个中国，在沉重打击清王朝封建统治、英勇抗击外国列强侵略干涉的同时，有力推动了中国近代化历史进程，对晚清社会的发展产生了重大影响。由中国太平天国史研究会、南京大学、广西社会科学院主办，广西社会科学院历史研究所、太平天国历史博物馆承办的"十九世纪中叶的中国社会"学术研讨会于 2023 年 10 月 13 日至 15 日在广西南宁召开，来自全国各地高校、研究机构的专家学者 60 余人与会，会议评审出参会论文 40 篇（太平天国史 24 篇、晚清社会史 16 篇）。中国太平天国史研究会会长朱庆葆，中国太平天国史研究会副会长、中国社会科学院近代史研究所所长夏春涛线上致辞，中国太平天国史研究会副会长、广西社会科学院院长陈立生到会致辞。与会者通过主旨报告、分组讨论、自由发言及逐个点评等多种方式，围绕太平天国与晚清社会史两大主题进行了广泛交流和热烈研讨。

一　太平天国史论

太平天国从广西出发，一路披荆斩棘，挺进江南，形成燎原之势。华强《太平天国与"广西狼兵"》认为：广西地处中国西南边陲，由于历史、地缘和文化诸原因，以壮族为主的"俍兵"被传为"狼兵"，自古就以矮小精

---

* 陆嘉，太平天国历史博物馆副研究馆员。

干、勇毅敢斗、忠诚骁勇闻名于世。太平天国起事后，英勇善战的广西兵在军律约束下，战斗力十分强盛，一路北上，很快攻克南京，建为首都，然后北伐、西征，取得一破清军江南江北大营的重大胜利。只是由于兵员损耗，尤其是 1856 年"天京事变"，杨秀清、韦昌辉等 2 万—4 万广西兵被杀，次年石达开离京出走又带走十多万老兵，给太平天国造成的损失是致命的。后期在战争中成长起来的陈玉成、李秀成等一批战将，虽多次在战场上把敌军打得溃不成军，令人闻风丧胆，但总难挽最后失败的颓势。凌宏斌《从洪秀全的诏令透视太平天国金田起义初期的艰苦卓绝和历史局限性》指出：金田起义初太平军遭到清王朝的重兵镇压、围追堵截，几次三番陷入险恶境地。危难时刻洪秀全及时发布诏令，号召全军将士同心合力，严守军纪，杀敌立功，共创太平天国。这些诏令对于激励士气、团结一心、击败强敌有着极重要的作用，反映出太平天国领导层在起义初期那种锐不可当的蓬勃朝气，预示武装起义必将获得胜利的前景。同时这些诏令中的某些说辞，也表明起义之初洪秀全已有严重的封建思想及历史局限性。该文收录了现存洪秀全在广西发布的十通诏令并进行了解读。熊英《论太平天国在常澧地区的军事活动》较系统地梳理了太平军在湖南西北部常德及澧州一带三次军事活动情况，认为其在与清军武装较量的同时，广泛吸收当地贫苦农民加入太平军，破坏和摧毁旧式封建统治秩序，搜罗和斩获大批战时所需的军用物资，对该地区的政治、经济和思想文化产生了较深远的影响。

太平天国起义之始就引起了在华攫有利益的英国的关注，报界持续进行报道，分析其对英国在华利益的影响，为政府提供相应的政策意见。丁国宗《事件、想象与对策：英国报界对太平天国早期运动的报道与思考（1850—1852）》指出：太平天国运动爆发后，英国在华、本土和英属印度等三地报界迅速展开跟踪报道。这些报道因运动局势呈现周期性与阶段性的特点，并夹杂大量的想象因素。其中，英国在华报界注重报道运动作为事件的起源、过程与细节，经历了从视其为普通盗贼到能够威胁清政府统治的起义军的过程，并成为海外报界的主要信息来源；英国本土报界则将欧洲思想投射于太平天国运动之中，赋予其各种政治意义，并将太平天国运动纳入世界民族革命的范畴；印度报界则强调太平天国运动的民族解放性质及其对鸦片贸易的影响。三地报界均认定这场运动不利于英国在华利益，建议英国政府借机与清政府展开谈判，助清平叛。这就为英国在 1861 年制定干预政策埋下伏笔，使得太平天国运动从最初阶段就面临中外反动势力联合绞杀的风险。

关于太平天国制度的研究，有几篇论文提出了新见解。陆嘉、杨涛、张铁宝《太平天国始行"诏书总目"制度的时间问题》认为：太平天国旨准颁行诏书总目制度是癸好三年（1853）三月上旬建都天京不久在思想文化领域里推出的一项新举措，它既是对内外的公开昭示，也是对书籍刻印颁行的统一管理。主要包括将原先刻印的诏书红封面全部改为黄封面；重印或新颁诏书的卷首一律附上"诏书总目"清单，并按诏书类别及敬讳秩序一一纳入其中；在诏书上盖"旨准"玺颁行天下。综合考证显示，该制度始行于癸好三年四月，而非学界认定的"夏秋间"。张铁宝、杨涛《论太平天国"旨准颁行诏书总目"制度》全面论证了该制度实施原因、内容、领导层矛盾干扰及衰落终止的全过程，指出太平天国于癸好三年四月实行诏书总目制度，定黄色为诏书封面标准色，上署旨准年份，中刻书名，环以纹饰；卷首"诏书总目"初遵敬讳秩序分类纳入已颁书目，后按旨准颁行时间依次列入，最末一书既是各该书出版时间依据，也是诏书已颁数目依据；诏书盖玺颁行。诏书封面署年是旨准而非出版时间。多种原因致盖玺难以维持，癸好三年十月后停止。随着领导层对中国传统文化及西方基督教约书的政见分歧不断积累，矛盾加剧，杨秀清屡以天父传旨干预，制约洪秀全颁书主导权，形成事实上的洪杨"二元主导"。这不仅导致了太平天国政策发生变化，也严重干扰了诏书编撰出版。杨死后洪虽努力振作，仍难挽回，诏书总目制度终如国势般衰落。洪仁玕总理朝纲后，陆续出版《资政新篇》等书，意味着天王或移交部分颁书主导权，致使诏书总目制度实际上处于停滞过渡状态，仅维持前期诏书的修订重版，庚申十年（1860）底终止。而干王因不具备颁"诏"身份，所出各书皆不得僭称诏书，也不准列入"诏书总目"。朱从兵《太平天国前期六官丞相制度形成问题新探》则专门考察了太平天国从起义酝酿阶段就设有的左右丞相二职制，随着形势发展和现实需要，其又依《周礼》不断增置完善，到建都天京后的癸好三年十月正式形成天、地、春、夏、秋、冬等六官正、又正、副、又副丞相二十四职制的经过，认为丞相在太平天国前期职官系统中排序为第三级，仅次于王与侯。它既是太平天国设置的高级官阶，也有担负重任的实际职责，不仅管理政务，还时常率众奔赴战场杀敌，且多因战功而得到升迁。六官丞相在太平天国前期的政治、军事、法制、外交和文化建设等方面均发挥了重要作用。刘晨《洪秀全的思想与太平天国统治方略之建构》指出：洪秀全的思想在某种程度上决定了太平天国统治方略的构建。太平天国以宗教起家，又以宗教立国。洪氏的拜上帝思想是太平天国的官方意识形态，是太平天国制定内外政策的指导思想和理论基础。太平天国的政权建设、经济、文化和社会改造等各项统治方略的演变，均体现了拜上帝思想的要义。洪构画的是一个体现尊卑有别、等级森严但又洋溢手足亲情、均匀饱暖的理想社会，这或是封建社会农民阶级所能萌生的最为朴素美好的生活愿景。以此为基础衍生出的反压迫思想、天下一家的大同社会构想，使太平天国作为中国旧式农民运动的最高峰在中国近代史上留下了浓墨重彩的一笔。然而拜上帝思想的消极性和不断强化的皇权主义思想、以自我为中心孤立行政的思想，也为太平天国的最终败亡埋下了伏笔。

太平天国人物一直是学术界关注的热点。林志杰《石达开的体貌、家眷及后裔考略》认真梳理相关资料后认为：石达开 14 岁接受上帝教，16 岁成为拜上帝会的重要骨干，20 岁参与领导金田团营起义。在太平天国核心领导层中既是年轻英俊的首领，也是一位文武备足的杰出将才。他和他的几位妻妾眷属及所生数子女，不是死于太平天国内讧的劫难，就是大渡河兵败时自殉或被清军杀害，无一存者。唯早年金田起义时寄养在家乡的大儿子因改姓换名为"胡永活"而得以幸存，并传了几代后人。黄振南、覃棉《石达开研究成果引得》将清末至 2023 年有关石达开的文献资料按专书、小说、连环画及其他、文集相关文章、单篇文章和书评等六类分别搜集整理，详细列出作者、篇名和刊载出处，为学界研究石达开提供了便利。李寅生《关于〈石达开全集〉校注的若干思考与回顾》介绍了从到广西宜州工作、得观该处白龙洞所存石达开题壁诗说起，进而申报立项了广西社会科学院研究项目"石达开全集校注"的缘由和经过。尽管《石达开日记》及《石达开全集》的真伪问题至今未有一个一致的结论，又有许多以讹传讹说法，但作者本着抢救性整理民族文化遗产态度，克服资料少、难度大诸多困难，认真进行校注，为太平天国研究积累了一些有意义的素材。该书 32 万字，已于 2023 年 5 月由凤凰出版社出版。达昕《再论李正高与太平天国的关系》通过解读清道光以来活跃在香港、华南一带的欧洲基督教分支——巴色会档案资料，探讨了出生于广东清远河谷岭的李正高与洪秀全、冯云山、洪仁玕等人间复杂的姻戚关系。其作为早年皈依拜上帝教的信徒，积极追随洪秀全参与反清活动。金田起义后因清军堵截，李正高未能赶往广西会合。他于1852 年参加广东清远河谷岭起事，失败后逃至香港接受瑞典传教士韩山文的洗礼，入巴色会。1854 年与洪仁玕同去上海欲赴天京参加太平天国。未果后返香港成为巴色会的助手，专意教会活动，与太平天国渐行渐远。王密林《黄朋厚史迹调查与生平考证》通过新发现的黄朋厚墓碑所记知其最终结局，并结合文献资料对其生平进行了解读。黄朋厚字翔云，广西博白东乡山猪瑯那亭（今博白县文地镇）人。生于道光十六年（1836）。十余岁随黄文金参加金田团营，一路征战，因骁勇敢战，声望渐著，被称作"小老虎黄十四"。庚申十年（1860）十月封充天安。癸开十三年（1863）九月后封奉王，与堵王黄文金同守浙江湖州。甲子十四年（1864）六月天京陷后，护送幼天王突围至安徽广德。在护送幼天王等撤往江西途中黄文金伤重而死，余部由黄朋厚统领，黄朋厚被钦封统领南方主帅。同年九月至江西石城，幼天王、干王等被清军截击遇害。他随侍王李世贤和康王汪海洋转战闽粤。同治四年（1865）底降于清将刘典。刘密嘱其留在太平军中做卧底，随时报知动向。因其事先告密，太平军在广东嘉应州大败，汪海洋战死。黄朋厚再降于左宗棠，被免罪并赏正五品守备衔。同治十三年赴台湾参与开山抚番之役，升都司加游击衔。光绪八年（1882）七月调浙江台州，因功奏保副将衔。光绪十一年三月，其于作战中腹部受伤，二十五日不治而亡，终年 50 岁。次年三月葬于安徽宣城东乡冲岭冷瑞冲蝉山。曾蓓、杨英《华尔墓从建立、维护到清除的历史符号意义》认为：美国人华尔因 1860 年太平军进攻上海，被清上海道聘用组建一支洋枪队抗拒。后在作战中取得几次胜利，得到清廷嘉奖。1862 年 9 月在浙江慈溪被太平军击毙，清政府按中国习俗为其修墓建祠，华尔葬于江苏松江，备受尊崇。辛亥革命后民国政府正面评价太平天国，冷落华尔墓，又出于维护中美关系的考虑，对华尔墓进行了维护。新中国成立后肯定了太平天国的革命意义，广泛进行宣扬和纪念，同时坚决反对美国对中国的干涉、遏制和孤立政策。当年镇压太平天国运动的华尔受到强烈批判，中国政府于 20 世纪 50 年代中期将其墓彻底清除。华尔墓作为一种历史符号，在中国近代各个历史阶段受到的差异性对待，取决于不同历史时期的政治利益诉求，并基本与太平天国的评价相对应。此外，林志杰《为洪秀全首次题称"天王"的冯九庙正名》考证了《太平天日》所载 1847 年 8 月，洪秀全从广西武宣东乡前往紫荆山途中，在冯九庙里"题诗斥庙"，首称"天王"。后人因不了解当时地方的真实情况，又未知太平天国文书中"由东乡路过逢九妖庙"之"逢"，是避南王冯云山姓氏讳而使用的同音代字，误认为洪秀全题诗所斥之庙是"九仙庙"，以讹传讹。其实，"九仙庙"不过是后人望文生义的臆造，子虚乌有，从东乡往紫荆山的交通要道上，冯九庙存在了近 200 年，它才是当年洪秀全举笔题诗之庙。

　　太平天国军事研究方面，陈峥、任婕《石达开覆没大渡河的自然环境因素考察》认为：石达开兵覆大渡河，与当地复杂的自然环境密切相关。石部太平军于春夏之交进入大渡河紫打地区域，高山冰雪融化，河水奇寒，无法泅渡，再加上气温变化而引发的疾病，减弱了部队的战斗力。大渡河河道复杂，水势凶险，突降暴雨导致河水暴涨，太平军多次渡河失败。紫打地一带地势险要，道路崎岖，使得石达开陷入清军和地方武装重重包围之中。诸种复杂的自然环境因素，是石达开全军覆没大渡河的关键和根本原因。孔令琦《但有文书期会，永无到防之日——同治年间常胜军会攻南京考析》从其缘起、波折和影响三方面进行了解析，指出 1862 年夏，湘军兵逼太平天国首都天京，忠王李秀成率十余万太平军进援。10 月，雨花台大战爆发，双方攻守惨烈，始有急调上海由洋人统领使用洋枪洋炮的洋枪队赶赴金陵助攻的动议。但因此举牵扯多方利益纠葛，该军拖至 12 月下旬长达 2 个月都未成行，被批"但有文书到会，永无到防之日"。加上此时湘军已抗住了太平军压力，局势转缓，也不愿难以羁縻的外人来分一杯羹。稍后发生的"闹饷事件"，让所谓会攻金陵一事彻底寝议。

太平天国起义后，各地会党群起响应，有力掀起了全国反清高潮。廖大伟、王健《刘丽川抑或陈阿林——上海小刀会后期领导人辨析》认为：上海小刀会的主体是广东帮和福建帮，主要领导人有刘丽川、李咸池、林阿福和陈阿林等四人，而始终坚持斗争到最后的只有刘、陈二人。在后期，刘丽川的领导地位明显下降，陈阿林的角色越显重要，刘降陈升使得粤闽帮之间的隔阂在各自领导人的带领下日渐凸显，是小刀会发生内讧的重要原因之一。刘、陈领导权力的变化，体现了小刀会内部权力斗争的激烈，这为研究小刀会最后败亡的真相提供了另一侧面的补充。池子华《雉河集会战与张乐行前期捻军的覆没》指出：1863年3月，僧格林沁统辖各路清军与张乐行捻军在雉河集展开最后的决战，捻军力战不敌，终于失败，大批捻军将士罹难。19日张乐行率残部突围而出，23日至蒙城西阳集李家圩遭出卖被擒。4月5日捻军盟主张乐行殉难于亳州义门集周家营，前期捻军至此失败。其覆没，原因固然很多，但小农生产者思维的负面效应不容小视。

关于太平天国运动的影响，傅诚金《为中华民族复兴之路奠基——太平天国运动的时代意义》认为：自1840年鸦片战争爆发到1949年新中国成立，中华民族为了救亡图存，历经磨难，前赴后继，奋斗了100多年。从农民阶级探索救国救民的太平天国运动，到学习西方技术的洋务运动，到戊戌变法和辛亥革命，再到中国共产党领导的新民主主义革命，无数仁人志士的抗争与探索都是在寻找民族独立、人民解放、国家富强、人民富裕的道路。因此，太平天国运动具有新的时代意义，它是中华民族伟大复兴之路中不可或缺的一个历史环节，是实现中国梦的历史起点。在中华民族伟大复兴的历史语境中，太平天国运动与近代中国历次救亡、变法、革命的精神一脉相承。魏星《新中国成立初期对太平天国的评价与建构——以〈人民时报〉为中心的考察》指出：新中国成立后，中国共产党人确立了以唯物史观为基础的评价体系，对太平天国等重大历史事件重新给予了正面评价，肯定了太平天国的革命精神，客观指出了太平天国失败的经验教训，以及其对中国近代史产生的深远影响。这一时期在全社会范围内展开了积极的宣传，广泛开展了各类纪念活动。通过国家话语的重构，太平天国的革命形象得到全新的塑造和传播。何鑫《萧一山与太平天国典制研究》则认为：清史专家萧一山对太平天国典章制度研究有较大贡献。萧氏《清代通史》初版中对太平天国典制的早期认知、海外访学据新史料深化研究和民族革命史观转变后在《清代通史》修订中最终呈现太平天国典制较为系统精进的论述，颇具影响。吴善中《万物逐波流 金石终自止——〈祁龙威文集〉序》扼要介绍了当代著名历史学家祁龙威先生的生平简历和治学成就，其在中国近代史尤其是太平天国史、辛亥革命史、张謇研究与晚清政治、清代学术史等方面做出了卓越贡献。《祁龙威文集》5 卷本荟萃了其从事学术活动近 70 年的主要学术成果。杨金荣《〈师门五年记〉出版与流传史事补正——以胡适档案为中心》记述了罗尔纲所著《师门五年记》1944 年问世，其师从胡适的经历与感受。1958 年胡适在台湾自费印制，赠送海外学人。1993 年罗尔纲撰写《胡适琐记》曾提及海外读者对《师门五年记》一书的评价。随着胡适档案的对外开放，更多有关《师门五年记》在海外出版流传的史事得到补正。由此可以更清晰地发现《师门五年记》之出版始末，在海外学术圈的流传路径及其留给中国现代学术的启迪。以上论文多视角地描绘了太平天国的历史过往，有专题阐述，也有个案探究，学理兼及趣味，为构建正能量的叙事话语体系提供学术支撑，对推进太平天国史学研究良有启示和助益。

二 晚清社会史论

太平天国在坚持斗争十数年后虽然失败了，但它对晚清社会的政治变革、经济转型、军事建构及思想变化等等都产生了深远的影响。李玉《论晚清的洋务督抚创新》认为：靠镇压太平天国起家的晚清督抚们主政一方，从洋务运动开始在其施政过程中就表现出不少职务创新，不仅体现在"师夷长技"的新技术推广和各类企业创办，以及"师夷长制"的企业机制构建方面，而且体现在重要历史节点对于国政大计的谋划方面，从变革到革命，从经济到政治，从内政到外交，基本上贯穿了晚清史全程。晚清督抚创新表现出应急性、实践性、群体性与行政性等特点，在中国近代史进程中具有重要的作用与意义。但晚清的国情与政情，又使其受到相应的制约。从督抚创新角度切入，可以对中国早期近代化的面相与进程有一些新认识。李玉在另一篇论文《轮船招商局在晚清工业文化传播方面的影响刍议》指出：作为中国近代第一家股份制航运企业，轮船招商局是国人谋求工业强国思潮的成果之一，推动了中国船舶文化早期的大众化传播。因应业务发展需要，该局还创办了相应的船舶修理工厂，在一定程度上参与了中国近代化工业建设。招商局标志着洋务派官员近代工业文化观念的形成，在晚清工业文化传播方面产生了重要的作用和影响。

经济层面，倪毅《浙江省博物馆藏退契整理与研究》通过对浙江博物馆藏清代以金华地区为主的 94 件（组）农村土地田面权转让退契的整理，认为其大致可以分成作为田面权转让文书的退佃契、具有找价性质的退找契以及具有抵押性质的退契三种类型。太平天国运动失败后"富室多中落，田易佃而主，自有而耕之者什且七八"。1932 年调查，金华所属各县农户中靠佃种他人田和被人雇佣耕田的佃农、雇农占比已达 56.49%，其中兰溪县高达 83.6%，东阳县则为 80%。现存这些退契，既是当年田面权转移的物证，也直接反映出民间田面权交易的活跃和普及，说明民间社会在地权分化过程中权利观念的变化和认可。王继平《湘粤商道与晚清湖南社会》以传统湘粤商道兴衰为抓手，解析了地处该商道北段的湖南与之的密切关系，指出湘粤商道对古代湖南产生的影响，深刻改变了湖南经济和社会发展，特别是进入晚清，东南沿海城市尤其是上海通商口岸的开辟，改变了中外贸易的格局，湘粤商道也由繁荣逐步走向衰落。这一巨大变化对晚清湖南产生深刻影响，不仅影响了湖南经济的发展，也影响了湖南社会的变化，从而改变了晚清湖南的政治角色。刘增合《晚清外销财政管控中的部省博弈及其困局》认为：道光中叶以降，中国开始应对千年变局带来的严峻考验，国家财政快速跌入一个窘困时代，上下各方基于外销财政收支权限展开居上控下、延宕抵触的博弈，逐步演成"压榨式财政"的局面。如何管控晚清行省外销财政收支是清朝治国理政的主题之一。咸同后随着厘金、杂税、杂捐等新式财源的出现，清廷对外省财政收支严加管控，督抚为捍卫收支自由对户部多有戒备，形成彼此"互戒"的怪异格局；基于部库财政收支失衡的现实，清廷往往以高压汲取做法，甚至以钦派高官巡查施压的方式攫取外省外销财源，先后用于发放京官补贴、改善京旗待遇、支持京畿练兵计划，行省督抚敷衍应付者居多数。从晚清治乱机制看，清政府内外决策机制和权力体系发生严重的病变，在部省均陷入财困背景下，双方围绕外销财政的博弈，因户部坚持以集权理念管控外省，行省被迫以反压榨心态抵触应对，最终演成内外相蒙、彼此失信的治理困局，这是理解辛亥清朝覆亡的关键一面。

社会治理层面，黄雪垠《从朝廷到政府：晚清行政伦理的失范与重构》认为：在近代中国政治现代化的进程中，晚清时期处于传统行政伦理全面崩塌和现代行政伦理初步形成的关键时期。面对复杂的国内国际局势，传统行政伦理规范支撑的人事制度、财政制度弊端凸显，胥吏舞弊弱化了行政伦理的技术理性，官场网络化腐蚀了行政伦理的价值导向。在行政伦理重塑的过程中，政治精英们提出了限君权、伸民权、重技术、行法治、别公私、开官智等新的行政伦理价值导向和规范。这些有着现代化特征的行政伦理规范却并未真正地构建起来。其经验表明，必须围绕增进民治的行政伦理价值导向，必须依靠有曲突徙薪之魄力的行政组织，必须在内生外和的实践逻辑之中，才能真正实现从传统行政伦理到现代行政伦理的转型，完成从朝廷到政府的政治现代化进步。徐家贵《晚清广西民变与边疆治理研究》指出：晚清以来地处西南边疆的广西连遭天灾人祸，民变风起云涌，时间长、次数多、范围广，并受到太平天国运动、中法战争、清末新政的影响。清廷政治腐败，绿营兵不堪一击，为应对民变，清廷只能依靠士绅及其主导的团练。由士绅领导、脱胎于地方武装的团练取代清廷的绿营兵，不仅能有效应对地方民变，重建地方社会秩序，而且成为地方的防卫主力，促成了地方势力的崛起。民变使晚清广西边疆治理格局发生重大变化，以士绅为代表的地方势力在基层政治组织中的作用日益增强，地位不断上升，中央集权逐渐演化为地方分权，权力也转移到地方士绅手中，从以中央政府为主导的传统边疆治理格局转变为基层社会政治力量更为凸显的边疆治理格局。吴春梅《从张謇辞运河督办看近代导淮困境》通过探讨清末民初治淮重要人物张謇督办治淮治运到无奈辞职的艰涩经历后指出：其提出导淮方案，培养导淮工程人才，推进导淮机构建设，并先后担任导淮督办、全国水利总裁、江苏运河督办，主张运河与淮河及沂、沭河一体谋划，推进治理才有实效，并将防洪、灌溉、航运相结合，统筹兼顾，发挥综合效益。但治淮工程浩大，需要巨额经费支持，而政府地位缺失、无力拨款，地方筹款维艰，严重掣肘运、淮河的治理。加上淮河流域涉及豫、皖、苏、鲁四省及上、中、下游各地方利益，矛盾难以协调，无法统一行动，导致恶性循环，治理成效甚微。近代治淮困境表明，一个强有力、以民为本的中央政府才是治淮治运取得实效的根本保证。

涉外层面，清朝闭关锁国，严禁西方在华传教。第一次鸦片战争列强用武力强迫中国开放教禁，得以在五口通商口岸城市建"礼拜堂"。后屡有外国传教士违法进入中国内地传教，引发与民众的冲突，史称"教案"。黄振南、覃棉《西林教案余响粗胪》对发生于 1856 年的法国马赖神父潜入地处偏僻的广西西林活动，被地方政府依法处死一事进行梳理，还原真相。该文指出西林教案是近代中国特点鲜明的重大历史事件，是外国传教士非法"越界传教"的典型。它拉开了中国近代反洋教斗争的大幕，并与同年发生的"亚罗"号事件一起，成为英法两国发动第二次鸦片战争的借口。它见证了中国半殖民地半封建社会的进程，法国天主教得以公开进入广西传教，边疆社会生态平衡被打破，民族矛盾被激化。徐保安《洋务时期官员肄习西学的困境及其社会影响——重审京师同文馆天文算学馆之争》认为：1867 年京师同文馆增设天文算学馆，在由此引发的争论中，论辩双方均提出了官员是否可以肄习西学的问题。官员应是道德楷模，还是应具一技之长？治国应系于道德人心还是枪炮技艺？这是近代弱政府在向强政府转化过程中所提出的新问题，也是保守派与洋务派争执焦点之一。倭仁等人并不反对以西学培养专业人才（"工匠"），而是坚决反对科甲正途出身人员肄习天算，他们担心的是以西人为师与廪饩、升职诱惑对士习官德的冲击。其对官员道德的持续关注与高度敏感有其价值，但仅注重修身却不通政务、"时务"是其困境所在。奕䜣等人在官员学习西学问题上有推动之功，却无法理解"儒者"与官员的界限，在论辩中无法自圆其说。双方对垒的重要原因之一是对工匠、儒者、官员等群体的联系与边界认识不一。这场论辩对于三者关系的阐发引人注目，推动了"士"与"大夫"的揖别，昭示了"士"的近代走向，为当时重新思考官员选拔与培养标准提供了契机。深入分析双方观点背后的相关考量，有助于我们更好地厘清当时思想与社会发展演变的实际脉络。熊彤《薛福成致袁昶信札解读》指出：薛福成与袁昶均致力于经世实学，志趣相投，薛为出使英、法、意、比四国大臣，袁为总理各国事务衙门章京，两人都从事外交事务，工作中颇多交集。该文考释了浙江省博物馆藏光绪十七年（1891）薛写给袁的两通未刊信札，主要内容有二。一涉上年中国欲在香港设领事，英国提出要在新疆喀什驻员，当局以喀事为疑自罢港事。薛认为喀什与香港显系两事，不能因英国来提喀事而先自罢港事，理应据理力争，毋庸退让，维护国家利益。二因驻法参赞、代理驻法公使陈季同多次向外国银行"冒借私债"，有损中国声望，"亦几同汉奸"，在中法战争中让中国大吃其亏，将其奏参革职。陈氏得到李鸿章的偏袒，其事指被人诬陷，但最后的结案判决证明其罪证确凿。通过对这两通私函的解读，可以了解其所反映的历史事实，从中管窥晚清社会的人情交往和政治生态环境。

　　文化舆情层面，秦蓓《清代关于迎神赛会的法律及其实施》检视了清代极为兴盛的迎神赛会与政府的管制举措后指出：清政府在意的是迎神赛会是否影响统治秩序和治安管理，尽管对迎神赛会及其仪式、风气有诸多不满与厌恶，若只是普通民众烧香赛神祈福，并不会小题大做，严禁民间举办迎神赛会。胥杞璠《太平天国起义后花鼓戏入沪及其禁与兴》认为：为躲避战乱，江南民众纷纷涌入上海，除了大量资金和物资之外，也将各地的文化艺术带至沪上。花鼓戏作为在江南长期流行的民间小戏也在这一时期流入，并风行一时。进入上海后，花鼓戏从最初的难民求生手段转变为在茶馆、戏园等公共空间演出的艺术。花鼓戏表现形式大胆直率，故而颇受市民欢迎，观者甚众，引发官府的担忧，屡遭禁演。但花鼓戏的从业人员选择在租界演出，愈禁愈盛，不断发展。夏冬波《庆军在朝鲜的文墨情缘》指出：吴长庆作为淮军庆字营统领，所辖之军称"庆军"。光绪八年吴氏率本部将士从山东登州（今山东烟台蓬莱区）跨海赴朝鲜，协助李氏王朝戡定朝鲜发生的"壬午兵变"，恢复秩序，一举粉碎了日本欲以此事干涉朝鲜内政的图谋。随后庆军留驻朝鲜近两年，在此期间，素有儒将之称的吴长庆及随其赴朝幕府中的张謇、朱铭盘、周求禄、邱履平、袁世凯等人，与当地名士文人墨客多有诗文唱和，频繁进行文化交流。今首尔以"吴武壮公祠"为代表的历史遗存中，仍留有不少碑文匾联等文化遗产。王赫锋《清末民初日本旅人的江南意象与中国认识》探究了清末民初数以千计的日本人来到中国江南地区旅行，他们留下的大量旅行文献中书写江南所形成的"江南意象"及其背后所蕴藏的主体意识。认为对这些日本旅人来说，其江南意象与中国认识是关联紧密且互相影响的。其对江南的认知主要经历了从"江南想象"转变为"江南意象"的过程，而这背后所联结的中国认识则涉及两种形式，主流认识关乎从江户汉学发展而来的近代"支那学"，其中的一段插曲则涉及大正年间的"中国趣味"。清末民初的日本人正是在东西方两个"巨大的他者"之间，艰难地追寻着自身的独立和价值。此外，20世纪20年代正是新文化启蒙的尾声和国民革命行将喷薄的窗口期，社会各界对反传统、反权威、反革命的现象均极度敏感与焦虑。此时，深受压抑的近代女性群体陡然面临复杂变局。史灿《性别舆论与社会冲突——近代剪发潮下的中国女性》以20世纪20年代的女子剪发潮为研究对象，从被舆论符号化、被权力工具化的剪发潮出发，从性别、舆论等角度对剪发潮及其背后的相关矛盾和新旧更迭进行分析，进而论述剪发潮在该节点的集中爆发，表面上由舆论和性别等多重冲突构成，其内里更是蕴含着传统社会的近代转向，以及个体由不自决、少自由到启蒙觉醒的深层逻辑。通过分析剪发潮事件中的近代女性，进而揭示近代中国社会渐变的性别面相，并对沉默的近代女性致以敬意。这些论述触摸到了晚清社会的多个层面，在一定程度上反映出战后社会纷繁的景象，为探讨清政府重建模式提供了一些参考，尤其是对于思考晚清社会结构性痼疾及其覆亡的深层次原因具有借鉴意义。

　　总之，这次研讨会会期紧凑，论文数量、质量尚佳，参会者讨论热烈，畅所欲言，交流中各抒己见，集思广益，凝聚共识，对深化太平天国及晚清社会史研究多有裨益。会后部分代表赴桂平考察了金田起义遗址遗迹，参观了新建的金田起义博物馆。

"纪念上海小刀会起义170周年"
学术研讨会综述

朱从兵[*]

　　170 年前，在 1853 年 9 月 7 日，太平天国运动期间，上海爆发了小刀会起义，一时震惊中外。2023 年 12 月 1—3 日，由上海市历史学会、上海大学文学院主办，上海太平天国史研究会、复旦大学中外现代化进程研究中心协办的"纪念上海小刀会起义 170 周年"学术研讨会在上海大学宝山校区召开。来自国内 30 多家高校、学术机构和文博单位的 40 多位学者向会议提交了 30 篇高质量论文（其中直接研究上海小刀会起义的论文有 17 篇，占论文总数的 55%），会议通过主题报告、分组讨论和自由发言等环节，围绕着上海小刀会起义的背景、领导人、列强应对、影响和学术史等具体问题进行了热烈的讨论。

一　聚焦小刀会起义的历史背景，关注起义爆发的原因

　　上海小刀会起义的爆发有其相关的历史背景，邵雍《上海开埠与小刀会起义》认为，鸦片战争后特别是上海开埠通商后经济社会的发展演变、中外势力在十里洋场的聚合经营，孕育了上海小刀会起义。闽广移民之所以在小刀会中大显身手，一是因为他们有天地会同一帮会系统的组织凭借，二是因为有公所绅商的合法掩护，三是因为他们与洋人有着经济上、业务上合法的和非法的广泛联系。只有在开埠后的上海，只有在太平天国胜利进军江南这样的非常时期，外来的闽广移民才有可能同时具备这三大条件。这些条

---

[*] 朱从兵，苏州大学社会学院教授。

· 176 ·

件是同一时段其他地方帮会组织所不具备的，它决定了上海小刀会的活动能量与空间。周育民《从抗粮拒捕到武装反清：青浦周立春抗粮斗争略探》指出：青浦周立春在咸丰二年（1852）领导的农民抗粮拒捕斗争是上海小刀会起义的先声，青浦粮差与乡民联合抗粮的格局造成了青浦农民抗粮从一开始就把矛头直指官府，胥沟桥之战发生后，就青浦乡民抗粮的事态性质而言，仍介于抗粮与反叛之间，而与上海县城的广东帮立会结盟，则标志着青浦县乡民的抗粮拒捕斗争开始走上反清武装斗争的道路。陶继明《瞥闻鼟鼓震天雷——罗汉党起义》探讨了徐耀、陈木金等在太平天国运动形势鼓舞下组织罗汉党的过程和在嘉定发动起义的情况，指出罗汉党起义军曾试图与青浦周立春、上海小刀会联系，打出"反清复明"的旗号，以"大明国"为国号，成立"义兴公司"，认为由于起义军未能处理好与地方绅士关系，不仅失去了乡绅的支持，同时也失去了民心，最后嘉定被攻陷，起义军退往上海。

从较长时段的历史来看，小刀会起义之前的清代历史和太平天国时期的清史可看作间接性历史背景。关于小刀会起义之前的清史，姚在先《清代江南乡村民众运动中的动员机制及官府应对策略》认为：在江南乡村的民众运动中，起主导作用的往往是一些地痞流氓，倡议抗租的原因只是"正可借此以恣抢劫"，这样松散的群体很难不断加强群体内部整合，在社会舆论上无法得到绅士阶层的支持，故而最终失败。而官府应对以镇压为主导思想，较少在长期政策上做出积极改革。一次冲突被镇压下去，仍然会以相似的形式不断反复。在太平军到达之前，江南地区田赋与漕粮征收弊病突出，社会矛盾日益激化，不断的民变背后是江南地方社会的整体性危机。秦蓓《清代冒捐案件中的衙役》指出：衙役群体承担着衙门中大量繁复杂乱的工作，却还受到法律和社会的约束，不能应考、报捐入仕。衙役中并不是所有人都安于这一现状，有的衙役通过冒捐，改换身份，以便跃入士绅阶层而实现阶级跨越。清代中晚期衙役冒捐案屡禁不止，也体现出社会风气的松动和身份制度在社会实践中的松弛。刘润雨《清前中期贵州地区苗民叛乱中的逆产处理》认为：清代的地方起义传统是长时间的、持续性的，而官府在镇压过程中最重要的问题之一就是"逆产"处理与土地资源的重新调配。

清前中期对贵州地区苗民起义中的"逆产"处理审慎而保守，尤其是在"逆产"屯军和变价入官方面，政治性考量占据首位。关于太平天国时期的清史，王继平《太平天国时期的会党》指出：太平天国时期湖南会党的活跃与起事的频繁，是晚清湖南乡村社会治理失范造成的，保甲制度的废弛、宗族组织的衰落，为会党的活动提供了空间，而地权的集中、乡村经济的凋敝，则是会党蔓延的社会基础。刘长林《李宗羲从军需官成长为地方大员原因分析》认为：李宗羲从知县、战争时期军需官成长为一位地方大员、国家重臣，其根本原因在于他恪守儒家理念，持正济世，遇事有主见，为官能为百姓着想。作为地方大员，战后采取了不少利民措施，对为官地区战后社会秩序的恢复、社会恶习的废除及社会道德的养成，做了一些有益的事情。但他对朝廷建言抵御外侮的真知灼见并未被采纳，报效国家的理想并未实现，因病过早离世，是晚清腐败状态下人生悲剧的一个缩影。这些论文所反映的问题意识可作为参照，为进一步思考上海小刀会起义的相关或相类似的问题提供背景性或知识性支撑，特别是对于思考小刀会起义爆发的背景和原因是有借鉴意义的。

二 聚焦小刀会起义的领导人物，关注起义失败的原因

关于小刀会起义的人物研究，主要集中在对小刀会起义领导人的研究上。廖大伟、王健《刘丽川抑或陈阿林？——上海小刀会后期领导人辨析》认为，在上海小刀会起义期间，刘丽川的领导地位在明显下降，而陈阿林的角色越来越重要，发展到后期刘、陈二人已成为上海小刀会的共同领导人。这种领导权力的变化，体现了小刀会内部权力斗争的激烈，这给研究小刀会最后败亡的实际真相提供了另一侧面。冯绍霆《关于刘丽川》主要以刘丽川等小刀会首领与法国领事馆方面的来往函为第一手材料剖析了刘丽川的形象，认为：复杂的时代和复杂的社会造就了刘丽川这么一个复杂的人物，他称不上反帝反封建，不过是趁时而起的一分子。他确实不是一名龚自珍所说的"才盗"。然而，曾经有一段时间，他享受到了太多的推崇，不能不说是

一种令人深思的悲哀。朱从兵《上海小刀会起义中的议降投降问题》揭示了小刀会领导人议降投降风潮的波动性特征和在年关、年中出现的时间特点，指出清军进攻、列强干预、太平天国否认和自身内部矛盾等因素造成的窘况，往往成为小刀会领导人议降投降的契机，议降投降风潮消解了小刀会起义的凝聚力和战斗力，使小刀会领导人无法组织起一个方向的优势兵力倾力突围，从而实现"率众归附"太平天国的战略目标。唐永余《徐渭仁与小刀会起义》探讨了滞留上海县城的乡绅徐渭仁加入小刀会起义的情况，指出，他以"乡绅"的立场看待起义军，试图调和清政府与小刀会的矛盾，调度维持从英、法等列强取得物资供应的联系。但是，夹在义军与清军之间的模糊立场，使得双方都视其为敌人，最终造成其瘐死狱中。

上海小刀会从起义一开始就试图与太平天国取得联系，自始至终都在努力处理好与太平天国的关系，并在一定程度上将此上升到战略的高度，太平天国对小刀会的态度和政策，也可以成为探讨小刀会起义失败的切入口。因此，要研究小刀会起义败亡的原因，就有必要深入探讨太平天国史的相关问题。关于太平天国史，张铁宝、杨涛《沧浪钓徒其人其事小考》认为，作者署名为沧浪钓徒的《劫余灰录》，作为当时人记当时、当地事，对考察和研究太平天国时期苏南、浙北的史事具有一定的参考价值。晚清时期苏州当地著名评弹艺人马如飞曾自号沧浪钓徒，该文从生活年代、居地郡望、著述笔迹比对、著书地点等方面加以分析和考证，认为马如飞就是《劫余灰录》稿本的作者，从而破解了《劫余灰录》作者为谁的谜案。在主题发言环节，张铁宝还就太平天国的东进战略与小刀会的关系进行了有益的思考。熊彤《晚清嘉兴石门县门牌研究——兼与浙江省其他县比较》在介绍浙江省博物馆藏清代门牌的基础上，将太平天国时期石门县门牌与浙江省各地门牌、战后清政府所颁门牌进行比较，认为太平天国在各地发放的门牌基本相似，而与清政府发放的门牌迥然不同，这是由太平天国与清政府在基层社会治理方面的不同造成的。太平天国设立乡官制度，对加强基层社会的治理的控制是发挥了一定功效的。但是，太平天国后期门牌普遍存在收费现象，发展成门牌捐，还存在重复征收的现象，增加了百姓生活负担，影响其他政策的推行，这又不利于对基层社会的治理和控制。刘晨《洪秀全的思想与太平天国统治方略之建构》认为洪秀全的思想在某种程度上决定了太平天国统治方略的构建。太平天国以宗教起家，又以宗教立国。洪秀全的拜上帝思想是太平天国的官方意识形态，是太平天国制定内外政策的指导思想和理论基础。太平天国的政权建设，经济、文化、社会改造等各项统治方略的演变均体现了拜上帝思想的要义。其积极的内容使太平天国作为中国旧式农民运动的最高峰在中国近代史上留下了浓墨重彩的一笔，但消极性和不断强化的皇权主义思想、以自我为中心孤立行政的思想，也为太平天国的最终败亡埋下了伏笔。苏然《飞而复来号盗船事件再考：盗船主谋是白齐文还是呤唎》指出：太平天国后期发生了非常著名的"飞而复来"号盗船事件，英国蒸汽船"飞而复来"号在上海被夺走，归太平军使用，直到该船被清军和洋枪队击毁。一百多年来，中外学者一致认为事件主谋为呤唎。但根据李鸿章书信和赫德日记中的相关内容，事件的真正主谋应是白齐文。该文认为：白齐文并非纯粹的投机分子，他对太平天国怀有较深感情，盗取"飞而复来"号的动机是返回苏州，重新投奔慕王谭绍光。只是由于他被李鸿章逮捕，最终未能成行。以上论文对太平天国史的相关问题的深化是有所贡献的，对于思考太平天国与上海小刀会起义的关系也有所裨益。

三　聚焦小刀会起义期间列强在沪势力，关注起义产生的影响

上海小刀会起义触动了西方列强在上海的利益，对上海外侨的安全和贸易构成了一定的威胁，列强在应对和干涉起义军的过程中，乘机加紧劫夺江海关税征收权，并进一步攫取了中国海关管理权，中国海关由此而丧失了保护本国经济发展的职能，加深了近代中国的半殖民地化。关于列强在沪势力的研究，谢俊美《英美法列强谋夺江海关税征收权述略》指出：第一次鸦片战争前后，上海地区征收外商关税由江海关进行，英、美、法商人则一直企图谋夺关税征收权，利用中国内乱和农民起义夺取对外商征税权成为英、美、法等整个西方资本主义列强共同的目标，上海小刀会起义期间，列强如愿以偿，最终实现了这一目的。华强《法国对上海小刀会从"中立"到镇

压研究》认为，小刀会占领上海县城以后与法国的摩擦不断升级，法国打破标榜的"中立"政策要求小刀会从上海县城撤退。清政府向法国求援，法国决定向小刀会发难，在清军和法军的联合进攻下，小刀会被迫撤退，起义归于失败。费志杰《小刀会占据上海期间在沪外侨的立场与行为》认为：小刀会起义爆发于外侨群居的上海，不少在沪外侨都想通过向交战双方提供服务或倒卖军火获取高额回报，大大改变了双方的攻守态势，借助外侨援助，交战双方都接触到了部分西式武器，甚至掌握了部分近代战术。小刀会坚持与清军抗衡 17 个月，主要还是依靠自己的顽强战斗意志和战略及战术安排。丁国宗《英国对小刀会起义的应对与清廷因应》利用搜集到的英国档案史料，认为：小刀会占据上海以后，英国驻沪领事阿礼国先后构建临时税收体制和新税收体制，并策划泥城之战，确保英国在华领导权，并使清廷江浙官员屈服，中外反动势力在上海得以结合，中立政策随之被弃。但由于英国外交部的反对，英国并未如法国一样进行积极的军事干预，中外反动势力仍未在中央层面实现联合。正是由于列强势力的干预及其在小刀会起义期间的作为，小刀会起义对上海城市发展和中国近代历史进程产生了深刻的影响。

关于小刀会起义的影响，可分为即时性影响和后续性影响。即时性影响是指小刀会起义在当时所产生的影响。蔡宏俊《小刀会起义对于南京战局的重大影响》认为：上海小刀会起义使得向荣为主帅的江南大营腹背受敌，被迫分兵东进，筹建水师的问题一度受阻，江南大营错失进攻立足未稳之太平军的机会。上海小刀会起义也使得江浙地方官员的关系因漕运问题而趋于紧张，起义失败后部分人员参加太平军，对太平军二破江南、江北大营产生了间接影响。付清海《上海小刀会起义与上海城市格局重构》指出：上海小刀会起义的爆发导致清政府在上海的地方权力出现断层，外国租界在清政府地方权力断层的空隙中迅猛发展，浴火重生的老县城无法重现旧上海的辉煌，国中之国的租界从此在上海占据了半壁江山；散发浓厚现代气息的上海小刀会起义也推动了上海城市商业贸易的发展，对上海的城市化格局和城市现代化都产生了深远影响。

再从较长的时段来看，小刀会起义败亡之后的晚清史研究可以帮助我们认识小刀会起义的后续性影响，有助于推进小刀会起义和太平天国运动失败后重建史的研究。崔岷《何以拯救中国：晚清官绅的团练自强主张（1871—1898）》指出：以团练谋求国家强盛的主张于 19 世纪 70 年代开始出现，至"百日维新"时，清廷继咸同之后二度在全国范围内倡办团练。尽管团练以中国"旧政"的形象出现于晚清的自强话语体系中，然其得以在"变法"和"维新"声浪中发出足够响亮的声音，表明随着列强对华侵略的日益加深，一些焦虑无比却又苦于推行西法缓不济急的官绅试图从传统制度中寻找迅速增强国力的办法。魏星《官绅联络，兵民策应——咸同时期的江南团练》则认为，地方团练在咸同时期因太平天国战事而发展壮大，尤其是在太平军与清军作战的省份，地方团练或为自保或为劝办，逐渐成为一股不可小视的地方势力。在苏州、上海一带，江南团练为数众多，办团模式以督抚主导下的逐级多层管理为主。江南团练配合清方军队基本达到了既定的目标。李玉《1874 年日本侵台与〈申报〉的"振兴中国"讨论》指出：镇压太平天国起义之后，清政府暂时渡过了统治危机，兢兢于"自强"运动，迷幻于"盛世"复临。在此情境下，1874 年发生的日本侵台事件，受到以《申报》为中心的社会舆论的高度关注，并在该报引发了关于"振兴中国"的热烈讨论，构成了晚清变革求强思潮的重要组成部分。董圣兰《同"为激励士气、招徕商民起见"：治三年江南乡试补行与南京城市生态恢复》指出：经反复博弈，江南乡试在同治三年十一月顺利补行，带来了数目庞大的科举流动人口，为城市经济注入莫大商机与活力，推动了太平天国运动失败后南京城市生态的兴复进程。以上论文均在一定程度上反映了小刀会起义和太平天国运动所产生的长远影响和清政府重建的努力。

四 聚焦上海小刀会起义研究的学术史，
关注深化研究的方向和趋势

此次研讨会对上海史学界长期以来为研究上海小刀会起义所做的努力和贡献给予充分的肯定和真诚的赞赏。上海社会科学院历史研究所和上海师范大学的老一辈学者搜集、整理和出版的《上海小刀会起义史料汇编》《福建·上海小刀会档案史料汇编》为学术界研究上海小刀会起义提供了坚实的基础，上海史学会、上海太平天国史研究会在小刀会起义逢五、逢十时刻所组织的各类学术研究会议也为学术界的交流提供了重要的学术平台，对推进上海小刀会起义的学术研究做出了积极的贡献。可喜的是，本次会议有3篇论文涉及上海小刀会起义研究的学术史，这是本次研讨会的一大亮点。李志茗《筚路蓝缕：徐蔚南的上海小刀会起义研究》探讨了徐蔚南开创上海小刀会起义研究的情况，揭示了上海小刀会起义研究的学术史源头，指出：徐蔚南是一个被学界遗忘的民国时期文史大家，他在任职上海市通志馆后，投入上海地方史研究，取得了很大成果，不仅发掘了一大批上海史料，而且撰写了一批高质量学术论文，尤其对于上海小刀会起义的研究很有建树，使之摆脱了太平天国史附庸的地位，跻身中国近代重大历史事件行列，为小刀会起义研究开创了一片新天地。马军《从中心到边缘——复所之后上海社会科学院历史研究所关于"上海小刀会起义"的译研工作》则详细地展现了上海社会科学院历史研究所搜集、整理上海小刀会起义史料的经过和贡献及相关研究的成果，认为该所编纂和增补的《上海小刀会起义史料汇编》在学术界开展上海小刀会起义的研究中起到了中流砥柱的作用，也为该所赢得了很高的声誉，其在学术史上的地位与价值怎么高评也不过分。但令人遗憾的是，由于研究方向、方式和评价体系的转换，该所始终没有制订出新的增补计划，无论是编资、撰写论文，抑或开会研讨均日益减少，从而在复所后逐渐失去了这一专题研究的中心地位。作者最后指出：如何从边缘重返中心，恢复、加强"上海小刀会起义"等传统优势项目，看来是上海社会科学院历史研究所今后应该慎重思量的问题。朱敏彦、吕志伟《方志视野下的上海小刀会起义》梳理了各类方志中关于小刀会起义的记载，反映了方志史料在史料记载方面的某种偏向和在历史研究中应有的作用。二位作者认为，新志书更加注意对历史事实的客观陈述和对历史意义的深入分析，而旧志书更多地关注的是小刀会起义的细节和人物。这种差异主要是由历史的发展和社会的变迁所导致的。学术史的梳理为进一步深化研究小刀会起义研究奠定了基础。

上海小刀会起义是19世纪五六十年代全国各地反清武装起义高潮的一

部分，当时，东南沿海从广东到上海有秘密会社的起义，在西北、西南有少数民族的起义，在北方有捻军起义，在南方有更为壮阔的太平天国起义，各地起义相互影响，相互支持，有力地打击了清朝的反动统治。因此，将小刀会起义与其他反清力量进行比较研究，是深化小刀会起义研究的一种尝试。林志杰《上海小刀会起义与大成国起义之比较研究》认为，上海小刀会起义和广西大成国起义在天京东南和正南方向牵制了大量清军，严重地威胁到清军江南前线的粮饷供应，部分义军还加入太平军队伍，从而极大地支援了太平天国在大江南北的反清斗争；由于他们自身的局限性，起义军提不出明确的斗争纲领，无法形成强有力的领导核心，更不可能与太平天国实现真正的联合；在中外反动势力的联合绞杀下，两场起义均以失败告终。

上海小刀会起义深深地影响了近代上海的城市格局和后续发展，近代上海是全国对外贸易的中心，也是全国最为先进和发达的城市，其影响不只限于近代上海一个城市。加强和深化对上海小刀会起义的研究，对于认识近代上海城市史和近代民众运动史新动向均具有重要的学术意义。如何进一步推进或深化上海小刀会起义的研究，这是本次会议特别关注的。本次会议的与会者有很多年轻人，多为已经毕业的博士和在读的博士研究生，会议特别期待年轻学者在深化上海小刀会起义研究方面有所作为，并给出了以下建议：第一，体察学术发展的大势，在坚持以唯物史观为指导的同时，合理吸收其他史观的优长，回应倡建新革命史范式的呼吁，应对回归政治史的学术诉求，在上海小刀会起义史和太平天国史的研究中不断探讨新问题，建构新话语；第二，观察现实社会的需要，从上海小刀会起义史和太平天国史的视角为当代国家治理能力现代化的建设提供有益的借鉴，上海小刀会起义的爆发和太平天国运动的发生与清政府的国家治理、社会治理和基层治理中存在的问题有怎样的关系，上海小刀会起义以后上海社会秩序的重构和太平天国运动被镇压以后的战后重建，是否反映了清政府在国家治理、社会治理和基层治理方面的某些变化，这些变化与清政府的最终命运又有怎样的因果关系，都是可以研究的学术命题；第三，在史料方面，可从外文文献、口述史料和未刊稿等途径进一步加强搜集和整理工作，以支撑上海小刀会起义的深入研究；第四，在研究方法上，不要将上海小刀会起义的研究仅仅局限于太平天国运动时期的上海乃至中国，可进一步拓宽视野，以大历史的眼光将上海小刀会起义放到较长时段的历史进程中进行考察，揭示隐藏在上海小刀会起义和太平天国运动背后深层的历史逻辑和历史规律。

上海小刀会起义看似是地域性事件，但由于它发生在特定的历史时刻，牵动面广，影响力大，它就不能被看作单纯的地域性事件。此次研讨会的鲜明特点是，在梳理学术史的基础上，将上海小刀会起义研究与对太平天国史、清史、中外关系史的研究紧密联系起来。尊重学术发展的规律，体察国家和社会现实的需要，从更广阔的学术视野和较长的时段去深化小刀会起义的历史研究，成为与会学者的基本共识。青年学者作为深化上海小刀会起义研究的新生力量，在研讨会有出色的表现，在将来是可以大有作为的。可以期待的是，对上海小刀会起义的深化研究，必将有助于推进太平天国史、清史、中外关系史的相关问题研究的深入，对于进一步构建完善的、科学的中国近代史学科体系、学术体系和话语体系也将发挥积极的作用、产生深远的影响。

体大虑周、研精覃思的禁毒史新作

——评朱庆葆教授主编《中国禁毒史》

刘一航[*]

摘　要　烟毒对近代中国的政治变迁与经济社会发展造成深刻而又深远的影响。由此，禁毒史成为中国近现代史的重要组成部分，是多年来学界的一项重点议题。朱庆葆教授主编的《中国禁毒史》从客观历史环境出发，基于政府行为与政策效果的视角，从社会层面切入，对中国二百余年的禁毒历程进行了全面详尽且主次有序的系统考察，做出客观公正的评析。既有对中国近代禁毒历程史的全景式呈现，又有对晚清以降历届政府禁毒工作得失成败的深刻检讨，为新时代各级政府的禁毒工作提供了宝贵的历史借鉴。

关键词　《中国禁毒史》　鸦片　社会改造

"禁烟""禁毒"是贯穿于中国近现代史的关键词。习近平总书记指出，"禁绝毒品，功在当代、利在千秋。禁毒工作事关国家安危、民族兴衰、人民福祉"。[①] 中国禁毒史集中体现了中华民族不屈奋斗和勇于抗争的精神，亦可窥见社会史、革命史以及对外关系史相互交织的复杂面相。由南京大学中华民国史研究中心主任兼江南大学历史研究院院长朱庆葆教授主编的《中国禁毒史》（南京大学出版社，2023），对中国二百余年的禁毒历程进行

---

　*　刘一航，南京大学马克思主义学院硕士研究生。
　①　中共中央党史和文献研究院编《习近平关于总体国家安全观论述摘编》，中央文献出版社，2018，第 145 页。

了深入研究和系统总结，堪称当代中国禁毒史研究的集大成之作。此书全面解读了近代中国历届政府的禁毒策略制定与政策推行过程，对不同时期禁毒政策的成效进行了综合评价。与以往研究将"近代禁毒"截至 1949 年不同，此书论述范围下延至 1953 年新中国全面禁绝毒品，首次系统勾勒新中国成立初期的禁毒历史图景，揭示了中国共产党领导的禁毒工作对于新生的人民政权及国家建设、社会变革的深远影响。

受全球毒潮泛滥等因素影响，当前中国面临的禁毒斗争形势依然严峻复杂，禁毒工作任务依然艰巨繁重。特别是境外毒品渗透不断加剧，国内制贩毒活动持续高发等问题给中国禁毒带来更大挑战。这既是禁毒形势发生复杂变化的现实表征，又与历史上的烟毒问题存在相似的延伸脉络。《中国禁毒史》从政策与时势、政策与人物的交互影响、碰撞中，深入研究、系统总结中国禁毒史上的经验教训，为党和政府在新时代更好地开展禁毒工作提供了有益的历史咨询，具有重大学术价值与社会意义。

一 抽丝剥茧，厘清史实脉络

《中国禁毒史》共五册，以时间为序，分为《清代卷》、《北洋政府卷》、《国民政府卷》（上）、《国民政府卷》（下）、《共和国卷》。各卷内容主线清晰明确，内容细节详尽、重点突出，凸显了不同政权对"禁毒"的真实态度与政策设计。禁毒史是一项涉及政治史、经济史、社会史等多个领域的宏大工程，内容繁杂且论述难度大。《中国禁毒史》的编写团队克服重重困难，探索出一条内容全面、史论结合的学术理路。

此书自"何谓鸦片"写起，首先对古代鸦片源头进行介绍，由鸦片输入、种植、服用的悠久历史和鸦片贸易入手，导出近代中国被"毒化"的历史情境与社会危害。其次书写历届政府与洋务派、维新派、革命派等各种政治势力围绕烟毒问题"你方唱罢我登场"，对禁毒政策的演变进行了主次分明的梳理：《清代卷》介绍雍正、乾隆、嘉庆三朝的禁烟政策演变，详述道光帝在"此物不禁绝，使流行于内地，不但亡家，实可亡国"的认识下，采取的严禁鸦片政策，重点着墨于"鸦片贸易的合法化与全面弛禁"和

"清末禁烟运动"，结合各地的罂粟种植、税厘征收、国际禁烟形势及中外交涉情况进行论述。《北洋政府卷》重点书写"民初禁政之延续"和"军阀时代烟禁的废弛"。"前清专制政府所行之禁烟政策，反不能行于民国，实为政府之奇耻大辱"，基于此，民初政府积极颁布禁烟法令，各地政府相对严格地执行了中央法令并颁布地方禁烟法令，以使禁烟政策适应地方的禁毒实际情况，如云南省将"运输鸦片者一律视为烟匪，随时派兵擒拿，烟土没收，运者治罪"。1917 年，中国全境已基本禁绝罂粟种植。但在政局动荡、财政短缺等情况下，北洋军阀时期烟禁废弛几成定局。此卷论及北洋政府弛禁鸦片，劝诱甚至勒迫民众种烟带来的多方面影响，再现云南省、直隶省、广西省等 22 个地区烟禁废弛后，毒祸更甚以往的具体情形，论据翔实，读之深受启发。《国民政府卷》用较大篇幅介绍"两年禁毒、六年禁烟"运动，日本对华毒化政策的实施及其巨大危害，抗战胜利后南京国民政府的禁毒努力。六年禁政的政策设计缜密周详、环环相扣，取得一定成效，但也存在严重问题。书中围绕禁政规划及实施环节、禁烟区域、禁政工作成效，对这一运动进行了全面考察，尤其是从"重税不重禁""法律执行宽严不一""腐败"等角度切入，阐述国民政府基层控制与社会治理能力不足导致的政策执行不力与社会成效不彰等问题，进一步加深了读者对于国民政府领导禁毒运动难以成功之原因的认识。

前四卷利用清政府、北洋政府、国民政府的政务档案，厘清禁烟禁毒的政策历程及实际效果，对政策做出客观评估，并以政策变化为主线，通过鸦片种植者、吸毒者、外部势力等主体与禁烟禁毒政策的互动，多线条、多角度、多层次地对政策变化前后的禁毒情景予以完整呈现，刻画不同政权的施政细节、外部势力干涉，以及民众的生活现状对禁烟禁毒政策产生的影响，凸显政策设计与执行效果之间的张力，展示政策在地方执行中发生异化的动态景象。穿插于前四卷的多个统计量表披露了毒品数量、吸毒人数以及毒品产生的利益等关键信息，使毒品输入与实际影响的史实具象化，实现宏观叙事与细节刻画的统一，更见烟毒在中国绵亘之久与影响之深。

禁毒是中共政权建设的必然要求，也是中共为人民服务的必然选择。《共和国卷》以"中华人民共和国成立前的禁烟禁毒工作"为开篇，相关论述在介绍革命时期中共的禁毒政策中徐徐展开。通过"禁烟禁毒政策和组织的确立及转变""禁烟禁毒宣传工作的实施与调整""农村政治运动与禁种工作的开展""禁贩运毒品的推进与烟毒贩的惩治处理""毒品收缴和处理政策的建立与变化""烟民戒烟断瘾及其改造"六大章节，旨在厘清共和国初期"政权""禁毒""认同"之间的内在关联，生动展现新中国成立后的执政党意志、干部素养、群众情绪和烟民态度之间的交织互动，详前人之所略，确属难能可贵。其中对中共开展的禁烟禁毒宣传工作的研究，尤见新意，作者重点关注中共禁毒宣传手段的灵活运用，从"控诉"到"情感动员"，再至构建"身份认同"，循序渐进地分析中共将阶级意识融入宣传动员的过程，并对运动中的政治与情感要素进行剖析，探寻其背后的建构逻辑，使论述的广度、深度彼此兼顾，学理分析与政治检讨相得益彰，尽显作者团队深厚的学术功底。

二　以政权建设为主视角，塑造立体化的禁毒史

政权在社会经济发展中通常扮演主导性角色。从大历史进程角度看，政权主导下的政策演变或许仅是周而复始的历史周期性过程的某一阶段。但将其置于历史长河进行横纵向的比较分析，就可能引申出新的研究问题。[1] 从清政府、北洋政府到国民政府，再到新中国成立，禁毒虽非政权建设的根本环节与核心要素，却与各项建设紧密联系、互为因果，且是各政权耗费巨大财力、物力与人力力图解决的社会难题。学界以往研究甚少从政权建设与施政质量的角度审视禁毒史，《中国禁毒史》以国家政权为考察重点，分析政治变革、经济变化与社会变迁中，不同政权主导下禁毒政策的流变。此书在以政权建设为主视角纵深禁毒史研究的同时，适度关注政治、经济和社会史因素，做出了辩证客观的历史解读。书中言明，禁烟禁毒需要"一个对复杂并充满危机的事务具有强大驾驭及管控能力的政府"，诚哉斯言，信哉斯言，中国近代历届政府禁毒之路及其成败充分说明了这一点。

---

① 周雪光：《寻找中国国家治理的历史线索》，《中国社会科学》2019 年第 1 期。

　　清朝雍正时期即已发布中国历史上第一个禁毒令，道光朝也曾对进口鸦片采取查禁、销毁的措施。晚清鸦片弛禁时期，鸦片税厘被应用于筹建北洋水师等多项大宗支应，部分税款用于兴办洋务，其政治意义不言而喻。囿于鸦片战争对清朝统治者的巨大冲击，晚清政府对禁绝鸦片犹豫不决，辗转腾挪，虽欲寻求禁烟与鸦片税厘之间的平衡，却始终难得一席"舒适之地"。在国内外多重因素影响下，清末禁烟运动形成"禁种植""禁贩售""禁吸食"的一套基本禁烟策略，事实上显现了清政府面对鸦片给政权带来的冲击而做出的审慎抉择。然政权衰败的现实决定了清政府已"没有能力进行广泛的社会动员，又无法保证各级政权不折不扣地贯彻新政措施"，禁烟政策的推行屡遇阻滞，更不可能实现禁烟成效向政权合法性资本的转化。在清政府无法有效控制鸦片泛滥，又对鸦片税厘产生极大依赖性的情况之下，鸦片实则成为清末政权危机的催化剂。民国政府成立后，从政权革新及合法性角度而言，鸦片必须涤除。然中央政权式微，各地军阀为开辟财源，在统辖地区开放烟禁，致使全国烟毒泛滥成灾。北洋军阀的烟禁废弛政策体现了鸦片烟毒对封建势力和官僚资本主义的政权的吸引力，军阀政权急需种植贩卖烟毒产生的经济利益，以充实军备、巩固政权。书中所列北洋陆军第七师吴新田部之例格外具体，该部初至陕南"枪不满 600，人不过 8000"，然辖区面积狭窄，遂"作为军规公开准许种植鸦片"，其制品"全部由第 7 师征购"，并运往汉口销售，很快吴新田部即"拥枪 24000 余支，队伍也扩充到30000 人"，更可见军阀政权与鸦片种植、贩运的紧密关系。国民政府主导的"两年禁毒、六年禁烟"运动和战后禁毒政策更为系统，但烟毒的蔓延没有就此止步。此书将国民政府战后禁毒失败的原因归于目标制定不切实际、法律制度难以遵循、中央政府权威不足、地方政府执行不力、国界边境管控乏力等，究其根本在于政权贪腐与无力。一方面，禁政人员"托庇各色军政警势力贩运售卖烟毒的大毒贩无心无力、不闻不问、不了了之"的枉法行为和"查缉人员利用禁令趁机敲诈"的工作手段，损害政府形象和法律威严；另一方面，国民政府自成立之日起，就没有建立起一元高效的政治体系，其政令"受到地方实力派的抵制，也受到了地方利益阶层的反抗"。书中生动展现政权建设与禁毒政策执行间难以调适的冲突，敏锐地捕捉到了禁政败亡的关键要素。

总览前四卷对禁毒政策得失的评价，此书深刻关注到政权在禁毒中扮演的极为重要的角色，对不同政权主导下的禁毒政策之流变与其间的若干特殊历史性转折，做出重新演绎和全新阐释。第一，禁毒政策由政府主导，不仅是一个社会问题，更关乎民众素质、经济发展等政权建设基础要素，因而禁毒政策从设计到执行都紧紧依靠政权力量，并为政权服务。第二，历届政府对禁毒的倾心程度及执行力度不尽相同，清政府对于鸦片利益若即若离，弛禁犹疑；北洋军阀政权更是竭力从毒祸中谋求自身利益。在此书的叙事中，政治史侧重展现宏观政治事件、禁毒政策、精英人物与历史烟毒问题的关联，经济史侧重审视烟毒贸易、经济利益、种植与贩毒问题等，社会史关注禁毒政策下社会主体与国家政权的多维互动，三者充分融合，从而实现学术研究的多角度互鉴与多维度互补。

《共和国卷》书写中国共产党通过多次政策调适完成禁毒工作的历程，而禁烟禁毒策略的调整转型正是国家政权建设进程的重要组成部分。书中指出，中共发起的"肃毒运动"将国家权力渗透到社会角落，同时，"地方政府通过使用户籍片警和群众团体两方面的力量来实现对社会的控制"，"特别是居委会的壮大"使毒贩无处藏身，已基本嵌入社会基层的国家权力转化为禁毒的关键力量。从书中可见，中共采取的禁毒政策具有鲜明的阶级色彩，注重创造政治仪式、挖掘阶级觉悟，中共通过政治动员的方式带动社会动员，以强大的社会动员保障禁毒政策落实。此卷还关注到，中共对禁毒政策的调适更加灵活。以抗美援朝时期为防止美国丑化新中国形象而实行的"口头宣传"禁毒政策为例，中央做出指示后，该政策在数日之内迅速传达至地方并向基层传递予以执行，地方宣传与执行过程中出现的问题，能被上级机关及时纠正，有效保证了全国禁毒运动的统一性。同时，中央和地方在"口头宣传"中强调运动的爱国主义性质，"将社会主义改造运动与民族主义建构有机地结合在一起"。这一例证再次说明地方对中央指示的高度执行力是中共的显著优势，禁毒政策自上而下的传递实施不仅没有流于形式，更未发生异化，成为中共领导的禁烟禁毒运动得以成功的重要保障。通过包括禁毒在内的一系列政治运动，中共将基层纳入国家权力的运行系统，使基层社会完成政治整合，极大地提升了自身的合法性建构。此卷基于政权视角再探中共领导的禁烟禁毒运动，突破已有研究的一般框架，从具体历史场景中挖掘禁毒运动背后的复杂脉络及其政治建构，对中共的禁烟禁毒策略提出了全新见解。

三 广泛挖掘多元史料，论述严谨有力

关于禁毒史，学界已有一定的研究基础，但对新史料的挖掘利用有限、缺乏新中国成立初期资料等问题也使这一研究受到较大制约。一本好的著作，除揭示诸多以往被遮蔽和忽视的历史面相、提出新的学术观点和启发性的学术思考外，也应为纵深学术研究创造更广阔的空间。《中国禁毒史》作者团队克服种种困难，广泛收集、整理国内未刊档案以及各类资料汇编、近代报刊、时人著述等文献，极大地夯实了此书的研究基础。尤其是大量利用了中国第一历史档案馆、中国第二历史档案馆、中国外交部档案馆以及北京市、江苏省、陕西省、广东省等十五个省、自治区、直辖市档案馆的珍贵档案资料，使该书在资料搜集的全面性方面超越了学界已有的禁毒史研究，为禁毒史注入新的学术活力。

近代以降，中国之所以受烟毒影响深远、禁毒工作举步维艰，不仅在于主权缺失和毒品的成瘾性，更在于制毒者、贩毒者的布局设计。近年来，学界对禁毒史的研究集中于烟毒治理，在一定程度上忽略了烟毒的源头及其输入通道。此书通过英、日的文献资料，还原了北洋政府时期和国民政府时期帝国主义及其势力操纵毒祸，将贩卖毒品的利益用于侵略中国，致使中国陷入鸦片种植不绝、禁毒政策难以为继的困境，真实反映了中国人民在不同政权主导的禁烟禁毒政策下的历史处境。《国民政府卷》（下）参考大量日文资料汇编和学术著作，集中呈现日本在全面抗战前"通过毒品将其势力渗入中国的各个角落，为其侵华'开路''铺桥'"，全面抗战时期在华建立毒品制贩基地，毒化中国人民、大肆倾销鸦片的诸多历史细节。特别是对日本在东北、华北、华东、华中、华南及伪蒙疆地区的毒害政策进行的全面梳理分析，成为区域禁毒史研究的全新突破，也为全览日本对华毒害政策提供

了重要窗口。

在论证分析方面，各卷最大限度发挥原始档案文献的论证功效，以《共和国卷》的"农村政治运动与禁种工作的开展"等章节为例，作者通过大量档案资料，还原新中国成立初期农村偷种鸦片的问题缘起以及查铲工作和善后政策的实践，这与作者充分利用了陕西省档案馆藏《检查南郑、安康两专区查铲烟苗工作报告》（档案号：198-1-150-12）、山东省档案馆藏《关于禁烟毒的指示》（档案号：A101-04-0043-015）等重要文献有较大关系。如若缺少一手档案资料，实难还原农村在禁烟禁毒运动中的真实面相，也难以厘清禁毒在农村政治改造和社会秩序重建中的作用。除运用文献研究法、案例研究法外，作者结合比较研究、量化史学等方法，对档案文献内容进行概括提炼。通过多地区档案资料比较、梳理和汇总，将档案文献转化为有力论据，以强化论述效果。如《北洋政府卷》利用日方调查资料『東亜同文書院阿片調査報告書』的数据，结合其他史料，还原军阀时代烟禁废弛后，罂粟种植在云南全境以及四川、陕西、甘肃等省部分地区不断泛滥的情况。该卷利用中华国民拒毒会编辑的《中国烟祸年鉴》、罗运炎的《中国鸦片问题》等资料，对20世纪20年代后期中国的鸦片产量、烟民人数、烟田面积做出推论，指出北洋政府统治后期烟祸更甚于清末的事实。《共和国卷》常选取某一主题，以档案资料为主进行主题式汇总，制作成表。以"第二阶段部分地区烟毒犯处理结果对比列表"为例，作者综合使用天津市档案馆藏的档案资料、江苏省档案馆主办的《江苏历史档案》与重庆市档案局（馆）主办的《档案史料与研究》，抽出其中关于烟毒贩处理情况的数据，并重新汇总，支撑此节"各地对烟毒贩惩处渐趋科学化和合理化"的结论，增强论述的严谨性。此书集中解读中国禁毒史之余，对经济史、社会史予以充分关切，从中反映出中国近代史的主要发展脉络，使之成为折射近代中国政治变迁与社会发展的一面棱镜。

四　学术价值与社会意义重大

以往禁毒史研究的学术思路常侧重于静态描述，围绕鸦片毒品泛滥问题、不同政府的禁毒问题、日本毒化中国问题、鸦片贸易与走私问题等进行专题研究，缺少对政策执行的动态考量和系统分析。此书作者团队以禁毒政策为主要线索，深研政策制定前的毒情状况与政权考量、政策制定中的多方博弈、政策执行中的冲突张力和政策实施的社会效果。以全面抗战前国民政府的禁烟运动为例，南京政府意图通过禁烟获得民众和舆论的支持，树立政府及蒋介石个人的良好形象，把鸦片的运销垄断在中央政府手中。要达成这一目的，首先就需经过中央政府与地方政府的博弈。国民政府通过设立清理两湖特税处、禁烟督察处，将鸦片税渐收归至中央，旨在强化中央集权。而具体执行屡受地方实力派的牵制，甚至"两湖"地区的县一级政府公开挑战特税处的权威。其次，国民政府与基层社会的博弈是一个长期的过程。国民政府过于强调领导权，忽略民众的诉求，致使禁烟相关的社会治理缺少群众基础。此书所呈现的在乡村形成的"查铲"与"抗铲"斗争，在城镇形成的"走私"与"缉私"较量，都彰显了国民政府政权扩张的内在需求同中央权力在基层衰减异化间的极强张力，也使学术研究中动态考察的重要性得以凸显。

前四卷对近代中国烟毒屡禁不止，愈演愈烈的原因进行深入探析，总结出"政令不一，国家政权长期衰败，无力承担改造社会的艰巨使命""历届中央及地方政府贪图鸦片税利，对禁烟缺乏诚意，见利忘义""烟毒泛滥已成顽疾，且与其他社会问题相互交织，孤立地进行禁烟禁毒难以收效""国家主权不完整，国外不法商贩依仗不平等条约的庇护，破坏中国的禁令"四个主要原因，其见解之透彻令人深思，发人深省。《共和国卷》再现了新中国成立后中共禁毒政策的制定、执行与调适过程，以小见大，充分阐释了为什么"中共领导的禁烟禁毒运动是中国禁毒史上最伟大、最成功的一次"，为了解中共在新中国成立初期的政权建设与社会治理方面的经验，提供了鲜活丰富的史实。

在新中国成立初期的禁毒运动中，中共不仅关注禁绝烟毒对人民群众身心健康的重要性，更将"戒烟戒毒"作为重获社会认可和主人翁身份的重要象征，通过鼓动性宣传和情感化控诉，使民众了解"毒根""苦难""阶级"之间的内在联系，从而生成对烟毒危害高度一致的认识。该卷详细阐述中共宣传策略的演变，从动员群众控诉到口头宣传，以"翻身""爱国""自强"为内容的思想教育贯穿于禁毒宣传工作，让民众明白戒烟断瘾关系自己的身心健康，也是新社会对人民群众的基本行为规范之一，使群众的戒毒行为构成意识形态改造的关键一环。

"心"的改造是新中国禁烟禁毒运动的独特优势。《清代卷》指出晚清国势衰败、政治腐败使人们更多感受到精神上的疲惫、压抑和痛苦，承受了多重心理挫折，这种普遍的精神苦闷诱导人们"借鸦片以为解脱"，并形成社会风气不断蔓延。为扭转近代以来民众情绪压抑低迷和"借烟化愁"的不良趋向，中共在领导新中国成立初期的禁毒运动时，注重对民众"身""心"的双重改造。所谓"身"的改造，即通过禁烟禁毒增强人民群众的身体健康，将戒除烟瘾与劳动生产相结合，使原有的吸毒者转化为新中国建设的有生力量，赋予已经过改造、完成戒烟戒毒的老烟民、吸毒者以新的社会身份，让他们体认"主人翁"的话语意涵。"心"的改造，即中共将阶级意识融入禁烟禁毒运动的诸多环节，利用销毁毒品工作与群众集会相结合的严肃的政治仪式，给普通群众以心理震撼并震慑涉毒人员，"无形中使他们接纳政府禁毒的主张"。在政治宣教和情感互诉的过程中，塑造涉毒者对阶级、人生、政党、国家的综合认识，完成一场心灵的全面洗礼。在中共的努力下，彼时"出城则罂花遍野，入城则烟馆林立，瘾民成群"的烟毒乱象彻底消除。禁绝烟毒为人民身心健康提供保障，同时广大群众在浓厚的家国情感驱使下，自觉投身于国家建设。通过禁烟禁毒运动，人民群众对新政权的认同得到进一步提升，运动结束后群众由衷地道出"感谢共产党"的心声。

《中国禁毒史》兼顾历史叙事与现实关切，以前瞻性视野对不同政权的禁毒政策得失进行总结。进入新时代，毒情形势与人民健康、国家安全密切相关。以史为鉴、察往知来，此书为新时代中国禁毒工作乃至国际禁毒事业提供了可资借鉴的经验启示，应将其置于构建总体国家安全观话语体系的背景下，全面审视其对于新时代禁毒工作的重要意义。要走好中国特色的毒品问题治理之路，必须研究好中国的禁毒历史，不能简单地将烟毒在近代中国的蔓延及治理归因于即时即地的场景因素或国家政策，更需从历史过程中厘清烟毒屡禁不止的因果关系、从烟毒治理的历史演进中汲取智慧。此书将中共领导的禁烟禁毒运动成功经验总结为：中共卓越的国家治理能力、宣传政策的灵活调整、对群众的宣传动员、毒品收缴和处理政策。如何从成功经验中解析中共禁毒策略的继承性与创新性、从禁毒工作的得失中提炼新的禁毒策略，则是继续挖掘此书价值的重要议题。

稿　约

　　《太平天国及晚清社会研究》系民政部批准成立的全国性一级学会——中国太平天国史研究会主办的学术专刊。本刊主要刊载关于太平天国及晚清时期（1840—1911）相关史实与理论的研究文章，宗旨在于保持严谨扎实的学术风格，以客观、理性的研究理念拓展太平天国及晚清史研究的广度与深度。

　　本刊不收取版面费或者其他任何费用。欢迎视角新颖、见解独到的代表学科前沿水平的学术稿件，论从史出、逻辑严密、注释规范。体例格式参照社会科学文献出版社集刊注释体例，文末附作者信息（姓名、单位、联系电话、研究领域）。字数以 7000—12000 字为宜。

　　本刊严格实行双向匿名审稿及编辑部三审制度。稿件一经采用，相关编辑会通过电话或邮件与作者确认发表事宜。作者自投稿之日三个月内未接到本刊备用通知者，请自行处理。

　　根据著作权法规定，凡向本刊投稿者皆被认定遵守上述约定。

　　本刊信箱：tsyjtg@126.com

　　联系电话：13675111347；025-52202345

中国太平天国史研究会

《太平天国及晚清社会研究》编辑部

图书在版编目（CIP）数据

太平天国及晚清社会研究 . 第 9 辑 / 朱庆葆主编 .
北京：社会科学文献出版社，2025.2. -- ISBN 978-7-
5228-4784-9

Ⅰ. K254.07

中国国家版本馆 CIP 数据核字第 2025ZJ3351 号

太平天国及晚清社会研究　第 9 辑

主　　编／朱庆葆

出 版 人／冀祥德
责任编辑／陈肖寒
文稿编辑／梅怡萍
责任印制／王京美

出　　版／社会科学文献出版社·历史学分社（010）59367256
　　　　　地址：北京市北三环中路甲 29 号院华龙大厦　邮编：100029
　　　　　网址：www.ssap.com.cn
发　　行／社会科学文献出版社（010）59367028
印　　装／唐山玺诚印务有限公司

规　　格／开　本：787mm×1092mm　1/16
　　　　　印　张：12.5　字　数：196 千字
版　　次／2025 年 2 月第 1 版　2025 年 2 月第 1 次印刷
书　　号／ISBN 978-7-5228-4784-9
定　　价／118.00 元

读者服务电话：4008918866